Bernhard Weskamp

Einwurf
Aus dem Leben eines Landpfarrers

Impressum

Herausgeber: Bernhard Weskamp und Pagina Verlag GmbH, Goch
Text: Bernhard Weskamp, Kleve-Donsbrüggen
Fotos: Namen der jeweiligen Fotografen sind den Bildunterschriften zu entnehmen.

Gesamtherstellung: B.O.S.S Medien GmbH, Goch

Printed in Germany

ISBN 978-3-944146-29-4

Übersicht

Inhaltsverzeichnis

A   ANPFIFF

Vorwort

Vorreden in eigener Sache
Zum Thema Wunder

Mein Evangelium

Gäste kommen zu Wort:
Bischof Kamphaus
Jürgen Klopp

Vorwort

Der Mensch ist *„ein in sein Schicksal geworfener"* – so sagt der Philosoph Heidegger. Als Geworfener kann er auch im „Aus" landen.

Den Ball, der im Aus gelandet ist, wieder ins Spiel zu bringen: das geschieht über den Einwurf; zumindest im Fußball.

Über Einwürfe, aus sehr unterschiedlichen Aus (Out) – Situationen, wird zu berichten sein. Dem Weg vom perspektivlosen Outsider zum einigermaßen zurechtkommenden Insider wird auf den kommenden Seiten nachgegangen. Dass „alles zu Fuß" (so mein erster Titel für dieses Buch) stattfand ergibt sich aus der Natur von Entwicklungen. Dass das Buch in der „Nachspielzeit" einen Grenzblick über die Geschichte wagt, macht es hoffentlich nicht uninteressanter. Und dass Wunder aller Art der rote Faden sind, hat wohl mit der Übernatur der Sache zu tun; mit der Unverdrossenheit, mit der Gott sich am Leben, besonders am angeschlagenen Leben beteiligt. Natürlich rede ich da weitgehend über mich selbst.

Dieses Buch ist im „Laufen" geschrieben: in einem Lauf, der uns auch mal *„den Atem verschlagen"* kann (Helmut Gollwitzer, evangelischer Denker über das Evangelium und seine Wirkung).

Zugleich ist es der anfängliche Versuch einer Theologie des Fußballs – haben doch beide – Religion und Sport – vieles gemeinsam. *„Dem Sieger werde ich geben ..."* heißt es immer wieder in den sieben Sendschreiben im Buch der Christen; und: *„lauft so, dass ihr den Preis gewinnt"* sagt Paulus!

Die Inhaltsangabe des Buches orientiert sich – als roter Faden – an einer Mahlzeit mit verschiedenen Gängen. Von Schwerbekömmlichem wird die Rede sein, ebenso von Zutaten, von exotischen Gerichten, von Vor- und Nachspeisen; von Pfeffer und Sahnehäubchen, auch von Schnellgerichten – kurzum – von einer längeren Mahlzeit mit Unterbrechungen, Spaziergängen zum Luft holen, Tischreden und Gesängen.

Dass ich meinen Torso an Leben einmal als zusammenhängend beschreiben kann, gehörte über Jahrzehnte in den Bereich der Illusion, jenseits aller Erwartung. Gern möchte ich den Leser mitnehmen auf diese Wanderung, die über manche Strecke eine Klettertour war: vergleichbar mit dem Hängen in einer Wand: z.B. der Eigernordwand. Diese durfte ich – lesend und staunend – kennenlernen bei meinen Urlauben zu ihren Füßen: eine Wand, an der dem Bergsteiger nur eine Fußbreit Platz bleibt für die „Nachtruhe"!

Vierzig Jahre Priester sind eine biblische Zahl. Es tröstet, dass auch Moses das Gelobte Land nicht selber betreten hat – sondern „nur" hineingeschaut hat. So wird von beidem gesprochen werden – vom Unterwegs sein – mit Rückschritten und Rückschlägen – und vom Überschreiten mancher Deadline.

„Der Schöpfer wirft uns in die Luft, um uns am Ende überraschenderweise wieder aufzufangen. Es ist wie in dem ausgelassenen Spiel, das Eltern mit ihren Kindern spielen. Und die Botschaft lautet: Hab Vertrauen in den, der dich wirft, denn er liebt dich und wird vollkommen unerwartet auch der Fänger sein."[1]

[1] Aus: Hape Kerkeling: Ich bin dann mal weg. Meine Reise auf dem Jakobsweg.
© 2006 Piper Verlag GmbH, München

Und nun folgt

DAS WUNDER VON BERN (HARD WESKAMP)

Vorreden in eigener Sache

Zum Thema Wunder

Es ist keineswegs so, dass der liebe Gott mir am Beginn meines Weges eine Tüte aus Wundern („Wundertüte!") gegeben hätte, die nur zu entleeren wäre ... Jesus schmeißt uns seine Wunder nicht nach; er testet sein Gegenüber: *„Was willst du, dass ich dir tun soll?"* ist häufig seine Frage an den Kranken. Das heißt: er provoziert, mobilisiert seinen Lebenswillen; – auch im normalen Heilungsprozess ist dies die halbe Miete. Oder er verunsichert seine Mitstreiter – beim Wunder der Brotvermehrung – mit der Aufforderung: Gebt Ihr ihnen zu essen! Ein fatales Wort angesichts zweier vorhandener Fische und fünf Broten und – 5000 Menschen mit leerem Magen. An den Wundern scheiden sich die Geister, selbst die, denen sie gelten. Von einem dieser Wunder lesen Sie jetzt ...

Mein Brief an Bischof Franz Kamphaus und seine Antwort sind bereits ein Wunder. Der [Parkinson] erkrankte Bischof Franz Kamphaus überlässt mir seine Predigt zu seinem 25-jährigen Bischofsjubiläum. Sein Weihespruch war zufällig auch mein Primizwort (Anfangswort).

Primizbild

„Wir danken dir,
dass du uns berufen hast,
vor dir zu stehen
und dir zu dienen."

(Aus dem römischen Kanon)

BERND WESKAMP

zum Priester geweiht
am 20. Mai 1973

Mein Evangelium

Einer hat einmal gesagt:

> *„Ihr seid das Evangelium.*
> *Ihr seid der Brief Christi!"*

Betrachten Sie das in diesem Buch Niedergeschriebene als „Geschichten mit Wundern", als „mein Evangelium, meine Botschaft", die natürlich im Reich Gottes überholt sein wird – weil die Gegenwart des Menschen aus Nazareth uns alle überholen wird – selbst seine vier Evangelien.

Meine erste Predigt in der Notkirche von Herten nach der Rekonvaleszenz in Münster bestand unter anderem aus dem Zitat von Taizé:

> *„Lebe das vom Evangelium,*
> *was du begriffen hast – und sei es noch so wenig!"*

Gäste kommen zu Wort

Mein Brief an Bischof Franz Kamphaus – das „erste" Wunder:

> *Lieber Franz Kamphaus!*
>
> *Ein Gruß zur vorpfingstlichen Zeit*
> *von Bernhard Weskamp.*
> *Am Pfingstmontag bin ich 40 Jahre Priester –*
> *es waren/sind bewegte Jahre;*
> *Sie wissen es. –*
>
> *Würden Sie ein kleines Vorwort*
> *schreiben für eine Bilanzbroschüre,*
> *die in den Pfingsttagen erscheinen soll?*
> *Den zentralen Artikel lege ich bei.*
>
> *Schön wäre, wenn Sie mein Primizwort:*
> *„Wir danken Dir, dass du uns berufen hast,*
> *vor Dir zu stehen und dir zu dienen",*
> *erwähnen würden.*
>
> *Ich nehme an, dass der übrige Inhalt*
> *im Sinne „des heiligen Vaters" ist;*
> *er ist in der technischen Mache.*
>
> *Ihr – dankbarer – Bernhard Weskamp*

Rüdesheim am Rhein, den 25. April 2013.

Lieber Bernhard Weskamp, Dank für Ihren Brief. Ich könnte Ihre Bitte leicht abschmettern mit dem Hinweis, dass ich grundsätzlich keine Vorworte schreibe, um bei den vielen Anfragen zu überleben. Bei Ihnen würde ich ja eine Ausnahme machen, wenn ich nicht für die nächsten Wochen zeitlich ausverkauft wäre. Ich lege eine Predigt zu IHREM Wort bei, die ich bei meinem Silbernen Bischofsjubiläum gehalten habe. Vielleicht können Sie ja Teile daraus gebrauchen. Herzlich verbunden grüße ich Sie.

Ausschnitte aus der Predigt:

In den vergangenen Jahren ist ein Wort aus dem zweiten Hochgebet der Eucharistie mit mir gegangen: „Wir danken dir, dass du uns berufen hast, vor dir zu stehen und dir zu dienen."
Der Adressat des Dankes ist Gott! Und die Dankenden sind wir, die hier Versammelten, die Gemeinde. Was immer uns als Kirche derzeit umtreibt und beutelt: Wir danken dir –, dass du uns zum Christen berufen hast.
Das Ziel unserer Berufung ist klar: Vor dir (Gott) zu stehen ... Wir sind berufen, vor Gott zu stehen. Wir müssen uns nicht ducken, er lässt uns aufrecht sein, gerade hinstehend. Christen lassen sich von niemandem darin übertreffen, groß vom Menschen zu denken ...
Die kommende Generation wird uns fragen, ob wir ein Erbe für sie haben. Werden wir sie um Gott betrügen? Das ist der entscheidende Punkt, an dem wir herausgefordert sind: „Wir danken dir (Gott), dass du uns berufen hast, vor dir zu stehen und dir zu dienen." ...

Der Protestant und Erfolgstrainer Jürgen Klopp lässt sich nicht lumpen und gratuliert dem Balljungen und Straßenfußballer Bernd Weskamp.

*Herzlichen
Glückwunsch
zum 40-jährigen
Priesterjubiläum
von Jürgen Klopp*

B   DAS MENUE

VORSPEISEN

Die Wunder des Ruhrgebietes – Meine wunderbare Herkunft
Der Kom-pott in der Vorspeise
Meine Stationen
Meine Wirkstätten
Auf den Punkt gebracht
Das Wunder echter Vorbilder

Die Wunder des Ruhrgebietes – Meine wunderbare Herkunft

Dass ich ein Junge aus dem Kohlenpott bin, ist mir klargeworden, als ich vor fünfundzwanzig Jahren in den Kreis Kleve „hineinheiratete": andere Denkweisen, andere Aussprachen, anderen Witz und Humor fand ich vor.

Ein Studienkollege von mir erinnerte sich an seine Driburger Zeit, wo er als Spiritual junge Männer begleitete; einen von ihnen, aus dem Ruhrgebiet stammend, fand er draußen stehend vor: „Ich vermisse den Geruch aus dem Ruhrgebiet!" meinte er, eher frustriert als fröstelnd.

Man kann das Ruhrgebiet vermissen; bekannte Typen meiner Heimatstadt Marl: Peter Neururer, jetzt Wieder-Trainer beim VFL-Bochum. Die Politiker Ströbele und Künast kommen aus Recklinghausen, der Kreisstadt; ebenso ein großer Münsteraner Bischof Reinhard Lettmann, Hape Kerkeling, Entertainer und Pilger – Beststellerautor und, und, und ... Manche von ihnen sind schräge Vögel: auch gibt es Terroristen unter ihnen samt Verteidiger derselben. Immerhin hieß der erste Bürgermeister der Stadt Heiland: Rudi Heiland. –

Legendär sind die Kneipenbesuche in meiner Kaplanszeit in Hochheide und Langenbochum: in der Kleinen Kneipe in Homberg wurde ich nachts zweimal vom Hund gebissen als ich vor lauter Begeisterung sein Herrchen umarmte; Grund für die Herzlichkeit waren die zwei Treffer der Nationalmannschaft in der Verlängerung im Halbfinalspiel gegen Frankreich innerhalb einer Weltmeisterschaft.

Trainerweisheit aus dem Ruhrgebiet.

In meiner zweiten Lieblingskneipe – der „Toten Kuh"(!) – kam gegen Mitternacht regelmäßig die Frage: „Äh, Bennat, kannse mich beerdigen, obwohl ich evangelisch bin ...?"

Das Ruhrgebiet muss es auch in der Ewigkeit geben: mit seinen großartigen Politikern aller Richtungen: Josef Krings, Franz Meyers, Wolfgang Clement, Johannes Rau und und und ... Die rote Grundfarbe (politisch) hat sich in den letzten Jahren etwas gemischt. Fakt war, dass der in der Partei aktive Hausmeister meiner Hauptschule in Duisburg eher von dem Ende der Schule wusste als die Schulleiterin ...

Peter Neururer auf die Frage, ob Bundesligatrainer nicht zuviel Geld verdienen: „Ich würde ja auf mein Gehalt ganz verzichten, wenn das Leben nich so teuer wäre ...".

Warum Papst Franziskus keine SPD-Politiker empfängt, ist die neueste Anekdote: „Weil er die roten Schuhe ein für alle Mal ausgezogen hat ... ". Originalton meines Vaters: „Wenn ich den Glauben nicht hätte, wäre ich Kommunist geworden ..."

Zu den unumstrittenen Konstanten meines Lebens gehört die Einsicht, dass ich – je länger aus der Heimat weg – immer mehr den „Marler Jungen" in mir entdecke: auch in der Tiefe der Lebensschichten, in die ich „einfuhr" wie ein Bergmann. Aus „Scheiße (!) Kohle machen" zu können, gehört zu den Talenten des Ruhrgebietes und seiner bunt schillernden, in der Regel leicht angetörnten Bewohnerschaft.

So gesehen spricht die Erkenntnis (Einsicht) am Strand von Ibiza für sich:
„Ich danke Gott, dass er mein bescheidenes Leben so gesegnet hat!"

Der Kom-pott in der Vorspeise

Mein Onkel Heinrich Kraft(!) war Kaplan in Gelsenkirchen-Schalke in den vierziger Jahren des letzten Jahrhunderts. Als Sanitäter schrieb er treu aus dem Krieg nach Hause. Seine erste Frage war nicht: „Wie geht es Euch? Lebt ihr alle noch? " sondern: „Wie hat Schalke gespielt?"

Einer der kernigen Vertreter des Ruhrgebietes ist Peter Neururer. Nach 13 (!) Trainerstationen – mit Höhepunkten, wie der UEFA Cup Teilnahme mit dem VFL, aber auch Tiefpunkten und Entlassungen ohne Ende gesellte sich zu seiner Pechsträhne ein Herzinfarkt dazu; die Karriere war beendet – unrühmlich.

Der VFL Bochum, in akuter Abstiegsgefahr – mit dem Rücken zur Wand stehend – erinnert sich an die Motivationskünste dieses inzwischen ausgemusterten Mannes. Die Anfrage kam an ihn: als der (Präsident vom VFL) „Guten Tag" sagte, hab ich nur noch gedacht: „Das mache ich."

Er holt aus vier Spielen 12 Punkte – einer der tollen und schillernden Jungs des Ruhrgebietes. Bin auch ich einer davon?

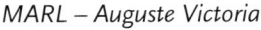

MARL – Auguste Victoria

MEINE STATIONEN:

KINDHEIT UND SCHULZEIT ~

{
GEBURT IM „PROSPER" 1947
IN RECKLINGHAUSEN

BIS ZUM ABITUR, IM NOVEMBER 1966
IN MARL – MEINER HEIMATSTADT
}

STUDIUM UND ~ PRIESTERWEIHE

{
IN MÜNSTER 2 JAHRE UND IN
REGENSBURG 3 JAHRE, ABSCHLUSSPRÜFUNG
BEI PROFESSOR JOSEPH RATZINGER 1970

GEMEINSAM MIT 12 FREUNDEN IM DOM
ZU MÜNSTER AM 20. MAI 1973 DURCH
BISCHOF HEINRICH TENHUMBERG ~
}

VOR DER WEIHE : → DIAKONAT IN HALTERN 1972 ~

VERSCH. ZEITEN ALS KAPLAN ~

{
BEGINN ALS KAPLAN IN RHEINE.
NACH EINEM JAHR, GESUNDHEITLICH
BEDINGT, IN HANDORF BEI MÜNSTER,
ALS ZWEIJÄHRIGE RECONVALESZENSSTELLE.

1. „RICHTIGE" KAPLANSTELLE IN ~
HERTEN-LANGENBOCHUM v. 1976 - 1981.
PASTOR WAR DORT: PFR. EDUARD SCHOTTE.

2. KAPLANSTELLE, ALS „HERAUSFORDERUNG"
IN HOMBERG-HOCHHEIDE, ST. LIEBFRAUEN,
15.000 EINWOHNER AUS 27 NATIONEN. ~
}

… UND DANN ~ WAR ICH PASTOR!

{
AB 04. DEZEMBER 1988, AM FEST DER
HL. BARBARA, BERUFUNG ALS PASTOR
AN ST. LAMBERTUS IN KLEVE-DONSBRÜGGEN,
DAVON 16 JAHRE ALS SELBSTÄNDIGER
PFARRER. ~ JETZT, SEIT 8 JAHREN,
PRIESTER IM GEMEINDEDIENST AN ST.
MARIÄ-HIMMELFAHRT IN KLEVE. CHEF
DIESER 14000 SEELEN-GEMEINDE
IST PROPST MECKING ~ ENDE OFFEN!
}

Meine Wirkstätten

Haltern
St. Laurentius

Rheine
Herz-Jesu

Handorf
Vinzenzwerk

Herten
Maria Heimsuchung

Münster
Paulusdom

40

Homberg
Liebfrauen

Regensburg
Universität

Donsbrügen
St. Lambertus

Marl
St. Marien

Kleve
Maria Himmelfahrt

?

Auf den Punkt gebracht

20 Jahre Kleve

1988 kam ich, am 29. November, als Kind des Ruhrgebietes nach Kleve Donsbrüggen. Bis dahin „kannte" ich beruflich, und in meiner Schulzeit nur den Kohlenpott mit Herten, Homberg und Marl. Der Personalchef des Bistums Münster verkaufte mir dann Donsbrüggen: „ein Produkt", das ich schließlich in Ermangelung eines andern annahm.

Leitbild war damals ein Satz aus dem Tagebuch des Schweizer Schriftstellers Max Frisch: „Du sollst dir kein Bild machen ..."

In Donsbrüggen wurde ich inzwischen 50 und sogar 60 Jahre alt, organisierte Sporttage und Sommerlager, die Rumänienaktion und vieles andere. Es war und ist ein fruchtbares Feld.

Wie ein goldener Faden zogen Jubiläen durch die Zeit:

550 Jahre Kirchengemeinde,

150 Jahre Kirche (Zwirnerbau),

100 Jahre Sportverein und Frauengemeinschaft,

475 Jahre Bruderschaft

und, und, und!

Ich habe junge Menschen beerdigt – und lange Hochzeitsfeiern miterlebt und gestaltet – es gibt fast nichts, was der Priesterberuf nicht beinhaltet. Trotzdem will es keiner werden. Warum eigentlich nicht?

Das Wunder echter Vorbilder

Er wohnte in einer Mischung von Industriebrache und tristen Siedlungen: Prälat Wilhelm Grewer. An der Klingel eines schmucklosen mehrstöckigen Hauses stand sein Name: Grewer – ohne Vorname, ohne Titel. Darunter und darüber in der Etage: türkische Familien.

Ich hatte ihn „ausgegraben" als einen meiner Vorgänger in den 20er Jahren des letzten Jahrhunderts; er war neun Jahre Kaplan in Liebfrauen Hochheide. Die Ausgrabung war nicht ohne Hintersinn: er war der 4. Mann beim Doppelkopp. Die Dramatik einzelner Spielzüge beim Kartenspiel (vor rund sechzig Jahren) konnte er immer noch lebhaft wiedergeben ...

Er gehörte zu den Vollblutseelsorgern, den roten Kaplänen des Ruhrgebietes: wer vorne, an der Haustür abgewiesen wurde, versuchte über den Hinterhof wieder hereinzukommen. Die Pfarrei wurde in Reviere eingeteilt, die von den Priestern als „Jagdhunde Gottes" dann durchkämmt wurden.

Ex-Pastor der Liebfrauen-Gemeinde:

Prälat Grewer (93) stiftet Pokal für Homberger Kicker

Freudige Überraschung für die Hochheider Pfarrei Liebfrauen: Pünktlich zum Jubiläum des Pastorats stiftet der frühere Pfarrer der Gemeinde, Prälat Wilhelm Grewer, einen Pokal, den die drei Homberger Pfarreien am Freitag mittag Uhr auf der Sportanlage in den Haesen auskicken werden.

Wilhelm Grewer dürfte nicht mehr allzu vielen Hochheidern persönlich bekannt sein. Immerhin ist es um 60 Jahre, daß der heute in Hochfeld lebende 93jährige Prälat seinen Dienst als Seelsorger in der Hochheider Gemeinde antrat. Damals leitete er als aktiver Vorturner die Jugendturngruppe. Außerdem betreute Grewer die Jugendabteilung des DJK Liebfrauen. Dieses Team kämpfte 1929 um die deutsche Meisterschaft.

Das Fußballspiel, zu dem alle Interessenten eingeladen sind, wird am Freitag um 16.30 Uhr auf der Sportanlage an der Halener Straße angepfiffen und endet schließlich mit der Pokalverleihung an das siegreiche Team im Pfarrzentrum der Haesener St. Peter-Gemeinde. Dieses Match bildet den Auftakt zu der im September stattfindenden Festwoche der Hochheider Gemeinde.

Wilhelm Grewer

Die beachtlichen Spenden zweier Priesterjubiläen bildeten den Grundstock für zwei Stiftungen: eine für die Pfarrei und ihre Jugendarbeit, die andere für die Mission. Ein echtes Vorbild, dieser Vollblutseelsorger.

Später wird Kaplan Grewer nach Neukirchen-Vluyn versetzt (ob als Kaplan oder Pastor ist mir nicht mehr geläufig) – Dort fällt seine Amtszeit in die Hitlerzeit hinein. Auf einer Pflichtveranstaltung, zu der er eingeladen war spucken die Parteifunktionäre große Töne u. a. gegen die Kirche und ihre „feisten fetten Pfaffen." Nun schlägt die Stunde des – bis ins hohe Alter – spindeldürren Gottesmannes: er steht auf, stellt sich neben den Redner und ergreift das Wort: „Leute, hier steht der feiste fette Pfaffe!"

Wilhelm Grewer entdeckten wir übrigens, als er schon über 90 Jahre war. Sein letzter Auftritt beim Doppelkopp war an einem Pfingstsamstag; in jeder Tasche seiner Jacke hatte er eine Weinflasche für die Haushälterin. An diesem Abend spielten wir mit hohem Einsatz: Wilhelm nahm am Ende über 200 DM für die Mission mit. Am Pfingstdienstag verstarb er in seiner Wohnung. Unsere größte Sorge war: ist das Geld wohl auch an der richtigen Stelle gelandet?

Ich danke für die Gnade guter Vorbilder; sie säumten und säumen meinen Weg: echte Wunder.

21

Zwischen den Gängen

Verschiedenes
Der Donsbrügger „Schlager"
Mitten aus dem Leben
Überlebenskunst – ein Wunder
Seelsorge total
Eine wunderbare Entdeckung
Die Kirche St. Elisabeth in Kassel

Verschiedenes

Ein Priester, Fritz Leinung, macht ein Praktikum im Ruhrgebiet; er fährt in Marl ins Bergwerk Auguste Victoria ein.

An seinem Spind findet er die Aufschrift KPL Fritz. – Auf die Frage, was KPL bedeute, antwortet der Kumpel: Kannze dich aussuchen: Kumpel oder Kaplan!!

In der benachbarten Kaue (Dusche für die Kumpel) wurde ihm später gesagt: „Seitdem du hier bis, is hier ne andere Akustik!" – was auch immer damit gemeint war...

Von der schnörkellosen Direktheit des Industriegebietes spricht auch der folgende Wortwechsel. – Ich besuche meinen Hilfsküster, der seinen Geburtstag feiert. Als ich mich seinem Sohn vorstelle: „Ich bin der Kaplan!" kommt die Antwort: „... ja dann auf Wiedersehen!"

Und in der toten Kuh, der berüchtigten Hochheider Kneipe, lautet der Abschiedsgruß – nach Mitternacht – nicht selten: „Komm gut inne Urne!"

Nach sechs Kaplansjahren wurde ich immer wieder begrüßt mit: „... Ach so, Sie sind der neue Kaplan!"

Zu den im wahrsten Sinne des Wortes umwerfenden Ereignissen in Liebfrauen Hochheide gehört ein Kneipenbesuch an einem späten Freitagabend – auch nach einer Hochzeitsfeier. Es lief das WM Halbfinale zwischen Frankreich und Deutschland – in der 2. Hälfte der Verlängerung. Beim Stand von 3 : 1 für Frankreich.

Der verletzte Rummenigge erzielt kurz nach der Pause den Anschlusstreffer: nur noch 2 : 3. Ich umarme den Nächstbesten; mein Pech: er war nicht alleine; sondern mit einem unerzogenen Hund. Der Hund – schwarz – knurrte.

Beim 3 : 3 saß er mit seiner Schnauze in meinem Oberschenkel. Eine Tetanusspritze war fällig. Gegen Mitternacht erreiche ich das Homberger Johanneshospital. Totenstille im Krankenhaus und in der Ambulanz; kein Pfleger oder Arzt zu sehen. – Eine Viertelstunde später – es ist bereits Samstag – geht ein Schrei durch alle Etagen des Krankenhauses – Deutschland gewinnt das Elfmeterschießen. Nun kam eine Schwester ...

Von den fließenden Übergängen von Kumpeln, Kommunisten und Kaplänen erzählt auch die Abkürzung für die katholische Jugend in meiner jetzigen Gemeinde: KPD (Katholische Pfarrei Donsbrüggen ...)

Die Pfarrkirche zu Donsbrüggen
Zeichnung: Cornelis Pronk (1731)

Der Donsbrügger „Schlager"

Donsbrögge, ons Heimat

En Stökske van Kleef af, so män'ge hondert Joohr,
let Donsbrögge, min Därp, dat es ons all'mol kloor!
Omsömt van Bos en Weije, hir hör' ek thüß,
hier stond van' Hoog'se Minni, et alde Hüß!
Refrain:
Et es een, et es en gesägend Stökske Land,
van Gott ons gegääwe, dat es well allerhand.
Dröm lowwe öm priese, van märges frug bes loot:
Ons Heimat, ons Heimat, dorvöör es neks de schoot!

Van Matthes bes Lom-bok, et es min einerlei,
alles es wunderbar, de Kämp en ok de Heij!
die Menze, die hier wohne, van frugg bes loot,
dün op denTid ör Denge, vöör Kerk en Stoot!
Refrain:
Et es een ...

Mäj gon ek d'r es sette, denk' on den alden Tid,
Wej han' pläsierge Menze, die sin wej all'mol quitt.
Sej satte on den Toffel, bütte stond den Fitz,
den Doktor hat öm in de Korr, en Wem, de Spitz!
Refrain:
Et es een ...

Ek sin all ald geworre, en griess sin all min Höör,
doch ons traute Heimat, hät no de ägeste Klöör!
Ek well min Därp'ke priese, so lang as ek d'r sin,
en tuw ons Heimat haalde, in Not en Pinn.
Refrain:
Et es een ...

Wän ek d'r es niet mehr sin, kom in den Hemmel oon,
en treff dor dann die Aalde, Clem' Bautz en Jak de Hoon.
En kieke dann heronder, nor ons Därp, so fein,
Gej könt es wislek glööwe, dann sengt den Heele Verein:
Refrain:
Et es een ...

Text: P. Hendricks 1989
Musik: Heiner Look

Donsbrüggen, unsere Heimat

Ein Stück von Kleve weg, so manche hundert Jahr,
liegt Donsbrüggen mein Dorf, das ist uns allen klar!
Umsäumt von Wald und Wiesen, hier bin ich zu Haus,
hier stand auch „Hoog'se Minne's" altes Haus!
Refrain:
Es ist ein, es ist ein gesegnet Stückchen Land,
von Gott uns gegeben, das ist wohl allerhand.
Drum lasst uns ihn preisen, von früh bis spat (spät),
die Heimat, die Heimat, dafür ist nichts zu schad'!

Vom Waldschloss bis „Lombok" [Neunütterden], es ist mir einerlei,
alles ist wunderschön, die „Kämp" und auch die „Hei" [Heide].
Die Menschen, die hier wohnen, von früh bis spat,'
tun zeitig ihre Pflichten für Kirche und Staat!
Refrain:
Es ist ein …

Manchmal werd' ich still, denk an die alte „Tied" [Zeit],
Wir hatten frohe Leute, die sind wir alle nun los.
Sie saßen im Krug am Tisch, draußen stand der Fitz [Rad],
Der Doktor war bis oben hin voll und Wilm, der Spitz! [2 alte Originale]
Refrain:
Es ist ein….

Ich bin schon alt geworden und grau ist all mein Haar,
doch unsere traute Heimat, ist farbecht, das ist klar.
Ich will mein Dörfchen preisen, so lange wie ich bin,
und zu unserer Heimat halten, in Not und Pinn! [Pein].
Refrain:
Es ist ein …

Wenn ich mal nicht mehr bin, komm in dem Himmel an,
treff dann dort die Alten, Clemens Bautz und Jak de Haan. [2 alte Originale]
Und schauen dann hernieder zu unserem Dorf, so fein,
ihr könnt es wahrlich glauben, dann singt der ganze Verein:
Refrain:
Es ist ein …

Mitten aus dem Leben

06.03.06

Guten Morgen Herr Pastor!

Aus Krankheits Gründen konnten wir das
erste Stück des ap Glaubensbekenntnisses nicht
lernen. Wir holen das diese Woche nach.

Viele Grüße

Sandra Neine

(ohne Worte) .

Himmelmannschaft

komplett!

Jochem Veavoorst
~~Heek~~
P. Faasen
Rudger Hendricks
14 - Sör.

es phi u maden
Himmel (Babedis / zur
tonzleich haus nu renieu!

Für
Frühstück

Hallo Pastor
Ich Habe um .9. Uhr Reiten
Tut mir Wirklich leid das
ich Nicht zum Frühstück kommen
kann Tut mir leid. Aileen

Pastor

• (es ph u m das Beichtfrühstück)

28

Beterschap *(niederländisch)*
= gute Besserung.

liber Pastor Westkamp
viel gesundheit ich vermise dich
in der Schule. Frau von ~~Dein~~ Duin
is auch krank. ~~St Zad~~ Seid ihr krank seid
ist kein Relikon. Deine
Katja

HEMA

Lieber Herr Pastor!
(Glück gehabt!!)
Ich, Henning Steenhuis,
war gestern Abend noch
am Geldautomaten in
Donsbrüggen und habe
dort Geld und Ihre Karte
gefunden! Habe diese
eingesteckt (150,—) und
Ihnen vorbeigebracht! MFG

Lieber Pastor,
es ist einfach schön, dass es Dich" gibt.
Wir halten die wunderschöne Feier zu unserer
Goldhochzeit noch lange wach.
herzlichst Helga u. Gerhard

(Kompliment 1).

Lehrer Tüchthuusen, bekennender Köln-Fan (links) und Bernhard Weskamp MSV-Duisburg-Fan (rechts); anlässlich eines Elfmeterschießens.

Überlebenskunst – ein Wunder

Zu den Lehrern, denen die brotlose Kunst des Musik- und Kunstunterrichtes oblag, gehörten in der Marler Gymnasialzeit der Musiklehrer Kohl und der Kunstlehrer Peck. Bei uns aufstrebenden, pubertierenden frühen Sechzigern ein schier heilloses Unterfangen. Höhepunkt dieser beiden Martyrien waren zwei Vorfälle.

Der Musikunterricht von Herrn Kohl fand in der für Torturen jeglicher Art geeigneten 6. Schulstunde statt – sozusagen nach 12 Uhr mittags. Vorher versah unser Musiklehrer den Organistendienst an St. Michael. Knüller dieses unfreiwilligen Westerns war der Messerangriff (Dolch?) eines Mitschülers auf ihn – sozusagen vor laufenden Kameras.

Das Attentat auf Herrn Peck (kleine Statur) verlief dagegen glimpflich. Zum Stundenbeginn empfing ihn die in Großbuchstaben versehene Tafelaufschrift: SCHICKT PECKCHEN IN DIE OSTZONE!

Wie barmherzig waren und sind dagegen die meisten meiner Schüler.

Seelsorge total

Zu meinen abendlichen Ritualen in Duisburg-Homberg gehörte – zum Absacken – ein Kneipenbesuch.

Die Auswahl hielt sich in Grenzen: die „Kleine Kneipe" oder die „Tote Kuh" – beide an der berüchtigten Ottostraße gelegen – wie auch das Pfarrhaus von Liebfrauen.

Dieser Ritus – zweifellos kein liturgischer – hatte natürlich auch eine gewisse „Ausstrahlung!"; weniger, was die Klientel der Kneipenbesucher anging, als das ins Gerede kommen.

Eine Dame, die ich hoch schätze fragte mich dann eines Tages – sich mehrmals dafür entschuldigend: „Herr Kaplan, stimmt es, dass Sie hier der neue Thekenseelsorger sind?"

Eine wunderbare Entdeckung

Ich traf ihn im Altersheim. Im Herz-Jesu-Kloster Kleve. Ein Priesteroriginal aus dem Herzen des Ruhrgebietes. Aus Bövinghausen, am Ruhrschnellweg gelegen, zwischen Castrop und Dortmund. Auf dem Tisch: die aktuelle Nummer vom Kicker. „Ich bin Schalker," so begrüßte er mich, „und hier ist meine Schwester: auch seit 60 Jahren Schalker!" Sie führte ihm seit dem ersten Priesterjahr den Haushalt.

Der Name des aus dem Erzbistum Paderborn stammenden Priesters ist Theo Ostermann; seit einigen Tagen lebt er mit seiner Schwester im Klever Altersheim und ist 85 Jahre alt.

Als 17-Jähriger besuchte er häufig die Bäckerfamilie Flügel. Der Sohn war der berühmte Linksaußen von Borussia Dortmund, Hänschen Flügel. Die Mutter des Sportlers und der Vater des zukünftigen Priesters waren verwandt.

„Er war schnell, traf und wurde oft gefoult: Publikumsliebling." Bei einer Umfrage: Wer ist der beliebteste Sportler? (durchgeführt in der Silvesterausgabe vom Westfalenblatt 2013/2014), gelangte der B-Nationalspieler auf Platz 1! „Einmal in der Woche ging ich dahin zum Sattessen."

Auch der damalige Borussentrainer Bumba Schmidt war bei der Familie Hänel zu Gast. Schmidt trainierte auch die damaligen Spitzenmannschaften Nürnberg und Schalke. Er war Bayer. Als er hörte, dass der junge Theo Priester werden wollte, sagte er: „Wenn's fertig sind, geben's mir auch'n Segen!" Von Theo erfahre ich auch, dass Borussia Dortmund, dessen Aktien inzwischen an der Börse gehandelt werden aus einem katholischen Jugendverein hervor gegangen ist. Die Konkurrenz von Messe, Andacht und Fußball führte schließlich zur Verweltlichung des Bekenntnis Clubs: zum BVB.

Zum Schluss bat er mich, nicht zu schreiben, dass er manchmal mit der Ehrenkarte von Hans Hänels Vater sich im gelobten Westfalenstadion Eintritt verschaffte!

Stephan Balkenhol „Mann im Turm" 2012

Die Kirche St. Elisabeth in Kassel

stellt in ihrem Turm ein Werk von Stephan Balkenhol, einem weltweit bekannten Künstler aus: „Den Segensmann!" (In Kleve steht von ihm der Eiserne Mann).

Etwa zeitgleich fand die Documenta statt; die amerikanische Präsidentin dieser Megaschau witterte in dem – zudem unangemeldeten – Segensmann von Balkenohl ein Konkurrenzunternehmen. Der „Segensmann" war nicht vorgesehen in der Gegenwartskunst. Am Ende schenkte Balkenohl die Skulptur der Gemeinde. Eine köstliche Geschichte, wie der Herr auch unangemeldet und unwillkommen in eine renommierte, vom Religiösen wie chemisch gereinigte Kunstausstellung kommt.

Und sie stört ...

HAUPTGERICHT

GANG 1 Eine feste Grundlage

Wunderschöne Worte: Ecclesia supplet
Das Wunder der Sorge Gottes
Das theologische Wunder Ratzingers
Die Kirche lieben (das Gebäude!)
Das Wunder der Gebetserhörung
Das Wunder-Werk eines einzigen Tages
Das Wunder der richtigen Vorgesetzen
Das Zollwunder
Das Wunder des täglichen Ausgleichs
Das Wunder der Bewahrung
Das Wunder der freien Rede
Das Wunder des Mittags-Schlafs
Das Geldwunder
Das Wunder der Belanglosigkeiten
Das Wunder der bewährten Freunde
Das kürzeste Gebet – ein Wunder
Die Tradition – ein Wunder
Das Wunder – ohne Geld zu reisen und anzukommen
Die Wunder der Vergebung
Das/die Wunder der Banalität
Der beste Ehemann – ein Wunder der Selbsterkenntnis
Das Wunder des Hausbesuchs
Credo – ein Wunder der Weglassungen

Wunderschöne Worte: Ecclesia supplet

Ein überliefertes Wort der Kirchengeschichte: die Kirche ersetzt; füllt (die Lücke) aus. Macht den Schaden wieder gut. Gleicht das irgendwie durch Unrecht und Unlauterkeit entstandene Ungleichgewicht wieder aus; bringt den Laden, der ständig aus der Balance zu kippen droht – auch durch Durchschnittlichkeit seiner Vertreter – wieder ins Lot.

Auf einen Bischof, der Millionen für ein aus den Fugen geratenes Bischofspalais verschleudert, kommen Hunderte ja Tausende von Bischöfen weltweit, – aber auch bei uns im Europa –, die persönlich am Rand des Existenzminimum leben, und für die jedes deutsche Einfamilienhaus ein Luxus wäre.

Ecclesia supplet: das funktioniert nur, weil ER den Ausgleich geschaffen hat für alle unsere Sünden. Weil er sich die Schuld aller – als Unschuldiger – unter die Füße geholt hat; weil er die Last aller Vergehen auf seinen Schultern trägt: als das Lamm Gottes, das die Sünde der Welt hinweg nimmt ...

Ecclesia supplet – eine Initiative zur Erleichterung unerträglicher Lasten.

und zuletzt einigt man sich auf Unentschieden

Un-entschieden, d. h. nicht entschieden, weil unentscheidbar endet der Wettstreit des Guten mit dem Bösen. Das gilt, bei aller Vorsicht – für das eigene Leben und seine Betrachtung; das gilt für den globalen Wettstreit; das gilt auch für die Christenheit innerhalb der Menschheit: auch hier geht es manchmal nicht mit rechten Dingen zu ...

In diesem kosmischen Balanceakt gibt das Sühneleiden Jesu den Ausschlag. So einfach ist das.

Ecclesia supplet heißt: die Kirche mit ihren das Leiden Jesu ergänzenden Passionen darf zum letztlichen Sieg des Guten einen Beitrag leisten; keinen bahnbrechenden – zugegebenermaßen, keinen ausschlaggebenden. Es wird der Druck aus dem Spiel genommen.

Das Wunder der Sorge Gottes

Gott sorgt: er sorgt sogar für genügend Arbeit und genug Geld. Meine These – mindestens 15 Jahre alt: es gibt genug Arbeit und genug Geld im Lande; auch auf der Erde.

Arbeit ist teuer; Sozialabgaben, ein hoher Lebensstandard, steigende Preise, höhere Ansprüche lassen die Löhne in die Höhe schnellen: die zu bezahlende Arbeit wird immer teurer.

Beide, sowohl die steigenden Arbeitskosten wie auch die wachsenden Lebenshaltungskosten vermehren die Menge des Geldes – logischerweise. Und da die

Wünsche an die Art der Tätigkeit auch wachsen – es gibt niedrige und anspruchsvolle Arbeiten – gibt es einen Überhang an Arbeit, zumal die arbeitende Bevölkerung in Europa kontinuierlich schrumpft.

Bei gut bezahlten Arbeiten – einschließlich der Rücklagen für Ausfallzeiten wie Krankenstand, Urlaub und Wochenenden, Pension und Rente – wächst die Geldmenge ins Unermessliche, die Kranken- und Pensionskassen bereit halten. Milliarden werden außerdem vererbt – und kommen unverdient hinzu.

Es gibt also genügend Arbeit und genug Geld – ich rede jetzt vom Modell der Marktwirtschaft. Gott, dessen Sorge wir unsere Sorgen anvertrauen sollen „Werft all eure Sorgen auf Ihn!" – er hat schon längst vorgesorgt: für Arbeit und Brot, Geld und Leben.

Welch eine Baustelle wird die künftige Welt sein: Wo – in der Erneuerung des Angesichts der Erde (Pfingsten!) – die Welt noch einmal kernsaniert und zur Großbaustelle erklärt wird. Mit Investitionen – an Liebe – ohne Ende; mit einem Geldfluss – ohne Ende; mit Aufgaben – ohne Ende; mit der Notwendigkeit eines jeden, jeder Hand, jedem Fuß ohne Ende.

Dann wird die Arbeit zum Hobby, ohne dass das Hobby zur Arbeit ausartet …
Ich höre schon die Baustellengeräusche, sehe rauchende Köpfe und Riesenkräne – und dazwischen das muntere Pfeifen der Bauleute, die am Eckstein (Jesus) maßgenommen haben.

Das theologische Wunder Ratzingers[2]

Zu dem Schriftwort: *„Wenn eure Gerechtigkeit nicht mehr Überfluss haben wird als die der Schriftgelehrten und Pharisäer …"*, sagte er:
„Damit stoßen wir auf ein Leitmotiv, das die ganze Botschaft Christi durchzieht. Der Christ ist der Mensch, der nicht rechnet, sondern das Überflüssige tut."

In einem Exerzitienvortrag des oben genannten Professors und späteren Papstes spricht Josef Ratzinger von der heiligen Schlamperei! Sie ist keine Umschreibung einer moralischen Schwäche, sondern das Ernstnehmen der Erlösungstat Jesu Christi, die so einmalig und unwiederholbar ist, dass sie im Grunde unserer Weiterführung nicht bedarf: den Mut zum Rücktritt hat der Papst sicherlich aus dieser Quelle genommen, dass Gott auch ohne uns „kann" – sogar ohne den Papst.

Die Kirche lieben (das Gebäude!)

Um die Kirche lieben zu können, braucht man eine Kirche, in der Regel: seine Kirche. – Die Gocher lieben ihre Kirche: dort wird ihr Glaube und das Zusammengehörigkeitsgefühl der Christen gestärkt.

---

[2] Adventspredigt im Münsteraner Dom 1964.

Bei Marienerscheinungen in Lourdes und auch in Fatima lautet der Auftrag der Gottesmutter: „Baut eine Kapelle!"

Auch Kevelaer ist ein Beispiel dafür.

Fragwürdig, den Menschen ihre geliebte Kirche wegzunehmen – und das ohne Not!

Warum werden Finanzierungsvorschläge der getauften (das heißt im Stand der Gnade befindlichen) Christen nicht ernst genommen und wirklich angehört?

Es ist wohl historisch fast beispiellos, dass die eigene kirchliche Instanz ihren Leuten den Ort des Zusammenseins wegnimmt. Da gibt es lachende Dritte! – Ob das wohl in der Absicht derer ist, die dies veranlassen? Wirkt so der Geist Gottes?

Die Wunder der Gebetserhörung

Unabsehbar, das Größte bin ich selber!

„Das Gebet ist die einzige Kühnheit." sagt ein ehemaliger Benediktiner. Es ist eine doppelte Kühnheit. Einmal das Hineinspringen in das Vertrauen des Geistes nach oben, und die andere Kühnheit ist die, die das Vertrauen zu Jesus (und anderen) gebiert, eine nach unten fortwährende, sich steigernde und vermehrende Kühnheit. Die heiligen Schriften der Juden und Christen sind voll davon: von einer Katastrophen-Existenz (zum Beispiel: Moses) zu einer Katastrophenhelfer-Existenz ... Die Geschichten dieser Wunder – auch in meinem Leben – zu erzählen, dazu bedarf es der Zeit, der Ewigkeit?

Das Wunder-Werk eines einzigen Tages
„Ein Tag im Leben des Ivan Denissowitsch".

Einen einzigen Tag geht der Nobelpreisträger Alexander Solschenizyn Ivan Denissowitsch in seinem Buch nach, einen einzigen Tag!

Ein einziger Tag ist ein Wunderwerk: unser Verdauungssystem und seine Abläufe; ein Wunderwerk der Bluthydraulik: der Regelung des Blutdrucks und des Zusammenspiels von Sauerstoff, Wasser im Körper; ein Wunderwerk der Verarbeitung visueller und akustischer Reize in kaum kopierbaren Vorgängen von Auge und Ohr; eine Liste unendlich vieler Abläufe müsste folgen – von Nervenbahnen ganz zu schweigen – deren Störungen uns erst darauf aufmerksam machen: was für ein Wunderwerk ist der Mensch!

Was wird in unserem Unbewussten verarbeitet und ihm zugemutet, oft – verbotenerweise – nur entsorgt. Wie heilsam sind Gespräche, die Verdrängtes, Unverarbeitetes nach oben ins Bewusstsein bringen. Welche Erholung und Wiederaufbereitung sind Schlaf und Ruhe; Bibliotheken könnten die Beschreibung eines einzigen ganz normalen Tages füllen. Wie sündhaft selbstverständlich gehen wir – in der Regel – mit diesem Gut um! „Danke für diesen guten Morgen". Der Liedtitel des meines Erachtens meist gesungenen deutschen Liedes der Nachkriegszeit.

Das Wunder der richtigen Vorgesetzten

Nahtlos reihen sich meine Chefs und Lehrer besonders Ärzte und Wohltäter in eine Reihe der ununterbrochenen Begleitung: es gab immer „die Speise zur rechten Zeit"!!!

Heinz-Josef Sürgers
während meiner sieben fetten Jahre in Duisburg-Homberg (1981–1988).

Lehrhauer Eduard Schotte – genannt Ede. „Der liebe Gott ist auch mit Zwergobst zufrieden!" – einer seiner Sätze. Später berichtigte er Zwerchobst, was mit dem Zwerchfell zusammenhängt. Bei mir stimmt beides; bei ihm selber fielen die Früchte schon etwas größer aus.

Der Priester der Priester: Johannes Bours
Geboren in Elten, am Niederrhein.
Dreißig Jahre Begleiter der Studenten, Priester und unzähliger Ratsuchender.
Für mich einer der Jahrhundertpriester unseres Bistums.
Durch ihn kam ich in die damals noch im Aufbau befindliche Universität Regensburg und lernte Josef Goldbrunner kennen:
Professor und Tiefenpsychologe.
Das war für mich wie ein Ruf nach Bayern-München im Fußball.

Schulung bei Jahrhunderttrainer Josef Goldbrunner in der Oberpfalz. Erstes Kennenlernen des Lebens.

Das Zollwunder

Zehn Jahre lang gingen Hilfsgütertransporte unbeanstandet nach Rumänien – in Hochzeiten zweieinhalb Sattelschlepper. Die Frachtbriefe beruhten auf groben Schätzungen und wurden jahrelang einfach kopiert.

Viele Tonnen Hilfsgüter für rumänische Pfarre gespendet

Auf große Fahrt geht der Lkw der Spedition Meyer & Meyer, Osnabrück, mit vielen Tonnen Hilfsgütern zur St. Nikolaus-Pfarrgemeinde in Südostrumänien. Wiederum waren viele Klever Grundschulen und die Realschule neben unzähligen anderen Helfern und Spendern tätig, um das große Paket der Hilfe für den im abseits liegenden Südosten Europas fertig zu stellen.

RP-Foto: Gottfried Evers

Das Wunder des täglichen Ausgleichs

Fünfzig Meter brauche ich – seit 25 Jahren –, um in den heilsamen Schatten des Reichswaldes zu treten: laufend, springend, nachdenkend: die Erholung vor der Haustüre – und: frei Haus! Danke!!!

Das Wunder der Bewahrung

Vor und in Unfällen im Straßenverkehr und im Hause: nicht umsonst reden wir von der Schwerstarbeit unserer Schutzengel. Zweimal segelte ich die Haustreppe herunter. Bestimmt dreimal bin ich radfahrend vom Auto angefahren worden. Was ist, wenn der Schutzengel auspackt? ...

Das Wunder der freien Rede

Nach jahrelanger wörtlicher Absicherung der Gedanken auf Papier – rede ich nun seit Jahren mit und ohne Stichwortkonzept – drauflos. Und nicht immer daneben.

Das Wunder des Mittags-Schlafs

Unendlich kurz und kostbar ist die Regeneration im Schlaf, besonders bei dessen ältester Tochter: dem Mittagsschlaf! Undenkbar ein „Tagespensum" ohne diese Kraftquelle. „Den seinen gibt der Herr ... den Schlaf!" So lautet die echte Psalmwortübersetzung.

Das Geldwunder

Trotz meiner nur sehr rudimentär vorhandenen Fähigkeiten mit Geld umzugehen ist es mir bisher nicht gelungen, das Konto überstark zu strapazieren. Darüber hinaus gehöre ich zu den treuen Zulieferern aller möglichen Hilfswerke; mein größter „Coup" bisher war: 1,6 Millionen DM für Adveniat locker zu machen.

Das Wunder der Belanglosigkeiten

Es unterscheidet die Lebensgeschichte des Jesus von Nazareth, dass sie – vom biographischen Material – weitgehend von Belanglosigkeit geprägt ist; im Unterschied zum weltmännischen Auftreten eines Dalai Lamas oder den spektakulären Aktionen eines Mahatma Gandhi; die Ausbeute in Sachen „special news" ist spartanisch: Eltern von denen wir nicht wissen ob sie schreiben oder lesen konnten; eine Heimatgegend, die am Ende der damaligen römischen Welt lag. Man hört nichts von Eliteuniversitäten in Rom oder Alexandrien noch von außergewöhnlichem Besitz oder Beziehungen. Die Connections Jesu waren bestimmt keine, die ihn für mittlere politische Ämter prädestiniert hätten. Es war alles ein wenig schlicht.

Warum der liebe Gott an diesem Leben einen Narren gefressen hat – bleibt wohl das Geheimnis von ihm und diesem. Eines aber steht fest: nur die Belanglosigkeiten bringen uns in den Himmel. So wie bei ihm Krippe und Kreuz, Nazareth und Golgatha, Josef von Arimathäa und natürlich Simon von Cyrene mit ihren Traumrollen!

So bin ich ... in der Nachfolge dessen, dessen Wirkungsstätte nicht an den Knotenpunkten des damaligen Lebens lag, sondern sich in provinzieller Lage und in Ortschaften, deren an Unbedeutendheit nicht zu überbieten war. Die politischen Brennpunkte wie Rom, die Handels- und Geldmetropolen lagen an den Küsten Griechenlands und Italiens; die Finanzplätze wie die intellektuellen Hochburgen in Athen und Alexandria waren allesamt weit entfernt – und weder durch Internet noch Zeitung zugänglich. Ob Jesus schreiben konnte???

Dass der liebe Gott seine Ideen in der zweiten und dritten Reihe unterbringt und realisieren lässt ist und bleibt sein Geheimnis.

Was am Ende dabei heraus kommt und wer am Ende mal groß herauskommen wird – das ist die spannende Frage. Hier erfährt die lakonische, allzu vertraute Bemerkung das Letzte Erste und Erste Letzte sind seine Erfüllung.

Alexander Solschenizyn sagt über eine Frau, deren einziger Reichtum ein paar Gummibäume und eine lahme Katze war: „...dass sie die Gerechte war, ohne die ein Dorf nicht leben kann". Und nicht eine Stadt und nicht unser Land.

Das Wunder der bewährten Freunde

Vor den Toren Jerusalems mit meinem Semester: Werner, Peter (nach Autounfall seit 2001 im Rollstuhl), Franz, Josef, Heinrich, Bernd W., Bernd Klaschka (heute Chef von Adveniat) Wolfgang (von li nach re).

Meine Freunde Werner, Bernd, Peter ...

Seit den ersten Tagen des Studiums wurden einige meiner Studienkollegen auch echte Weggefährten; in Predigtgesprächen, in persönlichen Aussprachen und unbeschwerten Reiseerlebnissen sind sie ein kostbarer Schatz geworden. Über viele Jahre war ich Nehmender – ohne die Aussicht, Gebender zu sein. Danke an sie – und an Gott für das Geschenk der Freundschaft!

... und Heinrich.

Das kürzeste Gebet – ein Wunder

„Kennen Sie das kürzeste Gebet?" fragte eine Dame meinen Spiritual Johannes Bours. „Eigentlich nicht! Wie geht es denn?" war die Antwort des erfahrenen Seelsorgers.
„Segne …!"
Und dann entwickelte die Dame ihre Kurzformeltheorie, besser: Praxis: „Ich sage – mit dem Blick auf Gott gerichtet – „Segne!"
Und dann nenne ich IHM die Menschen, die mir einfallen: die ER segnen soll: Bekannte, Kranke; Näher- und Fernstehende, Politiker, Berühmte und Unbekannte, und und und …
Diese Namen spreche ich vor IHM, vor Gottes Angesicht aus. Dass ER sie sehe, wahrnehme, begleite – segne.

Auch ich praktiziere seit Jahren dieses Gebet. Es verändert mich, indem es mich in den globalen Heilzusammenhang stellt, der alles und jeden liebt und erfasst. Es eröffnet unerwartete Chancen für den, der Inhalt meines Gebetes ist – das habe ich festgestellt. „Unsere Pfarrei ist die Welt", sagen die Steyler Missionare. In **diesem** Gebet wird die ganze Welt meine Gemeinde, meine Gebetsgemeinde. Hier wird – gedanklich – aber nicht nur – bereits die künftige Welt vermessen, in der Jesus alles in allem sein wird. Das ist Zukunftsarbeit!

Die Tradition – ein Wunder

Bewahrung der Schöpfung: Ja;

etwas konservativ (bewahrend) betrachten: Nein;

Rituale: Ja;

Tradition: Nein.

Dieselben Inhalte werden mal mit einem Kosenamen, mal mit einem Schimpfnamen etikettiert: Der Etikettenschwindel unserer Umgangssprache. – Konservativ ist negativ, progressiv ist positiv. Dabei gibt es so viele bewahrenswerte Dinge.

Die soziale Marktwirtschaft, die uns in der 3. Generation Wohlstand und Sicherheit gibt; eine stabile Währung, die den Geldschein in der Hand nicht zu Papiergeld verkommen lässt; die Gnade der Kranken- und Altersversicherung: Ich kann sorglos ins Krankenhaus gehen, um operiert zu werden – ohne einen Kredit aufnehmen zu müssen oder mir Geld zu leihen – wie in manchen europäischen (!) Ländern üblich. Das Kapital von Höflichkeit und Rücksicht wurde in mich investiert, ohne die das Zusammenleben willkürlich und gnadenlos würde …

Auch die Übung des Gebetes gehört zu den grundlegenden Traditionen: ohne sie versteppt das Innenleben des Menschen. Zu den traditionellen Grundlagen gehört auch die Zufriedenheit durch Lesen und Lernen, ohne die das Leben grausam wäre. Diese rein zufällig zusammengetragenen überlieferten Werte meines Lebens, die über weite Strecken ohne mein Zutun zur Mitgift gehören, belegen den konkurrenzlosen Wert von Traditionen. Schwedische Professoren beklagen die Unfähigkeit ihrer Studenten sich zusammenhängend und sinnvoll zu äußern; eine Folge der Traditionslosigkeit? Die Verkümmerung unseres Sprachschatzes und die Reduzierung der sozialen Sprache nur noch auf notwendige Signale ist eine düstere Aussicht für unsere Gesellschaft. Es spricht viel für die Pflege von – und den Respekt vor Traditionen.

Ich kann nur mit den Füßen ausschreiten (Progression), wenn der Fuß vorher einen Halt hatte; Gehen und Stehen sind nicht zu trennen.

Die Modernität uralter Techniken schildern zwei Beispiele:

Die römische Asphalt-Technik – vor über 2000 Jahren praktiziert – in einem Straßensystem mit 35000 Kilometern – ist erst im 19. Jahrhundert wieder eingeholt worden.

Im sportlichen Bereich: Der heute 90-jährige Rudi Guttendorf praktizierte schon Ende der 50-er Jahre ein Spielkonzept (Riegelsystem), das sechzig Jahre später in der europäischen Spitzenklasse als Neuentdeckung proklamiert und praktiziert wird.

Das Wunder – ohne Geld zu reisen und anzukommen

Per Nachlöseantrag konnte ich die erste Peinlichkeit im IC von Emmerich lösen – beim Feststellen des vergessenen Portemonnaies. Beim 2. Mal kam ich nicht so glimpflich davon: auf dem Hauptbahnhof in Oberhausen schickte man mich – in derselben Verlegenheit – zur Bahnhofsmission: dort wurde ich von Benutzern des Armentisches (wieder-)erkannt – aus meiner Kaplanszeit. – Nur das Personal hatte Schwierigkeiten, in mir den Vertreter eines seriösen Berufsstandes zu sehen ... Begleitet und beschattet vom Bahnhofsmissionspersonal wurde dann mein Ticket gezogen – wer weiß was der Kerl sonst mit dem Geld gemacht hätte ...

Die Wunder der Vergebung

Summiere ich die Dummheiten, den Leichtsinn, die Torheiten, die Fehlgriffe und – Fehlentscheidungen, die Gleichgültigkeiten, das Geschwätz und Gerede in meinem Leben – d.h. auch in meiner Verantwortung – zu einem Ganzen zusammen, wäre die Beurteilung aus einer anderen Warte eindeutig: das und den (!) – kannst du vergessen. Dass Gott sich immer wieder an uns erinnert, gehört zum unbegreiflichen Kapitel der Weltgeschichte. Dass ein Volk schon wenige Jahre nach dem Judenmord und 50 Millionen Kriegstoten sich auf den Urlaub zum Schwarzwald oder zur Nord- oder Ostsee konzentriert – das ist ein unbegreifliches Geschenk. Ebenso unbegreiflich wie das Vergessen genau dieses Gottes, der unserem Land den Neuanfang ermöglichte.

Wenn Bernd Weskamp vor seiner mehr oder weniger zahlreichen Gemeinde steht und das Wort Gottes verkündet, ist das das alltägliche Kuriosum der Geschichte Gottes mit den Menschen; auch mit mir.

Der Gedanke ob Gott einem Mussolini, einem Franko, einem Stalin und einem Hitler verzeihen könnte, liegt dann durchaus noch im Bereich des Möglichen; wobei auch die Betreffenden sicherlich ein Mindestmaß an Ehrlichkeit und Bereitschaft mitbringen müssten; vielleicht werden wir den Ausgang dieser und anderer Geschichten nie erfahren. Sicherlich ist es dann auch besser so ...

Dass – in diesem Zusammenhang – die Trumpfkarte des Sakramentes der Vergebung (Beichtsakrament) kaum noch sticht – Gott sei Dank gibt es rasante Ausnahmen – spricht für den dilettantischen Umgang der Gesellschaft und fast jedes einzelnen mit seinem Schatten (= Schuld). Eine chinesische Parabel erzählt von einer Person, die ihrem Schatten davonlaufen will. Am Ende bricht sie erschöpft zusammen: der Schatten – so die Aussage dieser Geschichte – ist ein Teil von uns den wir liebend annehmen sollen ...

Dass auch die ehemals seriösen Nachrichtensender und -blätter zu Unterhaltungsorganen verkommen ist eine logische Folge; summiere ich sieben Tage lang die Überschriften der Rheinischen Post – einer Zeitung, die ich sehr schätze – habe ich die Bescherung. „Wir werden unterhalten – und unterhalten uns zu Tode". (Buchtitel von Neil Postman).

Einer hat einmal gesagt, die Steigerung der Liebe sei die Treue: und die Steigerung der Treue das Verzeihen.

Was müssen Völker einander verzeihen, wenn die Stunde der Wahrheit kommt. Zur Heilung der Welt bedarf es nicht nur eines bodenständigen Friedens und einer übergreifenden Gerechtigkeit: es bedarf auch eines tiefen Verzeihens der Einzelnen untereinander – und der Völker zueinander. – Wie aber die Geschichten von 56 Millionen Kriegstoten im 2. Weltkrieg oder 6 Millionen hingerichteter Juden verziehen werden können, das bleibt **Sein** Geheimnis. Für Karl Rahner, dem Theologen des 20. Jahrhunderts, bleibt Gott auch in der Ewigkeit ein Geheimnis!

Das/die Wunder der Banalität

Die Banalität – ihre schlichte Existenz – ist ein Wunder: ein immerwährendes, täglich, sekündlich milliardenfaches Wunder. Gott hat die Trivialität (Banalität) geheiligt, in dem er seinen Sohn, der **die** Nachricht für die Welt hat, 30 Jahre in der Verborgenheit/Banalität von Nazareth hat leben lassen.

Davon wissen wir fast nichts – immerhin umfasst diese Zeit – die man „vergessen" kann – mehr als neun Zehntel seines Lebens; **nur** knapp ein Zehntel verbringt er in seinem eigenen Auftrag. Gott heilt das Banale, Triviale; ob wir einen Tisch decken und Margarine darauf stellen oder ob einer vor den Vereinten Nationen redet – es ist alles gleich wichtig oder unwichtig. Triviale Gründe wie Zahnschmerzen oder Druck auf die Blase können auch die Rede vor der UNO beeinträchtigen. Nazareth – die verborgenen Jahre Jesu – das ist wie das 5. Evangelium: in den täglichen Wanderungen der Zimmerleute von Nazareth zur Residenzstadt der Römer (Sifforis) geschieht genausoviel Inkarnation – Menschwerdung Gottes wie bei der Bergpredigt. Jesu Erfahrung mit dem Alltag der Menschen, mit seinem Alltag und seiner Banalität ist die Substanz seiner Reden und Gleichnisse.

Banalitäten können uns zum Verhängnis werden: wie eine Unaufmerksamkeit am Steuer oder ein unbedachter Schritt auf einer vereisten Fläche im Winter; auch im Himmel wird nicht nur Halleluja gesungen. Die Heiligung und Wertschätzung des Banalen setzt sich dort fort, z. B. in einem Kartenspiel oder in einer Unterhaltung ...

Der beste Ehemann – ein Wunder der Selbsterkenntnis

Eine amerikanische Illustrierte reizt ihre Leser mit dem Auftrag, den „besten Ehemann der Welt" zu suchen. Unter den vielen Einsendungen trifft die Jury die Entscheidung für folgende Person: seine Ehefrau berichtet, dass es sich bei ihrem Mann – dem besten! – keinesfalls um einen gutaussehenden Schauspieler oder erfolgreichen Politiker handelt. Vielmehr arbeite ihr Mann in einer Autowerkstatt. In der Mittagspause komme er nach Hause, duscht und zieht sich um. Der Grund: er wolle seiner Frau die Wertschätzung für ihre Arbeit: die Bereitung des Mittagessens – zeigen. „Deshalb sei er für sie der beste Ehemann der Welt"!

Da ich von 6 Wochentagen an fünf zu spät zum Essen komme – auch in meinem Outfit nicht immer priesterlich ... – würde ich in der Tabelle „des besten Ehemanns" unter „ferner liefen" rangieren.

Aber auch andere Gründe legen eher nahe, dass es um einen „guten Ehemann Bernhard Weskamp" nicht unbedingt gut bestellt sein müsste ... (ich könnte es auch etwas eindeutiger ausdrücken). Mit anderen Worten: ein einigermaßen brauchbarer Priester Bernd Weskamp muss nicht auch ein guter Ehemann sein; vielleicht sind der Zölibat (Ehelosigkeit) und mein Glück kaum voneinander trennbare Größen. Wenn wir eine von diesen beiden Lebensaufgaben – Ehe oder Ehelosigkeit – lösen, ist das sicher auch genug.

Allerdings tue ich mich schwer damit, mir den Himmel – zölibatär – vorzustellen, sozusagen als Gipfel allen Glücks. – Wenn es auch im Himmel keine Heirat gibt – nach Jesus – so gibt es doch im Himmel die Liebe in allen Richtungen, wenn auch nicht in der Ausschließlichkeit der Ehe.

Das Wunder des Hausbesuchs

Gäbe es ein himmlisches Patentamt, würde ich meine ebenso einfache wie geniale(!) Technik des Hausbesuchs dort einreichen: nach 3–4 Jahren kannte ich nahezu jedes Haus. Wie läuft das??

Die stärkste Gruppe meiner Pfarrgemeinde (und nicht nur meiner) sind die Frauen, organisiert in der KFD (Kath. Frauengemeinschaft Deutschland). Monatlich wird von sogenannten Bezirkshelferinnen ein Mitgliedsheft verteilt; die Pfarrei ist dafür flächendeckend in Bezirke aufgeteilt. Davon gibt es knapp zwanzig. – Monatlich gehen also die Helferinnen herum, kassieren, werfen die Hefte ein oder geben sie persönlich ab. Es versteht sich von selbst, dass diese Aktion bis Mitte des Monats über die Bühne geht.

Meine Idee vor fast 25 Jahren: ich übernehme von einer Helferin ihren Bezirk und verteile – in ihrem Auftrag – die 10–22 Hefte. So komme ich in ebenso viele Häuser bzw. Wohnungen. Um ein einigermaßen vollständiges Bild der Gemeinde zu erhalten klopfe ich natürlich bei den nicht organisierten Häusern an: dabei stelle ich mich vor. Natürlich gebe ich mir keine Blöße und absolviere diesen Vertretungsdienst bis spätestens Ende des jeweiligen Monats. So lerne ich Land und Leute kennen – mit dem sanften Druck, die „Dinger" verteilen zu müssen.

Ergebnis: grandios.

Kuriosität am Rande: es war Donnerstagabend und ich war unterwegs – auf den letzten Drücker. Die Glocke zur Abendmesse – die ich natürlich selber hatte – erschallte schon; mir blieb also eigentlich keine Zeit.

Der Wohnungsinhaber war im Garten bei seinem Gewächshaus: Paul Scholz! Ich lernte ihn kennen – auch seine Frau, die auf der Terrasse stand.

Die Messe begann pünktlich; mit der Familie Scholz nebst Tochter und Enkelkindern hatte ich danach jede Menge Berührungspunkte – teilweise sehr schicksalshafte. Das alles war nur möglich – dank dieses genau abgezirkelten Erstkontaktes.

Credo – ein Wunder der Weglassungen

Das Leben Jesu – seine Großtaten eingeschlossen – sein öffentliches Auftreten und Wirken – bleiben im Apostolischen Glaubensbekenntnis unerwähnt. Unberücksichtigt – so als habe es gar nicht oder kaum stattgefunden:

empfangen durch den heiligen Geist ...

geboren von der Jungfrau Maria,

gelitten unter Pontius Pilatus,

gekreuzigt

gestorben

und begraben,

hinabgestiegen in das Reich des Todes ...

Kein Wort über die Blindenheilungen, über Heilung von Aussatz und Besessenheit; keine Silbe über Brotvermehrung oder Wasser-in-Wein-verwandeln. Die Väter und Mütter unseres Glabensbekenntnisses halten sich da mehr als bedeckt. Dagegen werden die letzten 24 Stunden Jesu mit gleich fünf Artikeln bedacht – unglaublich!

Eine grandiose Weglassung, ein grotesker Verzicht angesichts der ausgiebigen und unbescheidenen Darstellungen des Lebens heutiger Repräsentanten des öffentlichen Lebens wie Sportler, Politiker, Entertainer, prominente Versager etc. Das (biblische) dagegen scheint das eigentliche Leben Jesu nicht zu interessieren. Selbst Bethlehem, immerhin der Geburtsort des berühmtesten Erdenbürers, bleibt ungenannt.

Was daraus geschlossen werden kann?

Gute Frage!

Vielleicht dies: was von uns erwähnenswert sein wird – und somit bleiben wird – ist die Hingabe, das Vertrauen in die Pläne Gottes: Maria, die einfach mal ja sagt; Jesus, der auch und gerade zu seinem unverständlich brutalen und absurden Abgang ja sagt; aber auch Josef, der Bräutigam Marias, hat in diesem Blitzlichtgewitter keine Chance.

Ein Wunder, dass es sie noch gibt: die alten Esel (eine Betrachtung)

Ich, der Esel – Du alter Esel,
als Schimpfwort friste ich mein Leben. Aber im Grunde genommen, alle anderen standen nur dumm herum: der Ochse, die Schafe, die Flöhe, die Hirten, ja selbst der heilige Josef machte nicht immer den sichersten Eindruck, aufgeregt und nervös war er. Aber bei mir: Maria brauchte meine Beine und meine Rückenmuskulatur, die waren Lastentragen gewöhnt. Auf mich konnten sie sich verlassen. Ohne mich oder gegen mich wären die kein Stück voran auf dem Weg nach Ägypten gekommen, nicht einen Schritt.

Ohne mich wäre eben nichts gelaufen, so ist das.

Das hat bisher nur eine Stadt der Welt kapiert: dort hab ich es bis zum Bürgermeister gebracht, da in Wesel am Rhein. Wie heißt doch der Bürgermeister von Wesel? ...!

Arbeitslosigkeit, keinen Job? Nie ein Problem! Die sterben nie aus, die mich, einen alten Esel, gebrauchen.

Ohne mich hätten Maria und Josef alt ausgesehen, ohne mich wäre nichts gelaufen, weder in Bethlehem und schon gar nicht Ägypten! Eine Schinderei war das, fast wären wir alle vier verdurstet. Maria war kurz vor Bethlehem so schwer, als trüge ich die ganze Welt auf meinem Rücken.

Ja, man lernt sich kennen, wenn man so jahrelang unterwegs ist, nicht immer guter Laune, manchmal in Gedanken abwesend – oder den Kopf schüttelnd über all die Dummheiten, meine und die der anderen. Beim gemeinsamen Laufen erfährt man so einiges über sich selbst, über andere. Keine Angst!, der Josef geht ganz behutsam mit einem um.

Auch durch Schweigen lernt man sich kennen, je nachdem, wie groß die Strecken am Tage sind. Aber auch die Ruhepausen zwischendurch oder am Abend möchte ich nicht missen. Manchmal bin ich so traurig, dass ich nur i-ah rufen kann. „Na ja", sagt ER, „das sind immerhin die letzten zwei Buchstaben von *Halleluja*".

Und dann der Einzug in Jerusalem, glaubt nicht, meine Beine hätten den Weg alleine gefunden, wusste ich doch, was auf uns zukommt. Am liebsten hätte ich ihn vor den Toren Jerusalems abgeworfen. Wenn ich reden könnte, hätte ich Jesus gesagt: „Hau doch endlich ab, du alter Esel!". Aber dann habe ich wieder den Druck seiner Beine und seiner Knie gespürt; da wusste ich, wo es langgeht. An solchen Wahrheiten kommen auch wir Esel nicht vorbei.

Ja, ich alter Esel, die schönste Stelle über mich steht beim Evangelisten Johannes, dort trägt Jesus den Jüngern auf: „Falls ihr am Stadttor vor Jerusalem einem Mann begegnet, der einen Esel an der Hand führt, dann sagt ihm: – Unser Herr braucht ihn –".

Ja, der Herr braucht mich. Braucht er auch Euch? Euch als Lastenträger, wer soll sonst die schweren Lasten von Lidl zum Auto tragen, wer trägt die kleinen Kinder auf den Armen? Wenn nicht ihr. Wer hat so breite Schultern, wenn nicht ihr – wenn es darum geht, Wunden zu heilen, zuzuhören, anzupacken, Ausdauer an den Tag zu legen.

Ja! Der Herr braucht immer wieder Esel, vierbeinige und zweibeinige, damit die Lasten einigermaßen verteilt werden, Lasten in Kilogramm und in Form von Problemen der Seele oder der Nerven.

Der Herr braucht dich, ohne dich läuft nichts, ohne dich sieht ER alt aus wie damals in Ägypten und heute in Donsbrüggen und anderswo!

„Der Esel kennt die Krippe seines Herrn, das eigene Volk erkennt seinen Herrn nicht." Ja, diesen Satz gibt es auch. So manches Mal bin ich einfach ausgebückst, wenn die Luft mal gerade rein war.

Aber irgendwann bist du die Futterkrippen anderer satt, das ist etwas für den hohlen Zahn, damit kannst du dich ja kaum auf den eigenen vier Beinen halten. Dumm gelaufen ...

Dann fiel mir ein: Der Esel kennt die Futterkrippe seines Herrn. Dann ging es im Galopp zurück. Was er gesagt hat? „Schwamm drüber", sagte er – ich glaube, er meinte einen Schwamm mit Geduld gefüllt.

Jetzt hoffe ich, dass wir gemeinsam durchs Ziel kommen. Ist doch klar, dass ich dann die Nase vorn hab, muss mir erst mal einer nachmachen!

Euer alter Esel!

Das Wunder von Mehr

„Warum ist ein Fußballspiel so spannend?" fragt Sepp Herberger: „Weil keiner weiß, wie es ausgeht!"

Diese Erfahrung machen auch fast vierhundert Zuschauer, die an einem Mittwochabend Anfang Juni zu einem Spiel um den Aufstieg in den kleinen Ort Mehr bei Kranenburg (Niederrhein) kommen, in eine „Dorf-Arena". Es geht um den Aufstieg zweier Lokalvereine: Donsbrüggen II und Nütterden II in die Kreisliga B.

Die Dramatik des Spielverlaufs spiegelt sich unter anderem in der Torfolge: *„Meine"* Donsbrügger führen nach einer knappen Stunde 3 : 0; die gegnerische Mannschaft spielt nach einem Platzverweis mit zehn Spielern, ein anderer wird im weiteren Verlauf vom Platz gesetzt. Das Bier wurde bereits kalt gestellt. Nach dem Anschlusstreffer zum 1 : 3 gab es die Wende in der zweiundsiebzigsten Minute   mit 2 : 3 durch einen spektakulären Fallrückzieher. Nun reißt bei Donsbrüggen der Faden, Nütterden wird – das Unentschieden in Reichweite – nach vorne getrieben.
Die Folge ist der Ausgleich kurz vor Schluss: die Verlängerung wird überstanden, den letzten Elfer setzt der Nütteraner ins Netz: *Aufstieg!*

Nun spielen sich Szenen ab, die an das legendäre 6 : 6 des damaligen Zweitligisten Schalke gegen Bayern München oder Dortmund – Malaga im Halbfinale des Pokals erinnern.

Ich traf den Trainer Nütterdens bei einem weiteren Relegationsspiel der Donsbrügger.

„Vor dem Spiel", sagte er, haben sich seine Spieler in der Kabine im Kreis stehend „in die Arme genommen." Und dann sei ihm die Idee gekommen, zu beten! Und zwar so: „Lieber Gott, ich weiß, dass Du ein Fußballfan sein musst, denn sonst hättest Du dieses schöne Spiel nicht erfunden. Du hast uns die Fähigkeiten geschenkt, geschickt mit dem Ball umzugehen. Ok, dem einen mehr, dem anderen weniger. Wir bitten Dich, gib uns heute Kraft und die Stärke, unseren Gegner, den SV Donsbrüggen, in diesem Spiel zu besiegen. Amen."

Ob das der letzte Grund ist, dass es in diesem Spiel nicht mit rechten Dingen zuging?

Das Wunder von San José

Die Rettung der dreiunddreißig Kumpels in Südamerika war in aller Munde. Was sagt dieses Ereignis uns abgeklärten Europäern, für die Gott eine aussterbende Wirklichkeit zu werden droht?

„Du hörst nicht auf, Dir ein Volk zu versammeln", heißt ein wichtiges Gebet der Heiligen Messe.

Fernsehstationen aus aller Welt präsentierten der religiös-entwöhnten Öffentlichkeit die Bilder kniender Bergleute. Berichte, dass Mario Gomez, der spirituelle Mann unter den Bergleuten, mit Bibelzitaten und Gebeten die Mannschaft zusammengehalten hat, machten die Runde. T-Shirts mit der Aufschrift: *gratias señor* – Danke Gott – sind zu sehen. Die Menschen, die oben warten, tun es betend und singend. Das Wunder von San José (Heiliger Josef) ist sicher ein Wunder der Technik und der Kooperation vieler; es ist aber auch ein Wunder eines bergeversetzenden Glaubens – im wahrsten Sinne des Wortes. Der Berg, in den die Kumpels eingefahren waren und der über sie eingefallen war, diesen Berg haben menschliche Erfindungen und ihr Glaube *versetzt!* Ob wir dieses Signal verstehen?

Das Wunder der Improvisation – ein Spielkommentar ohne Ballberührung

Marcel Reif und Günter Jauch hatten das Europapokalendspiel im Madrider Bernabéu-Stadion zu kommentieren – in Erwartung eines spannenden Finales.

Sechsundsiebzig Minuten fand eine Reportage über ein Spiel statt, das nicht stattfand – weil ein Tor von übereifrigen Fans vor dem Spiel demoliert worden war. – Die Beiträge dieser beiden Herren des nicht nur körperlosen, sondern auch ball-

und spielerlosen Matches waren so ergreifend, dass niemand mehr das eigentliche Spiel vermisste.

Einer der tollen Sätze lautete, dass jetzt „ein Tor dem Spiel guttun würde."

Das organisierte Improvisieren gehört auch zu den Grundlinien meines Lebens. Ist das nicht in unserer Sprache sehr schlau, wenn sie vom „Organisieren" – in Notzeiten, nur dann redet, wenn nichts da ist ...?

Auch eine gute Geschichte – das Zeitwunder

Genauso unentwickelt wie mein Geldverhältnis ist mein Zeitverhältnis, sodass ich seit Jahren keine Uhr mehr trage: auch schon nicht, um den Anschein zu erwecken, dass ich gut zu Fuß, was die Pünktlichkeit angeht bin. (Meine These: Wenn ich all die Zeit, die ich andere hab' warten gelassen habe auch im Fegefeuer verbringen muss, werde ich wohl Dauergast ... bleiben). Aber selbst eine halbstündige Verspätung bei meiner Abschlussprüfung bei Josef Ratzinger(!) – später Benedikt XVI – wurde mir nicht zum Verhängnis.

Ausgerechnet Rupert Neudeck – ein Jahrhundertspieler in Sachen Solidarität und Nächstenliebe – berichtet in seiner Rückschau auf sein Leben von der „Gnade der Verspätung": auf der Flucht vor den Russen erreichte er mit seiner Mutter die ihn und seine Familie rettende Ostseefähre eine Stunde zu spät: sie war bereits abgefahren – und ging unter. Es gibt also auch die Gnade der Verspätung! – für mich allerdings wohl nur die Gnade, meine Verspätungen zu ertragen.

Jesus hatte Zeit

Im Zeitmanagement lag Jesus ziemlich daneben: „Jesus hatte Zeit", so sagt es der Mailänder Erzbischof Martini. Er schreibt:

„Wenn Mose der Mann der großen Zahlen ist, dann ist Jesus der Mann der kleinen Zahlen. Er bleibt beim Einen und beim Andern stehen, plaudert mit ihnen, als hätte er Zeit, er wartet, bis der andere begreift, bis er seinen Läuterungsprozess durchgemacht hat, bis er in seine Gebetsverfassung eingetreten ist und nun in Ruhe die Augen öffnen und sehen kann.

Als ich über die Szene aus Joh 20, 1–17 nachdachte sagte ich mir: Herr, warum verlierst du deine Zeit damit, auf diese Frau zu warten? Warum wartest du, dass sie rief, dass sie sehend wird, dass sie versteht? Sag doch gleich, wer du bist. – Aber nein: Jesus lässt ihr Zeit. Ebenso macht er es mit den Jüngern von Emmaus. Er verliert fast zwei Stunden, zuerst um sie zu begleiten, dann um sie anzuhören, um ihre Angst herauskommen zu lassen und sie zu erleuchten, und schließlich mit dem Abendmahl. Wie viel Zeit verliert er, während die ganze Welt darauf wartet, dass er als der Auferstandene in Erscheinung tritt. Die Apostel sind in Tränen, Petrus noch immer beschämt, die guten Leute ein Jerusalem grämen sich und denken, jetzt ist alles aus. Wo sind wir?"[3]

---

[3] Carlo M. Martini, „Wenn Moses der Mann ...", aus: Ders., Dein Stab hat mich geführt. Geistliche Weisung von Moses zu Jesus. Übersetzt von Theresia Renata © Verlag Herder GmbH, Freiburg i. Br. 1986

Welcher Seelsorger heute verbringt schon Stunden, wenn nicht ganze Tage mit einer Hochzeitsgesellschaft (Kana)?

Welcher der modernen Hirten ist stundenlang mit zwei Mitarbeitern unterwegs, die nicht viel kapieren (Emmaus)?

Wo lässt einer ständig sein Timing durchkreuzen durch herumhängende Bettler (Bartimäus) oder verkorkste Neureiche (Zachäus)?

Jesus hatte Zeit. Er hatte soviel Zeit, dass er sie ständig abgeben und mit jemandem teilen konnte. Wie der geduldige Landmann, der ruhig schlafen geht ohne zu meinen, der Saat beim Wachsen helfen zu müssen.

Jesus schöpft aus dem Vollen, auch und gerade was die Zeit angeht.

Eine zeitgemäße Zeitanalyse

In Zeitnot geraten, wie in ein Netz, ist der Mensch,
atemlos hetzt er durch sein Leben
und wischt sich den Schweiß.
Ein Fluch des Jahrhunderts ist diese Eile.

Es wird ganz eilig gezecht und ganz eilig geliebt,
ganz tief sinkt die Seele dabei –
man martert ganz eilig, vernichtet ganz eilig,
ganz eilig sind später Reue und Buße vorbei.

Du aber wenigstens, halte inne in deiner Welt,
sei's wenn sie schläft, sei's wenn sie tobt:
wie ein Pferd, den Huf vor dem Abgrund,
witternd zurückweicht und bebend zum Stehen kommt!

Auf halbem Wege wenigstens bleib stehen,
dem richtenden Himmel vertraue dich an,
denke nach, besinne dich – wenn nicht über Gott –
so doch wenigstens ganz einfach über dich selbst.

Wenn alte Blätter im Herbst unter deinen Füßen rascheln,
wenn die Lokomotive heiser schrillt auf deiner Fahrt –
begreife, wie kläglich der ist, der dahineilt ohne Besinnung,
wie groß der ist, der innehalten konnte.

Den Staub aller Eitelkeiten fege ab,
die Ewigkeit lass dir endlich wieder in den Sinn kommen –
und die Unschlüssigkeit, das heilige Zögern
wird sich wie Blei in deine Glieder gießen.

In deinem Zögern da liegt eine Kraft, ist eine Stärke,
wenn du dich nicht zu entschließen vermagst –
den falschen Weg wahllos zu gehen,
vorwärts zu eilen nach Lügenlichtern. –

Halt ein, bleib doch stehen, der du wie auf fallendem Laub
über Gesichter stampfst und sie nicht ansiehst!
Blind bist du, ganz blind durch den Irrsinn der Eile –
töte durch sie nicht deine einzige Chance, jetzt innezuhalten.
Jewgeni Jewtuschenko (russischer Dichter ca. 1960)[4]

Über das Thema Zeit nun die konkurrenzlosen Zeilen von Heinrich Böll:

Dem Kapitel entnommen: „Als Gott die Zeit machte ...“

„Daß der Gottesdienst erst beginnen kann, wenn der Pfarrer erscheint, ist einleuchtend! Daß aber dasKino erst beginnt, wenn alle Priester, die ansässigen wie die Urlauber, vollzählig versammelt sind, ist für den Fremden, der an kontinentale Gebräuche gewöhnt ist eine Überraschung ... Seltsam genug, daß sich niemand über die Verspätung ärgert, nicht im geringsten. „Als Gott die Zeit machte“, sagen die Iren, „hat er genug davon gemacht.“ Zweifellos ist dieses Wort so zutreffend wie des Nachdenkens wert: stellt man sich die Zeit als einen Stoff vor, der uns zur Verfügung steht, um unsre Angelegenheiten dieser Erde zu erledigen, so steht uns zweifellos genug davon zur Verfügung, denn ihm ist „Zeit gelassen“. Wer keine Zeit hat, ist ein Ungeheuer, eine Mißgeburt: er stiehlt irgenwo Zeit, unterschlägt sie.“[5]

Raumwunder: (K)ein Platz in der Herberge

Heiligabend in der Donsbrügger Kirche – oder: das jährliche Raumwunder! Mit der Fixierung der Christmette auf 17.00 Uhr haben wir – ohne es zu planen – einen TOP Termin gewählt.

Nachvollziehbar: anschließend geht es zur zivilen Zeit zur häuslichen Bescherung und zum gemütlichen familiären Beisammensein. – Nachdem in Bethlehem kein Platz in der Herberge war setzt der Donsbrügger Pastor seit Jahren seinen Ehrgeiz darin, etwa 600 Personen Platz zu schaffen – in einer Kirche mit 220 Sitzplätzen. Der Countdown für die Belegung der überschaubaren Plätze beginnt um ca. 16.05 Uhr – nach der Krippenfeier der Kinder. Gegen 16.25 Uhr ist die Kirche regulär gefüllt – nun beginnt das Donsbrügger Raum- und Platzwunder, zudem die Vorbereitungen allerdings auch nicht so ohne sind: Partybänke, Klappstühle aus aller

4) Sigrid Glockzin-Bever: In Zeitnot geraten aus: Lebenswelt im Kirchenjahr, Gottesdienste, die sich Themen stellen Reihe: Ästhetik – Theologie – Liturgik Bd. 40, 2005, 216 S., 17.90 EUR, br., ISBN 3-8258-8308-6

5) aus: Heinrich Böll. Werke. Kölner Ausgabe. Bd. 10: 1956–1959. Herausgegeben von Frank Finlay und Markus Schäfer. © 2005, Verlag Kiepenheuer & Witsch GmbH & Co. KG, Köln/Germany.

Herrenländer werden zusammen getragen; es wird ein Angebot geschaffen, von dem der Architekt (Herr Zwirner, „auch" Vollender des Kölner Doms) nur träumen könnte.

Es gibt einen speziellen Kreis von Gottesdienstbesuchern, die sich zeitig darauf einstellen; sie, aber auch die Lastminuteleute werden herzlich willkommen geheißen – eine z. T. nicht lösbare Aufgabe für mein Gedächtnis. Schon gegen 16.40 Uhr läuft eigentlich nichts mehr: doch in der gemeinsamen Anstrengung aller entstehen da und dort neue Leerräume, die durch Handzeichen (2 Finger = 2 Plätze) über die Köpfe hinweg signalisiert werden. Inzwischen hat das Fieber, neue Plätze in der Herberge auszumachen alle Teilnehmer ergriffen.

Höhepunkt dieser Liturgie vor der Liturgie wird dann mein Mikrofoneinsatz sein mit jährlich wieder kehrenden Worten: „Liebe Mitchristen. Hier bei uns ist es so wie in Bethlehem: die Platzfrage ist die entscheidende. Erwarten Sie keine große Predigt heute: aber sehr im Unterschied zu Maria und Josef haben Sie einen Platz gefunden – das ist das Evangelium des Abends!"

Versteht sich von selbst, dass die Treue meiner Heiligabendbesucher grenzenlos ist; und das ich ungern eine Partybank verleihe – auch während der normalen Jahreszeit. Bleibt die Hoffnung, dass der Platzanweiser Gottes – der Hl. Petrus – einen noch größeren Einfallsreichtum aufbringen wird, um uns allen einen Platz zu geben ... (Sonst müsste er bei Pastor Weskamp mal ein Praktikum machen ...).

Die wunderbare Radvermehrung

Es war Freitag, der achte Dezember; die Katholiken feiern an diesem Tag ein hohes Marienfest – und ich war unterwegs zur Abendmesse in der Nachbarkirche. Wie gewohnt – mit meiner fast nagelneuen Leichtmofa (früher Fahrrad mit Hilfsmotor). Vor wenigen Monaten hatte ich die Saxonette erstanden – zum Preis von immerhin eineinhalbtausend Euro. Ich stellte sie ab und sicherte sie zusätzlich an einem Laternenpfahl mit einem Spezialschloss.

Eine gute Stunde später starrte mich an derselben Stelle eine feindliche Leere an: nichts deutete mehr auf mein Mobilitätsprachtstück hin, auf dem ich lange Strecken, ja sogar mittlere Hügel locker, mit frischer Luft reichlich versorgt, gepackt hatte. „Das war's!" – schoss es mir durch den Kopf. Den mir bekannten Wirt einer benachbarten Kneipe fragte ich, ob er was gesehen habe, sogar den Dönerladen suchte ich auf – alles blieb ohne Ergebnis – auch ein längerer Rundgang von mir. – Der Polizeibeamte nahm liebevoll abends die Geschichte auf und über ihn muss sie wohl unter Polizeiberichten an das Wochenblatt und die Tageszeitung gelangt sein: einem Priester aus Donsbrüggen sei die Mofa gestohlen worden; diese braucht er dringend aus Mobilitätsgründen.

Es gab eigentlich keinen mehr, der mich nicht darauf ansprach, so dass mich der Verlust schon nicht mehr so arg schmerzte.

Am Sonntagnachmittag meldete sich Frau Daams: ihre Schwester, eine Ordensfrau, (!) habe eine gebrauchte gut erhaltene Mofa; sie dürfe sie aus Altersgründen nicht mehr benutzen. „Ob ich sie haben wolle?"

Am Montag meldet sich Frau Janssen aus Materborn: Sie habe ein nagelneues E-Fahrrad; seit Monaten versuche sie vergeblich es an den Mann zu bringen. „Ob das was für mich wäre?"

Es ist fast überflüssig, hinzuzufügen, dass meine Haushälterin, als ich am Dienstagvormittag zur Schule musste, mir noch nachrief: „Herr Heiks von der Kriminalpolizei hat angerufen, Ihre Mofa ist wieder da! Steht in der Garage der Polizei." Die wunderbare Radvermehrung – die sonderbare Bescherung – ein einzelner Titel wird dieser Story nicht gerecht.

Oder ist Gott ein findiger Recycler, der aus Verlusten Gewinne macht?

Dienststelle **Kreispolizeibehörde Kleve** PI Nord - KK/VK Kleve Kanalstraße 7 47533 Kleve	Aktenzeichen **515000-053399-06/3**		
	Sammelaktenzeichen		Fallnummer
	Sachbearbeitung durch (Name, Amtsbezeichnung) **Heicks, KHK**		
	Sachbearbeitung Telefon **02821/504-0**	Nebenstelle **-1370**	Fax **-1355**

Empfangsbestätigung

Hiermit bestätige ich den Empfang des Fahrrades mit Hilfsmotor:

- SAXONETTE Luxus, silber, FIN: WSF529BO160011189,
Versicherungskennzeichen: 559 LLZ

Aushändigender:

Empfänger:

- Heicks, KHK -

- Bernhard WESKAMP -

Kleve, 12.12.2006

Heicks, KHK

Meine „ökumenische Laufbahn"

Als Kind des Ruhrgebiets bin ich mit „den Evangelischen" aufgewachsen – natürlich in getrennten „Lagern" ...

Den Anfang meiner ökumenischen Karriere markiert der Satz (stammt von mir als Junge): „Können Evangelische eigentlich in den Himmel kommen?" – Darüber sind viele Jahre ins Land gegangen und die Frage, ob ich selber in den Himmel komme, ist noch längst nicht geklärt.

Evangelische Christen und Pfarrer sowie Pfarrerinnen gehören inzwischen zu meinen Freunden und Weggefährten: Oskar, Susanne, Achim, Rüdiger und Brigitte, Pfarrer Heynen und andere.

Die Vorstellung, dass ein evangelischer Pfarrer den Sonntagsgottesdienst in „meiner" katholischen Kirche hält, ist inzwischen nicht nur nicht abwegig, sie drängt sich fast auf bei unserem Nachwuchsstillstand. Nicht die schlechteste Lösung ...

Zurück zur Ausgangsfrage des jungen Bernhard Weskamp: ich hoffe, dass wir uns alle im Himmel wiedersehen und die verschiedenen Konfessionen zu einer gemeinsamen Passion werden: *das Reich Gottes aufzubauen!*

Zwei Weggefährten:
Oskar Greven und Bernd Weskamp.

GANG 2 Kräftigende Speisen

Das Wunder einer „langen Vergangenheit"
Das Wunder der Selbstliebe
Das Wunder der Werktagsmesse
Das Wunder des reichen Fischfangs
Das Einfalls-Wunder
Die eucharistischen Wunder
Ins Wasser fällt ein Stein
Das Wunder der Nacht
Die Wunder der Liebe zu den Menschen, Tieren und Dingen
Das Wunder des Lebens
Das Wunderwerk der Versorgung
Das Wunder des Lachens
Das Wunder eines vereinten Europas
Das Wunder des Zuhörens
Das Wunder des Altwerdendürfens
Vom Danken
Das Wunder der Heranwachsenden und Erwachsenentaufe
Geistliche Wunder
Meine Mutter glaubt an mich
Alles kommt zu dem, der warten kann
Das Wunder der Geduld mit mir selber –
      auch mit meiner Gesundung
Der Muttergottesbildstock – Ein politisches Wunder
Das Wunder der „kleinen Weile"
Katholisch und trotzdem „gut drauf" – ein Wunder
Das Müllwunder
Das Wunder der Vereinfachung
Das Wunder der knappen Worte
Das Wunder der Jugend – im Alter
Der Papst aus der Tasche
Kirche im Abseits
Das Wunder des Volkes Gottes
Das Wunder der Berufung
Das Wunder von Berlin
Das Wunder der Vorhersage
Ein starker Auftritt

Das Wunder einer „langen Vergangenheit"

Simone de Beauvoir, Dichterin Frankreichs, schreibt in ihrem Werk: „Eine gebrochene Frau" den Satz: „Mir wurde bewusst, wie herrlich es ist, eine lange Vergangenheit hinter sich zu haben[6]."

Der Schatz einer langen Vergangenheit, die Truhe, aus der ein Lehrer des Evangeliums „Neues und Altes hervorholen" kann; Wahnsinn: dass derjenige, der seine Vergangenheit für aufbewahrenswert hält, mit dem Schimpfnamen – konservativ – belegt wird; in diesem Punkt bin ich gerne erzkonservativ.
Stichprobenartig habe ich Fotos, Zeitungsartikel, Schlagzeilen und eigene Aufsätze, Auszüge aus Bittbriefen, Sprüche aus dem Leben und Anekdoten aller Art für dieses Buch zusammengestellt: willkürlich, ehrfürchtig – dankend und staunend –; aus dem Geist eines modernen Kirchenliedes in dem es heißt: … wir danken Dir, dass Du (Gott) es mit uns wagst.
Das Wagnis des Glaubens, des Lebens mit Gott war ein ergiebiges Abenteuer. „So voller Fische war es" heißt es im Osterevangelium vom Netz dessen, der noch einmal – und immer wieder – nach Erfolglosigkeit und Niedergeschlagenheit herausfährt. „Ich habe zwar keine Chance; aber vielleicht kann ich die ja nutzen …" hat einmal ein Sportler gesagt.

Das Wunder der Selbstliebe

„Liebe deinen Nächsten – wie dich selbst." – die zentrale Botschaft des Christentums.

Wie dich selbst. Das hört sich so leicht an: jeden Tag verabschieden sich Menschen in Deutschland – freiwillig – aus dem Leben (Freitod) in der Größenordnung einer Schulklasse. Ein Vielfaches dieser Zahl versucht es – auch täglich. Sie alle sind der Meinung, dass ihr Leben so keinen Sinn (mehr) hat.
Diese Vorstellung, dieser Gedanke – auf mich selbst übertragen – hat mich Jahrzehnte begleitet: als ein ständig im Hintergrund vorhandenes Modell, den Problemen aus dem Weg zu gehen.
Vielleicht hat mir zur Durchführung dieses Schrittes mehr der Mut gefehlt als die nötige Einsicht. Inzwischen bin ich im bürgerlichen Pensionsalter; diese Stimme ist nahezu am Verklingen.

Einigen Menschen bin ich begegnet, die diese Entscheidung getroffen und durchgeführt haben: in der Regel tolle wertvolle Menschen. Natürlich sind wir alle – ich auch – an ihrem Unglück beteiligt wie wir auch am Glück anderer beteiligt sind. –

Gibt es eine Schlüsselszene für mein „Glück"? Ja. Eine ehemalige Studienkollegin, Maria aus Regensburger Zeiten, berichtete so nebenbei – von einem Berufs-

---

[6] *(Eine gebrochene Frau)* Rowohlt Taschenbuch S. 62, ISBN 3-499-11489-5.

kollegen, der sich sehr unkonventionell, frontal einer Gruppe von Lehrern, zu denen sie auch gehört hat, näherte: in einer sehr direkten Weise. „Da dachte ich an dich! Das ist Bernd Weskamp!!"

Diese Szene war und ist für mich das Modell, die Urszene der Kontaktnahme: erst mal rein, und dann weitersehen. – Das ist das Geheimnis meiner Arbeit mit einer biblischen Fruchtbarkeit – von wenigen Blindgängern mal abgesehen. Diese Kontakte „abzuarbeiten" – so lautet der heutige Ausdruck, erfüllt die Länge eines Lebens – und die des dann erhofften ewigen Lebens dazu. Danke, Maria Hillmann, für diese Ur-Szene!!

Das Wunder der Werktagsmesse

Die tägliche Messe – mit 4 bis 12, zeitweise auch 15 Personen – ist nicht gerade der Veranstaltungsknüller für Priester und Gemeinde.

Mich tröstet, dass unter dem Kreuz, immerhin dem Topereignis der Heilsgeschichte, auch nur 3 Personen waren: drei Frauen. Und das inmitten einer vollen Stadt.

Das Brot des Glaubens wird auch unter diesen Umständen geteilt; ER teilt es mit uns. Das Ergebnis – das „tägliche Brot" der Seele – kann sich sehen lassen; manchmal reicht es auch für mehr, und du spürst – wie der mutlose Elias (Prophet) – dass du auf eine Quelle stößt, die nicht versiegt!!

Das Wunder des reichen Fischfangs

„Fahrt noch einmal hinaus!" ruft Jesus nach (!) seiner Auferstehung den entmutigten in besten Zeiten (nachts) fischenden Jüngern zu. Sie fingen so viel, dass die Netze zu zerreißen drohten. Meine Berufsbeute; Menschen die ich in das Netz des Menschenfischers Jesus einfangen durfte, reicht von Novosibirsk im fernen Russland bis nach Porto Alegro Brasilien; in manchem bosnischen Milieu bin ich bekannter als der örtliche muslimische Geistliche (Hodscha). Darauf bilde ich mir nichts ein: es erfüllt mich allerdings mit großer Freude. Und – hoffentlich – Demut. Das Konzept des großen Menschenfischers ist attraktiver denn je; und derjenige, der **Ihm** ins Netz geht, hat nicht verspielt. Er ist Teil des großen Weltorchesters, das einmal Stimmung machen wird – so Gott will mit unseren Stimmen und Instrumenten.

Sternsingeraktion 2013.

Das Einfalls-Wunder

Gedanken können wie Einfälle sein, wie die Einfälle eines Heeres zur Befreiung von Geiseln. Sie sind auf einmal da – sie fallen ein: diese hilfreichen Ideen und Gedanken:

Erster Einfall am Samstag in der Vorabendmesse des Palmsonntag:

„Es gibt nur **eine** wirkliche Katastrophe." Eine Katastrophe ist ein Vorgang, der irreparable Folgen hat: diese wirkliche – Gott sei Dank – nicht eingetroffene Katastrophe wäre das Ausweichen Jesu vor dem Willen des Vaters, das Aussteigen aus dem Gehorsam gewesen: in der Nacht der Entscheidung am Ölberg. – Alle anderen Katastrophen, selbst Weltkriege sind reparabel; am Ölberg wäre der Menschheit und dem Universum nicht mehr gutzumachender Schaden zugefügt worden. An diesem seidenen Faden des getanen Jawortes Jesu hängt die Weltgeschichte. Ein wunderbarer Einfall ...

Zweiter Einfall: die große Liebe:

Dieser Gedanke kam mir am Morgen einer Hochzeitsfeier. Jeder und jede träumt von der großen Liebe; „die gibt es nicht" – so mein Einfall! Es gibt sie nicht fertig, sondern nur als Zusammensetzung der unzähligen kleinen Lieben ... Sie ist die Liebe im Reifestadium, die große Liebe.

Die große Liebe hat nicht den Namen eines Filmschauspielers oder einer Mode-zarin wie Heidi Klum oder Claudia Schiffer. Was wir vorfinden, ist die kleine Liebe: **ein** Partner von vielen möglichen. Mit unendlichen Chancen und – Begrenztheiten. Die Enge des Alltags schließt die große Liebe nicht aus, sondern ein: ein Teil der großen Liebe – vielleicht der entscheidende – ist die Liebe zu den Grenzen gerade dieses von mir geliebten Partners. Ausbaufähig zur großen Liebe, birgt sie den Keim dazu in sich. Mit dem Jawort am Altar beginnt die Reise zu dieser großen Liebe. Aber: wir finden die große Liebe nicht vor; wir starten nicht mit ihr. Auf dem Weg zu ihr begegnen wir auch dem Verzicht (das kommt vom Verzeihen!). Er ist der Weggefährte der großen Liebe.

Die eucharistischen Wunder

Eucharistie: Gegenwart von Jesus im Brot. Dieses Brot wird in der Messe gereicht.

„An manchen Tagen war es meine einzige Nahrung" diesen Satz sagte ich am Morgen meines 40. Weihetages.

> „Brot, das die Hoffnung nährt..."

Und:

> „Kann denn das Brot so klein, für uns die Zukunft sein..."

Zwei Liedtexte. Jesus gibt sich im Brot: tausendfach, millionenfach täglich. „Es werde uns zum Segen für Seele und Leib" – beten wir. Oder: „Leib Christi – Rette mich!"
In dem Zeigegefäß (Monstranz) wird es hochgehalten – präsentiert; einmal im Jahr in der Öffentlichkeit – Fronleichnam. – Beim letzten Fronleichnamsfest kam die Begleitpolizei zu spät; wir waren gezwungen, den Fahrradweg an der Bundes-straße zu benutzen; die Autos, mit Fahrradträgern für den Kurzurlaub und die zur Arbeit fahrenden Niederländer rauschten an uns vorbei. Selbst für eine beeindru-ckende Folklore reicht es nicht mehr.

Doch dieses Brot war und ist nicht unwirksam; es ist und bleibt die „Arznei der Unsterblichkeit". Der mit allem volle Magen ist kaum noch empfänglich dafür – trotz der eucharistischen Wunder.

Ein kleiner Ausflug:

Zum Zirkus des 19. Jahrhunderts gehörte die Darbietung des Hungerkünstlers: eine Tafel vor seinem – abgeschlossenen – Käfig zeigte die Anzahl der Tage ohne Nah-rungsaufnahme. Je höher die Zahl, desto größer die Zahl der Besucher. – Allmählich hatte sich das Interesse an dieser Attraktion verflüchtigt; und zum Schluss verirrte sich nur noch der Wärter zu dem vor sich hin hungernden Menschen.

„Doch vergingen wieder viele Tage, und auch das nahm ein Ende. Einmal fiel einem Aufseher der Käfig auf, und er fragte die Diener, warum man hier diesen gut brauchba-

ren Käfig mit dem verfaulten Stroh drinnen unbenützt stehen lasse; niemand wusste es, bis sich einer mit Hilfe der Ziffertafel an den Hungerkünstler erinnerte. Man rührte mit Stangen das Stroh auf und fand den Hungerkünstler darin.

„Du hungerst noch immer?" fragte der Aufseher, „wann wirst du denn endlich aufhören?" „Verzeiht mir alle", flüsterte der Hungerkünstler; nur der Aufseher, der das Ohr ans Gitter hielt, verstand ihn. „Gewiss", sagte der Aufseher und legte den Finger an die Stirn, um damit den Zustand des Hungerkünstlers dem Personal anzudeuten, „wir verzeihen dir."

„Immerfort wollte ich, dass ihr mein Hungern bewundert", sagte der Hungerkünstler. „Nun, dann bewundern wir es also nicht, " sagte der Aufseher, „warum sollen wir es denn nicht bewundern?" „Weil ich hungern muss, ich kann nicht anders", sagte der Hungerkünstler. „Da sieh mal einer, " sagte der Aufseher, „warum kannst du denn nicht anders?" „Weil ich," sagte der Hungerkünstler, hob das Köpfchen ein wenig und sprach mit wie zum Kuss gespitzten Lippen gerade in das Ohr des Aufsehers hinein, damit nichts verloren ginge, „weil ich nicht die Speise finden konnte, die mir schmeckt. Hätte ich sie gefunden, glaube mir, ich hätte kein Aufsehen gemacht und mich vollgegessen wie du und alle." Das waren die letzten Worte, aber noch in seinen gebrochenen Augen war die feste, wenn auch nicht mehr stolze Überzeugung, dass er weiterhungere."[7]

Ins Wasser fällt ein Stein

Ein Dauerregen setzte bereits am Tag vor Fronleichnam ein. Erste Krisenpläne. Wann die Absage für die Prozession erfolgen könnte, wurden ausgetauscht.

---

[7] Franz Kafka: Ein Hungerkünstler. In: Project Gutenberg. aus: Die neue Rundschau (1922)

In der Nacht prasselte der Regen gegen die Scheiben und auf das Plastikvordach – keine Entwarnung. Auch am Morgen hingen tiefgraue Wolken über der Stadt, und der leichte und unaufhörliche Nieselregen wollte nicht aufhören.

Die ersten, die die Absage für die Prozession erfuhren, waren die Kranenburger Musikanten, sie quittierten alles mit unverhohlener Freude, da nun das Frühstück – normal nach getaner Arbeit – etwas länger dauern konnte.

Nach und nach wurden alle eingefangen: die Kommunionkinder mit ihren Eltern, die zahlreichen Messdiener, die Schützen, die Frauen mit ihren Bannern und und und.

„Die Messe findet in der Kirche statt", so lautete die Devise.

Vorher wurden die Kinder mit den Liedern des Gottesdienstes „unterhalten". Und dann kam die Predigt: „Ins Wasser fällt ein Stein", so lautete das Thema der Liedkatechese des Diakons: „Tut mir leid", sagte Michael Rübo, „das war nicht so gemeint ... "

Und dann ging es um Steine, die die Kinder so gern ins Wasser werfen, damit diese Steine übers Wasser hüpfen, und dann, wenn sie versinken, Kreise ziehen! Wir alle sind Steine, die Kreise ziehen sollen, die etwas in ihrer Umgebung bewegen sollen ... Und mit einem Mal schien es hell in der Kirche zu werden – und als dann ein Vater auf mich zukam mit dem Wunsch: „Meine Tochter möchte aber unbedingt Messdienerin werden, die lässt uns keine Ruhe!", da wusste ich: nicht nur die Prozession war ins Wasser gefallen, auch ein Stein, der Stein der Begeisterung war ins Wasser gefallen und hatte Kreise gezogen. Von da an schien der Regen gar nicht mehr so lästig zu sein.

Das Wunder der Nacht

Nächte spielen beim Gottesvolk eine große Rolle: nach der Ersteinteilung von Tag und Nacht („... und es ward Nacht!") folgt der Auszug der Israeliten aus der übermächtigen Hand des Pharao – der Großmacht – „in der Nacht", und in Eile. Am Heiligen Abend, im Schutz und der Bedrohung der Dunkelheit wird der Retter geboren. Und in der Nacht bricht Josef plus Familie nach Ägypten auf, um sein Kind in Sicherheit zu bringen.

Am Beginn der Nacht – in der Dämmerung – bringt man die Kranken zu ihm. Und mit ihnen die dunklen Seiten des Lebens.

Am Abend stiftet Jesus seine bleibende Gegenwart in Brot und Wein beim Abendmahl. In der Nacht auf den Karfreitag erlebt Jesus am Ölberg seine tiefste seelische Herausforderung.

In der Osternacht geschieht das Unfassbare: der Tod bleibt chancenlos gegenüber dem, der voller Lebendigkeit ist: Jesus.

Am Abend („der Tag hat sich schon geneigt ...") gibt er sich in seiner neuen Wirklichkeit zu erkennen auf dem Weg nach EMMAUS.

„... wie ein Dieb in der Nacht": diesen Vergleich wählt Jesus, um auf sein überraschendes Wiedereintreffen hinzuweisen.

Und wenn er „wie ein Dieb in der Nacht" wiederkommt? Dann ist damit vielleicht eine der finsteren ausweglosen Stunden gemeint, von der die Erde noch in jüngster Zeit (20. Jahrhundert) einige erlebte. Die letzte dieser finsteren Stunden wird dann herausgerissen und ihrer Mächtigkeit des Grauens beraubt. „Wohl denen, die der Herr wach findet!"

Die Wunder der Liebe zu den Menschen, Tieren und Dingen
... und die Antworten auf diese Liebe: eine Erfolgsgeschichte – hoffentlich – ohne Ende!

Über Wunder der Liebe kann ich eigentlich nicht mitreden: Liebe in der Partnerschaft, Liebe zu einem eigenen Kind – Fehlanzeige. Liebe zu Jesus Christus: auch da bin ich bestenfalls Anfänger; oder doch: Amateur.

Amateure sind Verliebte: in den Ball, in das Geld, in den Sport, in ein Hobby. Die Südamerikaner nennen die Weitergeber des Glaubens – animatores. Animateure, Anreger, Impulsgeber – aber auch Liebhaber. Verliebt in die Ewigkeit – so las ich im Triumph des Herzens, einer auch sonst lesenswerten Zeitschrift. Die Rede ist von einer Frau, bildhübsch, verheiratet mit einem attraktiven Mann. Sie bringt zwei Kinder tot zur Welt – in beiden Fällen gab es eine entsprechende Prognose. Sie selber zieht sich während der Schwangerschaft des dritten und gesund zur Welt kommenden Kindes eine unheilbare Krebskrankheit zu, an der sie – nach der Geburt von Franzisco – stirbt. Sie reifte – nach eigenen Worten – zum Verliebtsein in die Ewigkeit!

Unser Gegenüber dieses Verliebt sein – ist Gott. Mir steht das Bild: „Der große Gärtner" – von Emil Nolde vor Augen: wie dieser Menschheitsgärtner zärtlich die Blumen umfasst. Gott – der jedes Schicksal, auch die eingegangen Blumen – aus welchen Gründen auch immer zärtlich umfasst: der streichelt, gießt, den Boden lockert, zur Not ins Gewächshaus setzt, die Sonne herankommen lässt: kurz: die Seinen weder aufgibt noch aus den Augen verliert. Welch eine Arbeit liegt da vor ihm?

Wird hier auch gelten: das Team ist der Winner: d.h. **wir** behandeln **mit**, gießen **mit**, ackern **mit**, pflügen **mit** ...

Gott wird sich so überflüssig machen, dass er es uns machen lässt; das ist reife Pädagogik. Dass er seinen Sohn die Linie vorgeben lässt, ist klar: er ist der Cheftrainer. Da will ich gerne Balljunge sein.

Ich traf sie in der Autobahnraststätte: sie saß – am Sonntagmorgen – in dem nicht gerade beneidenswerten Platz vor der Herrentoilette (ich war auf dem Weg zu meiner Kur im Schwarzwald).

Dr. Aloysius Jin S. J.

120 **Pu Xi Road**
Shanghai 200030
China
Tel/Fax: 86 – 21 – 64398913

05 – 03 – 03

Hochwürdige und lieber Pastor,

Herzliche Grüße aus Shanghai!
von Familie Merges habe ich Ihren lieben Brief
und Ihren generösen Beitrag von Betrag von 750 Euro
erhalten. Ich danke Ihnen von ganzen Herzen
Möge unser lieber Gott Sie und alle Ihren
pastoral Werke segen!

Ja, die Hoffnung ist sehr wichtig, besonders in
unsere Zeit. Ich habe "Spe salvi" gelesen.
Die Enzyklika ist wunderbar! "Hoffnung gegen
Hoffnung" Wollen Sie, lieber Pastor, für mich
beten, damit ich die Hoffnung nie verlieren

Ich bin schon 92 Jahre alt, ich bin noch
ziemlich gesund, funktioniere ich noch als
Bischof ordinarius. Aber ich muß sagen:
"Nunc dimittis me Deus secundum Verbum Tuum
in pace".

Mit tiefer Dankbarkeit, verbleibe ich
Ihr Bruder in Christo
+Aloys Jin sj.

Sieben Tage die Woche, von 8 – 20 Uhr, im Intervall von Stuhl mit Tischchen einschließlich Geldablage für die Säuberung der Toilette. Vom Akzent her eine Osteuropäerin.

Auf meine Frage, woher sie käme, antwortet sie: „Aus Litauen! Vilnius – der Hauptstadt." „Das sei doch bestimmt eine harte Sache, dieser Job hier!", meinte ich. „Nein", sagte sie, „ich liebe die Menschen. Ich liebe die Gespräche mit ihnen."

Wunder der Liebe gibt es an allen möglichen und unmöglichen Orten der Welt, auch in der Toilettenanlage einer Raststätte mit Namen Sessenhausen. Am Sonntagmorgen, zur Gottesdienstzeit.

Das Wunder des Lebens

Am Ende: die Fülle des Lebens. Das volle Leben. Jesus der Lebendige!

Lebendiges Evangelium. Auch die Kirche sollte lebendig (nicht nur lebend) sein, weil und solange der Geist Jesu in ihr lebendig ist. –

Lebendige Vertreter des Glaubens sind zum Beispiel:

Elisabeth von Thüringen, die dem höfischen Gebaren die Stirn zeigt; Johannes Bosco, der vernachlässigte Großstadtkinder durch Spiel, Unterricht und Gebet zu den eigenen Schätzen führt; Arnold Janssen aus Goch am Niederrhein, der als kleiner Kaplan ein weltweites Netz aus Bildungs- und Selbstfindungsinitiativen spannt. Thomas Morus, dem selbst auf dem Schafott der Humor nicht verlässt; Therese von Lisieux, die inmitten von Zwangsvorstellungen eine neue Intimität der Jesusfreundschaft gründet; Papst Gregor der Große im 5. Jahrhundert – der, als ehemaliger Bürgermeister der Stadt Rom 40 Mönche nach England schickte und damit das Christentum europäisch macht. Märtyrer Wilhelm Frede, der statt deutschem Gruß in der Nazizeit Guten Tag sagt und mit den jüdischen Familien Kleves weiter kommuniziert; oder der 92-jährige Kardinal Alois Jin SJ (* Juni 1916 in der Nähe von Pudong, Shanghai), der nach 28 Jahren Haft Staatsgäste wie Clinton und Merkel empfängt und, und, und ...

„Leben"

Ich liebe diese Kirche, auch mit ihrem besonderen Typen: einer davon bin ich!!!

Das Wunderwerk der Versorgung

Die Kirche hatte mal eine Monopolstellung, wenn sie ihre Schäfchen mit einem Platz im Himmel versorgt hat; – die Aussicht schon reichte in der Regel für ein sorgenfreies Leben.

Durch pränatale Untersuchungen und neueste DNS- und DNA-Forschungen wird der Mensch, bevor er überhaupt erst richtig da ist, versorgt und vor allem Unheil geschützt. Operationen, Zahnbehandlungen, ja selbst das Sterben müssen nicht mehr weh tun, und der über neunzigjährige rüstige Pensionär auf Weltreise ist längst kein Exot mehr.

Wir lassen uns Gesundheit und den Ausschluss von Unberechenbarkeit etwas kosten. Für das monatlich aufzubringende Geld an einem Platz in einem komfortablen Seniorenheim kann man gut und gerne eine Auslandsreise buchen, mit Flugzeug, Wellness und mindestens Halbpension. Bei den Anbietern in punkto Wellness und Glück rangiert unser Laden (Kirche) auf den hintersten Plätzen. „Panem et circenses/Brot und Spiele" der Römer waren nur ein Trainingslager gegenüber Spaß, Spannung und Abwechslung heutzutage. Wäre die Kirche allerdings nur ein Wellnessanbieter, wäre sie meines Erachtens längst weg vom Fenster.

Daraus ergibt sich fast logisch, dass die vorherrschende Haarfarbe der Gläubigen grau ist. Es war eine Wohltat, vor kurzem im Gefängnis! Fünfundsiebzig Männer im besten Alter – in der Messe zu haben!

Ich überlege, warum ich jetzt noch weiterschreibe.

Trotz allem: Ich bin glücklich – jenseits der Vergnügungsindustrie – mit einem Buch am Abend, mit dem Stapfen durch raschelndes Laub, mit dem Anteil nehmen, Zuhören dürfen bei anderen, mit der mündlichen Wiedergabe spannender Fußballspiele einschließlich sinniger Trainersprüche, mit dem Schreiben dieser Zeilen.

Dazu eine kleine ANEKDOTE (ist passiert!):
Eine tiefgründige Anekdote, die treffend den aktuellen Stellenwert des Gespräches mit religiösem Inhalt beleuchtet. Auf dem Weg von Homberg nach Baerl (heute Duisburg) sprechen Katecheten und der Kaplan mit den Firmlingen. Auf die Frage des Kaplans, wann und ob man sich zuhause auch mal über religiöse Dinge unterhalte antwortet der Firmling: „Immer, wenn die Oma da ist!" – Das Gespräch ist knapp 30 Jahre her, die Oma ist inzwischen verstorben ... Wer redet jetzt noch über Religion???
(mit dieser Begebenheit könnte man meines Erachtens aufwendige Sinnesstudien einsparen ...).

Das Wunder des Lachens

Das Lachen kommt auch aus der Komik der Situation: der zu klein oder ungeschickt geratene Clown hält uns – netterweise – einen Spiegel vor: das bist du! Zu klein geraten – vielleicht für ein Amt; für deine bisherige Selbsteinschätzung. Vor Gott sind wir alle zu klein geraten – das ergibt Komik oder auch Tragik: denkt an die zahllosen großen und kleinen Versuche, es Gott gleich zu machen. Diese – unfreiwillige – Komik führt gelegentlich zur Eskalation von Gewalt: bis hin zu Weltkriegen. Auch darin sind wir Deutschen Weltmeister – das ist bekannt. Ein Volk, eine Regierung, Parteien die ihre Demut verlieren, verlieren nicht nur den Anschluss an Gott, vielmehr auch eine realistische Einschätzung der Welt.

„Die Legende vom Land des Lachens – Der weite Weg ins göttliche Land

Der Meister war in mitteilsamer Stimmung, also versuchten seine Schüler von ihm zu erfahren, welche Entwicklungsstufen er auf seiner Suche nach dem Göttlichen durchgemacht hatte.

„Zuerst nahm mich Gott an der Hand und führte mich in das Land der Tat, und dort blieb ich mehrere Jahre. Dann kehrte er zu mir zurück und führte mich in das Land des Leidens; dort lebte ich, bis mein Herz von jeder übermäßigen Bindung gereinigt war. Darauf fand ich mich wieder im Land der Liebe, dessen Flamme alles verzehrte, was von meinem Selbst übrig geblieben war. Und das brachte mich in das Land der Stille, wo die Geheimnisse von Leben und Tod vor meinen staunenden Augen enthüllt wurden."

„War das die letzte Stufe Eurer Suche?", fragten sie.

„Nein", sagte der Meister, „eines Tages sagte Gott: heute werde ich dich in das innerste Heiligtum des Tempels mitnehmen, in das Herz von Gott selbst. – Und ich wurde in das Land des Lachens geführt."[8]

Das Evangelium verspricht den Trauernden das Lachen. „Selig die ihr jetzt traurig seid: ihr werdet lachen!" Dass Jesus gelacht hat, wird an keiner Stelle der Bibel erzählt. Wohl, dass er geweint hat: über den Tod seines Freundes, über Jerusalem, das die Chance zu seiner Erlösung verpasst; es gab viele Anlässe zum Weinen für ihn.

Bei der Hochzeit zu Kana wird er mit den andern Gästen auch gelacht haben. Auf den Wegen nach Zifforis, der römischen Residenzstadt, wo nach Meinung der Forscher die Männer von Nazareth – unter ihnen Jesus – Arbeit fanden werden sie auch gelacht haben.

„Der im Himmel thront lacht!", sagt an einer Stelle das Alte Testament. Gottes Lachen wird einmal das Universum erfüllen; ein Ziel für alle, für die mancher Tag keinen Ausweg bietet.

Auch im politischen Witz geschieht die Umformung einer ausweglosen – verkorksten Situation – durch das Lachen! Auch manche Märtyrer (Laurentius, Thomas Morus) soll der Humor am Galgen (Galgenhumor) nicht verlassen haben. Viele Künstler haben Christus als Clown dargestellt, der das Untere nach oben bringt und umgekehrt. Das Reich Gottes ist eine Kontrastgesellschaft, die in Tränen säen (und gehen) – werden in Jubel ernten – meint der Psalmist.

„Das ist noch nicht die letzte Stufe", sagt der Meister ...

---

[8] Aus: Das kleine Buch für zwischendurch Freude – herausgegeben von Marlene Fritsch (Verlag: Herder, Freiburg)

„Das Lachen ist der Hoffnung letzte Waffe"[9], sagt Harvey Cox.

Karl Rahner, ein großer Theologe des 20. Jahrhunderts meint:

„Lacht manchmal, lacht unbeschwert. Fürchtet nicht, ein bisschen dumm zu lachen und ein bisschen oberflächlich. Am rechten Ort ist diese Oberflächlichkeit tiefer als euer gequälter Tiefsinn, der nur von einem geistigen Stolz eingegeben wäre, von einem Stolz, der es nicht aushalten will, ein bloßer Mensch zu sein. Es gibt wirklich eine Zeit zum Lachen, es darf sie geben, denn auch diese Zeit ist von Gott erschaffen. Ich, das Lachen, dieser kleine, kindsköpfige Dummerling, der Purzelbäume schlägt und Tränen lacht, bin von Gott erschaffen."[10]

Das Wunder eines vereinten Europas

Auch Europa – unser nächstes Großprojekt nach der Wiedervereinigung und dem Fall des Eisernen Vorhangs – auch ein Wunder, und welches!!! – wird nur in der Demut der Völker und der sie Regierenden entstehen können: als ein Staatenbund, in dem manche Ressourcen gebündelt werden (Militär, Geld, Wirtschaft, Verteidigung, Sicherheit, Sozialpolitik mit einer Basisexistenz für alle! – usw.). Manches wird auch weiter regional und national geregelt werden.

Es kommt keiner und keins zu kurz. Wie viele Jahre sind wir davon entfernt??

In diesem Staatenbund – auch eine Kleinausgabe des Bundes Gottes mit uns Menschen, werden alle Völker und Sprachen ihre Talente und Gaben einbringen! Ein bunter Erdteil: in dem der Süden z.B. die Sonnenenergie stiftet und der Norden die Logistik, sie zu sammeln und weiterzuleiten, ...

Auch hier zum Schluss wieder ein Zitat: „Das Evangelium nimmt uns auf einen Lauf mit, der uns den Atem verschlägt ..." (Helmut Gollwitzer – ev. Theologe)

Was für Europa gilt, gilt abgewandelt für die ganze – eine – Welt. Das himmlische Jerusalem, die Stadt, die von oben herab kommt, umfasst den Neuen Himmel und die Neue Erde. Mit den logistischen und materiellen Mitteln unserer gegenwärtigen Welt ist es innerhalb von 8–14 Tagen möglich, eine Grundversorgung von Wasser bis Bildung für jeden Menschen auf diesem Planeten sicher zu stellen. Vierzehn Tage sind dafür nötig – oder weniger!

Für dort ist das Lachen in Aussicht gestellt: Selig, seid ihr: ihr werdet lachen!

[9] Harvey Cox: The Feast of Fools: A Theological Essay on Festivity and Fantasy
     Publisher: Harvard University Press (January 1, 1969)
     ISBN-10: 6742952504 ISBN-13: 978-0674295254
     ASIN: 0674295250
[10] Aus: Karl Rahner S.J. Innsbruck „Vom Lachen und Weinen des Christen". Eine Betrachtung für Fastnacht und Ascher mitwoch

Das Wunder des Zuhörens

Wenn es eine von mir mühsamst erworbene Stärke gibt, dann ist es: das Zuhörenkönnen. Sicher wohl deshalb, weil auch mir zugehört wurde. Übrigens sagt die Bibel, dass der Glaube vom Hören kommt; und dass aus dem Hören der Gehorsam werden kann: das heißt: Die Tat aus dem Glauben.

So wurde und werde ich Ohrenzeuge der schönen und schönsten – wie auch der schlechten und übelsten – Geschichten, die nur das tatsächliche Leben zu bieten hat. Nun aber der konkurrenzlose Text in Michael Endes Buch „Momo" zum Zuhören.

„Was die kleine Momo konnte wie kein anderer, das war ***Zuhören****."*

Das ist doch nichts Besonderes, wird nun vielleicht mancher Leser sagen, zuhören kann doch jeder.

Aber das ist ein Irrtum. Wirklich zuhören können nur recht wenige Menschen. Und so wie Momo sich aufs Zuhören verstand, war es ganz und gar einmalig.

Momo konnte so zuhören, dass dummen Leuten plötzlich sehr gescheite Gedanken kamen. Nicht etwa, weil sie etwas sagte oder fragte, was den anderen auf solche Gedanken brachte – nein, sie saß nur da und hörte einfach zu, mit aller Aufmerksamkeit und aller Anteilnahme.

Dabei schaute sie den anderen mit ihren großen, dunklen Augen an, und der Betreffende fühlte, wie in ihm plötzlich Gedanken auftauchten, von denen er nie geahnt hatte, dass sie in ihm steckten.

Sie konnte so zuhören, dass ratlose, unentschlossene Leute auf einmal ganz genau wussten, was sie wollten.

Oder dass Schüchterne sich plötzlich frei und mutig fühlten.

Oder dass Unglückliche und Bedrückte zuversichtlich und froh wurden.

Und wenn jemand meinte, sein Leben sei ganz verfehlt und bedeutungslos und er selbst nur irgendeiner unter Millionen, einer, auf denen es überhaupt nicht ankommt, und er ebenso schnell ersetzt werden kann wie ein kaputter Topf – und er ging hin und erzählte das alles der kleinen Momo, dann wurde ihm, noch während er redete, auf geheimnisvolle Weise klar, dass er sich gründlich irrte, dass es ihn, genauso wie er war, unter allen Menschen nur ein einziges Mal gab und dass er deshalb auf seine besondere Weise für die Welt wichtig war.

So konnte Momo zuhören![11]

---

[11] Michael Ende „Momo" Thienemann Verlag: Thienemann Verlag; Auflage: Neuausgabe. (12. Juli 2005) ISBN-13: 978-3522177504

Das Wunder des Altwerdendürfens

Im Zeitalter der Priesternot und der aufwendig werdenden Seelsorge, angesichts der Kompliziertheit des modernen Lebens scheint es angebracht, bis mindestens 8o top-fit zu bleiben. Operationen und Verschleißteile, wie die Nervenstärke sorgen für „Unterbrechungen" (nach Joh. Bapt. Metz das heutige Wort für Glaube!!). Stück für Stück zieht man sich aus dem Tagesgeschäft zurück, inzwischen immer häufiger staunend wie souverän und gekonnt jüngere Kollegen „ihr Ding" machen, die meine Söhne sein könnten. Über Nacht wirst du alt bzw. älter: für Schüler gehörst du zur Generation der Großeltern (Opa-Generation).

Das Auf-hören und Ab-danken sind schillernde Begriffe: nicht nur durch den Bindestrich.

Wer aufhören lernt, hat das Hören auf etwas gelernt; wer abdanken kennenlernt ist dankbar für das Ab-geben. So einfach!?

Ich danke Gott für das Wunder, eines Tages – und schon jetzt täglich – das Aufhören und Abdanken zu üben.

Vom Danken

Das schwerste Wort, so der Ruhrgebietsdichter Josef Reding, heißt nicht: Popocatépetl – wie der Berg in Mexiko; oder: Chichicastanengo – wie die Stadt in Guatemala; oder: Ouagadougou – wie der Fluss in Afrika – das schwerste Wort für viele heißt:

„Danke".

Erntedank – dieses Mal der zwanzigste Jahrestag der Überwindung der deutschen Teilung – verkaufsoffener Sonntag – kein Mensch kommt noch zum Nachdenken. Und dann noch die Topspiele der Bundesliga. Danken und Nach-denken hängen nicht nur sprachlich zusammen.

Der Held des Buches: „Nach Afghanistan kommt Gott nur noch zum Weinen" ist eine Frau: Shirin-Gol. Ihre kümmerliche Illusion und ihr komfortfreies Leben finden in Flüchtlingslagern statt: Zeltstädten, deren Plane und Sicherheiten Plastikplanen sind. Erstaunlicherweise denkt sie auch ans Danken: Und wie!

Ein Ausschnitt aus ihrem Buch:

Das ist Gottes Gnade, denkt Shirin-Gol, und sie gewöhnt sich daran, Gott für jeden Tag, den er ihr schenkt, zu danken. Sie dankt ihm für seine Gnade, seine Güte, für ihre eigene Gesundheit, die ihrer Kinder, die ihres Mannes. Dafür, dass ihre Kinder, sie selber, Morad auf keine Mine getreten, keine Arme und Beine verloren haben. Sie dankt Gott für das Fett, für den Reis, für den Tee, für den Weizen, für die kleine Lehmmauer, die sie langsam aber sicher zusammen mit ihrem Morad um das blaue Plastikzelt herum baut. Dafür, dass das Mäuerchen größer werden, eine Tür, ein Fenster und ein Dach bekommen wird und Shirin-Gol schließlich das Zelt darunter entfernen und einen richtigen Raum, ein richtiges Zuhause haben wird. Das Zelt wird sie verkaufen und von dem Geld

Wolle und Farbe kaufen. Sie wird Fäden spinnen, Farbe kochen, die Wolle färben, einen kleinen Teppich knüpfen, ihn verkaufen, Essen kaufen, Fett, Tee, Reis, Weizen.[12]

Die Wunder der Heranwachsenden und Erwachsenentaufe

Durch geringe Grundstückspreise in Deutschland schwappt eine Welle von niederländischen Bürgern in unser Land: Menschen, die seit Mitte der 60-er Jahre im 20. Jahrhundert die eine von christlichen Ritualen entwöhnte Luft Hollands eingeatmet haben. Für sie ist der Sauerstoff des Glaubens ein besonderer Stoff, der sie – nicht selten – anzieht.

Einer von ihnen – Johannes – spendet das Anstrahlen unserer Kirche in den Wintermonaten; cash in die Hand – mit laufendem Motor. Bei seiner Rückkehr von der jenseits der Grenze liegenden Arbeitsstelle am Abend ein anheimelnder Lichtblick.

Ein anderer verbringt Stunden am Vormittag bei mir, um den Glauben kennenzulernen, der ihn fasziniert wie ein exotisches Land!

Und dann sind da noch „Katja und Nena" in der Schule. Sie hängen an meinen Lippen; ihr erster Kontakt zu einem Geistlichen war leider verunglückt. Meilenweit gehen sie für diese Worte und ihre Vertreter!

Bei einem Krankenhausaufenthalt erhielt ich folgende Zeilen von Katja:

„Lieber Pastor Weskamp,

viel Gesundheit, ich vermisse dich in der Schule. Frau van Duin ist auch krank. Seit ihr krank seid, ist keine Religion.

Deine Katja."

[12] Siba Shakib, Nach Afghanistan kommt Gott nur noch zum Weinen
© 2001, C. Bertelsmann Verlag, München, in der Verlagsgruppe Random House GmbH

Geistliche Wunder

Recollectio für das Dekanat Rees/Emmerich in dem ehemaligen, malerisch gelegenen Kloster Aspel. Nach einem mühseligen, von mir mit „zig" Impulsen vollgepackten Einkehrnachmittag – in Emmerich Monate vorher – entschied ich mich an diesem Nachmittag zu einer einfachen Methode: nach einer Kurzgeschichte bekam jeder das Arbeitsblatt mit dem Impuls: „Gottes Hand in meinem Leben ..." in die Hand. Zehn Minuten Stille blieben zum Ausfüllen.

Ein unvergesslicher Nachmittag: Die Zungen lösten sich, und die Hauptamtlichen erzählten *die* Geschichten Gottes in ihrem Leben: spannend, offen, ein Festessen des heiligen Geistes ...

Ich habe festgestellt – auch bei den Entlassjahrgängen der Hauptschule, also 16- bis 18-jährige – dass innerhalb eines halben Tages Zungen sich lösen mit der Folge, dass das geistliche und moralische Gen in der Tiefe der Seele jedes Einzelnen sich outen kann ... Wird es so ähnlich auch bei unserer Schlüsselbegegnung mit Jesus Christus sein?!

Meine Mutter glaubt an mich

Pfingstliche Gedanken bei einem Schulendtag

Da kamen sie zusammen, manche mit Verspätung, weil sie an der falschen Kirche warteten: die Schülerinnen und Schüler der Klever Hauptschule *„Wilhelm Frede"*. Aus aller Herren Länder, wie beim Pfingstereignis: Philipp aus Halle an der Saale, die Pakistanin Nasia, Jenny mit ihrem indischen Vater und der niederländischen Mutter, Wladislaw aus Kasachstan, Anna und Lydia aus Weißrussland, nicht zu vergessen Dogan und Cicek, zwei Kurden. Lukas der Pole, wirkte schon wie ein Einheimischer. Ganz zu schweigen von den Emmerichern und Duisburgern.

Auf aus Karton geschnittenen Fußspuren sollten sie festhalten, was in ihrem Leben Spuren hinterlassen hat. Fast keinen gab es, bei dem nicht Trennungen eine große Rolle spielten. Trennung von Stiefvater, Trennung von den Geschwistern, Trennung von den Eltern usw. – und ständig Umzüge.

Eine gezeichnete Generation.

Eine weitere Aufgabe war: Unter vielen Fotos sollten sie *ihr* Foto aussuchen. Philipp griff zum Foto mit einer Person hinter Gittern. Aufgrund wiederholten Drogenkonsums hat er Wochen in der geschlossenen Abteilung einer psychiatrischen Einrichtung verbracht, ohne Außenkontakt, hinter einem kleinen vergitterten Fenster. Er bekannte sich offen dazu.

Ein zweites Foto hatte er sich ausgesucht; es zeigte ein Liebespaar, sich zärtlich die Hände haltend. Philipp lebt seit einiger Zeit ohne Drogen, er versucht es zumindest. „Ich habe zwei Einzelgespräche, eine Gruppentherapie pro Woche", sagt er, und weiter führt er aus: „Meine Schwester glaubt an mich, meine Mutter glaubt an mich, meine Freundin glaubt an mich!" Das macht Mut.

Philipp aus Halle ist ungetauft – wie seine ganze Familie. Von Gott weiß er wenig, vom Heiligen Geist hat er noch nicht viel gehört.

Bei meiner „Predigt", nur ein paar Sätze habe ich gesagt: „Auch Gott glaubt an dich, Philipp!" Das war alles.

Es ist nicht einfacher geworden für Pfingsten und den Heiligen Geist. Der Heilige Geist muss vielleicht nicht mehr durch verschlossene Türen – aber über oder durch Berge, die menschliche und soziale Enttäuschungen meterhoch aufgetürmt haben. Der Heilige Geist braucht einen langen Atem für einen beschwerlichen Weg.

Auch an diesem Montag im April des Jahres 2002 hat er sich den Weg gebahnt durch verschlossene Herzenstüren und Fenstergitter! Auch dieses Mal bediente sich der Heilige Geist einer Sprache, die alle verstanden: Kurden und Polen, Weißrussen und Pakistani, Emmericher und Duisburger, ja, sogar die Klever und Donsbrügger!

Alles kommt zu dem, der warten kann

Mit diesem, in großen Lettern zu lesendem Satz, verließ der erfolgreiche Bundesligatrainer des VFB Stuttgart, Joachim Löw, das Schiff Bundesliga. Er tauchte in der Türkei unter, bei wechselnden Vereinen unter Vertrag, ohne weitere Resonanz in den deutschen Medien.

Die schillernde Figur des VFB, Präsident Mayer-Vorfelder, hatte seinen in einem europäischen Endspiel stehenden Trainer – es handelte sich noch um den Europapokal der Pokalsieger – den Platz für einen angeblich Besseren räumen lassen (Winfried Schäfer, der aus Karlsruhe kam). Dies ist sicher gut zwanzig Jahre her – und man hörte nichts mehr von Joachim Löw[13].

In demselben Stadion feierte der einst Gefeuerte seinen umjubelten Neuanfang. In einem wichtigen Qualifikationsspiel besiegte die inzwischen von ihm betreute Nationalmannschaft Nordirland. Nach diesem Spiel – welche Bestätigung des obigen Satzes – wurde Mayer-Vorfelder als DFB-Präsident unter den Pfiffen der Zuschauer verabschiedet.

„Alles kommt zu dem, der warten kann."

---

[13] Weltmeisterlich war das Verhalten unseres Bundestrainers nach dem denkwürdigen 7:1 (sieben zu eins!) im Halbfinale gegen Brasilien (WM 2014). Nach dem Spiel geht Löw auf jeden der brasilianischen Spieler zu, grüßt oder umarmt ihn. Dasselbe – etwas inniger – geschieht zwischen den beiden Trainern.
Und dann – als weiteres Wunder – die bewegenden Dankes(!)worte von Julio Cäsar, dem brasilianischen Torwart: danke an Gott und an das brasilianische Volk.

Diesen Satz kann man nicht überstrapazieren, aber nicht nur im Advent ist es ein Gedanke, dass Warten eine kompakte Angelegenheit ist, durch die erst manches wachsen kann – sogar bis zu einem erfolgreichen Nationaltrainer!

Nicht umsonst steckt das Wort ADVENT auch im englischen *adventure*: dem Abenteuer. Und Gott ist ein Abenteurer.

Das Wunder der Geduld mit mir selber – auch mit meiner Gesundung

Vielleicht der letzte und einzige Grund, warum ich mir – berechtigt? – keine Sorgen mache, am Ende doch in den Himmel zu kommen. Allein schon deswegen um den vielen zu danken, die mit Hand angelegt haben, dass aus dem Torso Bernhard Weskamp ein einigermaßen brauchbares Exemplar wurde.

Der Muttergottesbildstock – Ein politisches Wunder

Aus der unübersehbaren Fülle meiner quasi journalistischen Aktivitäten ragt das Highlight „Madonna an der Gruft" heraus. Ihren Platz hat sie über Umwege gefunden: nach massiven Angriffen aus dem städtischen Bauausschuss („Reißt das Ding ab!") schlug Bernhard Weskamp journalistisch zurück; am Ende stand eine politische Entscheidung im Rat der Stadt Kleve, die „grünes" (Hauptkritik kam von den Grünen!) Licht gab. 35 : 8 Ja-Stimmen für die Muttergottes an einer höchstumstritten Stelle (Bodendenkmal!). Selbst die Bundesschatzmeisterin der SPD, Dr. B. Hendricks schaltete sich in eine über Wochen dauernde Diskussion ein.
Inzwischen bin ich mit einer Frau, die ebenso massive wie berechtigte Kritik übte mehr als versöhnt.
Nicht wenige PKW-Fahrer, Radler und Fußgänger verweilen vor ihr. Eine gespendete Fotovoltaikanlage speichert das Tageslicht für die Dämmerung und die Nacht. Unterm Strich: Maria hat sich durchgesetzt; nicht immer so sanft, wie sie im Evangelium beschrieben wird ...

Der umstrittene Bildstock mit der Madonnenfigur ist fertig. Und Bernhard Weskamp wehrt sich gegen die Kritik an seinem Projekt.

Die Presse: Maria ist da!

Die in Kevelaer gefertigte Madonnen-Figur steht wohl behütet im neuen Bildstock hinter Glas, während sich der Autoverkehr die Gruftstraße hinauf quält. Bernhard Weskamp hat sein Herzens-Projekt mit Hilfe von Sponsoren vollendet. Eigentlich könnte der Pfarrer aus Donsbrüggen jetzt zufrieden durchatmen. Wäre da nicht der Wirbel um seine Muttergottes und ihren Standort an der Gruft.

Die Grünen hatten wie berichtet gegen den von Alfred Reimann geschaffenen Bildstock gewettert und wollten ihn wieder abreißen lassen. Und die Stadt Kleve räumte ein, dass man sich das christliche Denkmal kleiner vorgestellt hatte. Nun, nachdem die Madonna ihren Platz an der belebten Straße gefunden hat, meldet sich der Pastor zu Wort. Sichtlich erschüttert über die Reaktionen auf den Bildstock, der nicht nur am Pilgerweg Santiago de Compostela liegt, sondern auch Autofahrer, Fußgänger und Radfahrer im täglichen Stress an der Gruftstraße unter den Schirm der Gottesmutter nehmen soll.

Das ist meine Sicht:

„1. Der Marienbildstock ist in rechtlich sauberer Weise mit den Eigentümern Landesbau NRW (Straße) und der Stadt Kleve (Hang und Gelände) geplant worden. Nach Aussagen sowohl vom technischen Beigeordneten wie auch vom Bürgermeister ist alles korrekt verlaufen.

2. Meine Idee: Der Bildstock soll ein religiös/geistlicher Punkt an den beiden Fernwanderwegen E8 (England – Bulgarien), am Pilgerweg Nimwegen – Santiago, die hier an der Gruftstraße zusammen treffen entstehen.

3. Dieser Punkt an einer belebten Klever Innenstadtstraße soll die bereits vorhandenen Identifikationspunkte der jahreszeitlichen Göttinnen bei der Villa Nova und dem Eisernen Mann des Künstlers Balkenhol, sowie der Statue der Pallas Athene im Forstgarten ergänzen; und zwar um den christlich – abendländischen Aspekt der Mutter des Weltenerlösers (Maria).

4. Die Frage ist: Hält die Stadt Kleve die Spannung von diesseitigen Idolen und Göttern und der Mutter Jesu aus?

5. Sollte ein Ratsbeschluss eines Abrisses umgesetzt werden, halte ich mir die Option für meine weitere berufliche Zukunft offen.“

Zu den gestandenen Männern und Frauen, die mit dem Phänomen Medjugorje positiv und offensiv umgehen, gehört neben dem Wiener Kardinal Schönborn auch der langjährige Trainer von Manchester City: Roberto Mancini!

Das Wunder der „kleinen Weile"

„Nur eine kleine Weile, und ihr seht mich wieder."

Nur eine kleine Weile, sie trennt uns vom Wiedersehen mit den vielen, sie kann aber auch die tödliche Herausforderung in der Unterlegenheit der Gotteskinder sein: in einer aggressiven Verfolgung (weit über 100 (!) Millionen Christen weltweit!) oder in der aufgeblähten Diesseitsanbetung und Verherrlichung in weiten Teilen Europas! Die Gläubigen drohen so zur Schießbude der Angriffe des Bösen aus vielen Positionen heraus zu verkommen; besser: geprüft zu werden. In den letzten Minuten und Stunden der Jetzt-Zeit wird es drunter und drüber gehen; und wenn man Propheten wie Hans Küng glauben darf – man muss es nicht – bleiben nur noch die Ewiggestrigen und Unbelehrbaren ihrer Kirche treu. Andere glauben die Wahrheit und das Evangelium gepachtet zu haben – wie er!

Für sie kann man nur innigst beten. – Das Wunder der kleinen Weile; ein Organismus wie die Kirche Gottes, der verwundet, verletzt ist in seinen zentralen Nervenbahnen und Organen empfindet auch die kleine Weile als lang.

Sie wird um „der Auserwählten willen" abgekürzt – O-Ton Jesu. Jesus bleibt der Spielmacher; Gott der Coach, der die Fäden in der Hand hat und behalten wird: das gibt Motivation und sogar Spielfreude und Witz.

Auch der Böse ist ein Geschöpf – seine Dauer begrenzt. Gott lässt ihn zu; er lässt dieses unglaubliche Spiel zu, das schon seit langem zu Gunsten des Angreifers

(Teufels) gelaufen zu sein scheint. Die Muttergottes von Medjugorje bezeichnet das zwanzigste Jahrhundert als Zeitalter des Satans. Dieses eigentliche Rätsel der Weltgeschichte steht vielleicht kurz vor der Enthüllung: das „Ansichhalten" Gottes hat es Theoderich Kampmann genannt.

Die Mutter Gottes müsste es eigentlich wissen; seit über 30 Jahren hämmert sie die Basiswahrheiten ihren inzwischen verheirateten Sehern ein: zuletzt in Bosnien (Medjugorje).

Der Glaube habe eine große Bedeutung in seinem Leben – so der Coach. Mit seiner Familie verbrachte er 14 Tage (!) an diesem Gnadenort!

Dass Spiele im letzten Moment umgedreht werden können zeigt der Fußball, darum übt er auf alle Schichten, auch Bildungsschichten eine unbegrenzte Faszination aus. Gestern Abend (8. 04. 13) holt Dortmund einen zwei Tore Rückstand in der Nachspielzeit auf!! Für die Zuschauer war es „wie im Himmel!"

Wir stehen in dieser Dramatik, in der manche Bischöfe und Bistumsleitungen nichts Besseres zu tun haben als die Pfarreien zu Monstern zu vergrößern – und dann auch noch zu glauben, die Zeitprobleme damit zu lösen. Die Problematik langatmiger Hirtenbriefe möchte ich nur streifen.

Ist das die Speise, die die Menschen brauchen, und die sie von Hirten erhoffen?? Die Flapsigkeit, mit der führende Kreise der Kirche damit umgehen rächt sich schon heute. Detailliert und mit himmlischer Geduld und Cleverness ausgestattet analysiert MARIA dort das Zeitgeschehen, gibt Diagnosen und Therapieangebote. Ich danke ihr und Gott und manchen Pilgern dafür, dass ich sie ernst nehmen darf. Ob sie uns immer so ernst nehmen kann??

Katholisch – und trotzdem „gut drauf" – ein Wunder

Innerhalb der Talfahrten der römisch-katholischen Kirche, wo jeder, der etwas auf sich hält zumindest mit dem Gedanken gespielt hat auszutreten, ist das Gut-draufsein der Katholiken fast weltfremd. Kein päpstliches Dogma – es gab übrigens erst eines! – hat bisher allerdings festgestellt, dass die kirchlichen Amtsträger ohne Fehler sind. Das Gegenteil ist der Fall; deswegen heißt es ja auch: und – **trotzdem** – gut drauf. Da wir, im Gegensatz zu Spiegel online und Stern, von der Barmherzigkeit Gottes überzeugt sind, die auch größer und klüger ist als die der Karlsruher Richter, geht die z.T. berechtigte Kritik nicht an die eiserne Substanz einer letzten Hoffnung – auch für sich selbst!!

Selbst wenn den kirchlichen Amtsträgern vieles vom Leben abgeht – was stimmt – sie sind – in der Regel – trotzdem gut drauf. Immerhin ist der Karneval (nicht die Stunksitzung!) ein Kind des katholischen Glaubens – und nicht der Hamburger Starpresse!

Das Müllwunder

Ich entdeckte ihn an der Regenabflussrinne eines Klever Arzthauses – einen von Holzwürmern fast ausgehöhlten Christus ohne Arme; aufgelesen durch den Sohn des Hauses im Sperrmüll der Stadt Köln. „Der schaute mich so an ..." war der Eindruck des Studenten auf dem Weg zu seinem Auto; dieser Einfall ließ ihn noch mal umkehren. – Die rätselhafte Fracht fand ihren armseligen Standort an der Regenabflussrinne. –

In einem Bad aus reinigender Säure erstand der Torso zu neuem Leben; jetzt schaut ihn jeder Kirchgänger beim Verlassen des Gotteshauses an mit dem Satz: *„Ich / Jesus habe keine Hände als nur die euren!"*

Das Wunder der Vereinfachung

Das Komplizierte vereinfachen – das ist einer der Sätze des ‚einfachen' Papstes Johannes XXIII! „Wenn du willst, wird mein Knecht gesund!" sagt der in den Augen der jüdischen Religion ungläubige römische Hauptmann. Jesus ist lernfähig: von einem außerhalb seines Glaubens Stehenden lässt er sich – und allen – eine Lektion erteilen: in Sachen Glauben. Ausgerechnet.

Der Glaube ist einfach – lautet das Ergebnis dieser Unterrichtsstunde. „Aber wenn **Du** willst wird mein – inzwischen sterbender – Lieblingsdiener gesund!" Er traut Jesus alles zu – und das direkt. Damit erweist sich der Hauptmann – als Außenstehender – als Insider des Evangeliums.

An anderer Stelle sagt Jesus: „Effata" – Tu dich auf – und das Ohr des Taubstummen öffnet sich. Ohne weitere therapeutische Umschweife. Dem Blinden gehen die Augen auf, als Jesus sie mit seinem Speichel berührt. Auf das Wort: „Talita kum" verlässt das Mädchen ihr Sterbebett. Bei Lazarus, der bereits im Verwesungsvorgang ist, heißt es dann schon etwas energischer: „Komm heraus!" Einfacher geht's nicht.

Und als der Sturm auf dem See Genezareth tobt und das Boot mit den Jüngern und ihm selbst (er schläft!) in Lebensgefahr bringt, genügt Jesu

Pater Rolf

Machtwort: „Sei still!" – Und es tritt eine große Stille ein.

Gegen Jesu Wort ist kein Kraut gewachsen. Als Gottessohn nimmt er die Vollmacht des Schöpfergottes auf: es werde Licht. Und es ward Licht.

Hätten wir diesen Glauben, würden wir Berge versetzen. Bei einem Heiligen unserer Tage – Pater Rolf Philipp Schönenberner, einem Schweizer – fand ich diese Art des Glaubens exemplarisch wieder.

In einer seiner ‚Geschichten' wendet sich der römisch-katholische Erzbischof von Moskau an ihn mit der Bitte, ob er ihm für die Kathedrale eine Orgel ‚besorgen' könne.
Pater Rolf verweist auf seinen ureigenen Auftrag, den Menschen in Russland in ihren Lebensnöten beizustehen; die Liturgie sei eine andere Sache.

Der Bischof lässt nicht locker. Er verweist auf die Einzigartigkeit einer Orgel inmitten der ohne Instrumente stattfindenden orthodoxen Liturgie. Für die Ökumene sei die Orgel wichtig. Nach mehrfachen Versuchen des Bischofs übernimmt der Pater die Bitte – unter der Voraussetzung, dass das Ganze kein Geld kosten darf. Er übergibt das Projekt dem heiligen Josef.

Auf eine Internetvorstellung meldet sich ein Freiburger pensionierter Orgelbaumeister, der anbietet, eine Schweizer Orgel abzubauen (Es fand sich kein Interessent für die Orgel) und in Moskau wieder aufzubauen. Kostenlos! Inzwischen nämlich stand die Orgel im Basler Münster zur Veräußerung – gerade 40 Jahre alt. Kein Alter für eine Orgel. Während des Aufbaus der Schweizer Gebrauchtorgel stirbt der Orgelbauer. Sein Sohn sieht es als selbstverständlich an, das Werk zu vollenden.

Irgendwann geben die großen Künstler Europas die Eröffnungskonzerte an der Moskauer Orgel. In den Bänken sieht man die tiefversunkenen Gesichter der jungen Moskowiter.

Das Wunder der Vereinfachung: Jesus stellt den Glauben des „ungläubigen" Hauptmanns als vorbildlich dar. Der Glaube ist nicht kompliziert. Du brauchst auch keine wissenschaftliche Vorbildung. Jesus kann alles – sofort. Er hat alle Vollmachten. Auch Sünden kann er vergeben – ein verkorkstes Leben wieder in Bewegung/ Schwingung bringen. So einfach ist das. Und wie oft hat er gesagt: „Steh auf!" Galt das auch für mich?

Das Wunder der knappen Worte

Jesus ist kein Mann großer Worte oder langer Reden: atemberaubend kurz, oft nur ein- oder zwei-„wortig" – sind seine Ansagen, die dann auch noch sitzen. „Öffne dich!", spricht er, als er mit seinen Fingern die tauben Ohren berührt. „ Sei rein!", heißt es zu dem in lebenslangem Aussatz vegetierenden Männern! „Wachet und betet!", ist die Aussage an die in der entscheidenden Stunde schlafenden und müden Weggefährten ...

„Sei still!", so herrscht er den lebensbedrohenden Sturm auf dem See an. Kurz und knapp. Klare Ansagen. Jesus zeigt Kante. „Maria!", sagt er zu Maria Magdalena nach seiner Auferstehung, die ihn für den Friedhofsgärtner hält.

Manchmal genügen Blicke: er blickt den reichen Jüngling an, der daraufhin traurig von dannen zieht – mit seinem Gefolge. Er legt wortlos den Kindern die Hände auf – das bedeutet viel: er nimmt sie ernst. Und stellt sie unter Gottes besonderem Schutz. Schweigend gibt er den Blick zurück an Pilatus – ohne jegliche Worte.

Wenn Jesus wiederkommt – das letzte Geheimnis des Glaubens – „wird er dann noch Glauben vorfinden?" (Bibel) Dann wird er keine großen Reden schwingen; er wird jeden anschauen, ansprechen und dann wird es heißen: „Geh!" oder: „Komm!" und jeder wird auch ohne Zusatzkommentar wissen, was die Stunde geschlagen hat. Unter seinen Augen, unter seinem Blick wird eine bisher unbekannte Dynamik entstehen, die nur vergleichbar ist mit der Anfangsdynamik: Gott sprach: „Es werde Licht. Und es wurde Licht!" Auch da waren es knappe Worte.

Das Wunder der Jugend – im Alter

Ein 76-jähriger Papst – mit jugendlicher Ausstrahlung, ein inzwischen im Pensionsalter befindlicher Pastor, der mit seinen Schulkindern Wettrennen veranstaltet. Brautpaare, die sich um den alten Opa reißen ...

„Gott ist jünger als alle" sagt der heilige Augustinus. Bonifatius war im gesetzten Alter, als er die Sicherheit seines irischen Klosters aufgab, ohne zu ahnen, dass Gott ihm fairerweise eine zweite Halbzeit auf dem Kontinent geben wird: und alles zu Fuß!!

Wer mit Gott zu tun hat, wird „jünger als alle" Altersgenossen. Dies kann man getrost allen ins Stammbuch schreiben, die sich zu ihm und mit ihm auf den Weg machen.

Die vierundachtzigjährige Ordensfrau Dr. Ruth Pfau – seit Jahrzehnten an der Aussatzfront in Pakistan tätig – sagt über einige ihrer Weggefährten: „Früher sorgten sie sich um die halbe Welt, heute nur noch um ihren Stuhlgang ..."

Als man dem 79-jährigen Papst Johannes XXIII. glaubte sagen zu müssen, das Konzil könne frühestens 1963 beginnen aufgrund der Vorbereitungen, sagte er lakonisch: dann fangen wir eben 1962 an. Wie alt sind manche junge Geistliche, wie stocksteif manche Behörde oder die vielen Menschen im besten Alter, die heute schon ihre deftigen Pensionsansprüche ausrechnen.

Zu den Modellen von vorgestern gehören auch gewerkschaftliche Forderungen für ihre teilweise bis schon zum geht nicht mehr abgesicherte Klientel (Angestellte, Lehrer, Flugpersonal etc.). Auch der schweizerische Way of Life (Geld ohne Ende) gehört zu den umstrittenen und kurzlebigen Dingen.

Der Papst aus der Tasche
(zu: Papst Benedikt unerwünscht im Bundestag!)

In Berlin zieht man den Papst aus der Tasche: Bürgermeister Klaus Wowereit predigt am *Christopher Street Day* (Deutschlandtreffen aller Freunde gleichgeschlechtlicher Beziehungen) in der renommierten Marienkirche Berlin Mitte. Dieser Predigtauftritt ist in Politik und Medien unumstritten. Warum also den Papst aus Rom kommen lassen, wo man ihn hier „aus der Tasche ziehen" kann?

Mal sehen, welchen Papst die in der Zelebration ihrer selbst Verliebten demnächst aus ihren (Kardinals-)Hüten zaubern werden. Mein Vorschlag: Benedikt, stelle Deine Bundestagsrede ins Internet und besuche stattdessen Schüler und Lehrer einer Berliner Normalschule!

Kirche im Abseits (Umstrittener Beitrag zum Lokalsport!)

Wer vom Sportplatz aus den Heimweg über die Mehrer Straße antritt, lässt die Kirche automatisch links liegen. Danach biegt er auf die Kranenburger Straße ein. Nur eine Wegbeschreibung?
Viele Menschen, auch in unserem Dorf, lassen *„die Kirche links liegen"*, auch meine Kommunionkinder teilen mir seelenruhig mit, dass sie nicht zu einem der sowieso nur monatlich stattfindenden Gottesdienste kommen konnten, weil „Turnier" ist. Ich war platt ...!

Es gibt auch andere Beispiele; es gibt eine Schalke-Bibel, wo die größten Spielerpersönlichkeiten ihren Glauben mitteilen. Stars wie Ottmar Hitzfeld oder Christoph Metzelder stehen offen für Glauben und Gottesdienst. Von Uli Hoeneß und

Wolfgang Overath weiß ich, dass 1970 – bei einer Weltmeisterschaft – sogar das Training verschoben wurde, weil die beiden zur Messe wollten.

Fußball und Gottesdienst schließen sich nicht aus, irgendwann wird das jeder kapieren!

Mein Vorschlag: zum Saisonauftakt und vor der Jahreshauptversammlung am Samstag um siebzehn Uhr einen Gottesdienst aller Sportler für die Lebenden und Verstorbenen des SV 06 durchzuführen, so dass die Einheit zwischen Gott und den Sportlern hergestellt wird!

Das Wunder des Volkes Gottes

„Du hörst nicht auf, dir ein Volk zu versammeln". Dieses Wort aus dem Hochgebet der Kirche ist klingende Münze. Auch wenn das Volk Gottes in Mitteleuropa durch das „trostlose" Tal (Psalm) geht, es erneuert sich dennoch: es wächst wider die Hoffnung, es ist „unkaputtbar" ja regenerabel ohne Ende. Von überallher tauchen sie auf, die ein Ticket für die Glaubensfahrt ergattern wollen, auch im überschaubaren Rahmen der Kirche auf dem Lande.

Früher waren es Meder und Elamiter, Leute aus Mesopotamien, die die Jünger reden hören wollten; heute ist es der Asylbewerber aus dem Iran, Mohammad, der getauft werden möchte. Oder der inzwischen elfjährige Bela, der ungetauft zuverlässig das Lektorenamt versieht. Oder Bas, ein Niederländer, Kung-Fu-Meister seines Landes, der um Aufnahme bittet, oder Silke, die Fünfzigjährige, die dazu stößt und, und, und …

Täglich(!) sind es dreitausend, die in China in die beiden Kirchen aufgenommen werden; elf Millionen Katholiken(!) jedes Jahr weltweit, die dazukommen.

Und immer wieder gefüllte Großstadtkirchen, mit Menschen quer durch jedes Alter, jede Rasse und aller Bildungsgrade. Das Christentum als Stadtreligion scheint widerstandsfähiger zu sein als auf dem Land, das in der Versteppungsphase ist. Zumindest hier im Nordkreis von Kleve.

Prominente, die sich unverhohlen zum Glauben bekennen, wie der Welttrainer Jürgen Klopp: „Der Glaube ist mein Fixstern". Oder Thomas Gottschalk im Spiegelinterview, wo er über seinen vom Messdienerdasein sich weiterentwickelnden Glauben spricht.

Trotz Missbrauchs und „kompletter Ablehnung" (eine junge Frau über die Gesinnung ihrer Freunde zur Kirche) geht die Kurve nicht nach unten: *„Du hörst nicht auf, dir ein Volk zu bereiten".*

Das Wunder der Berufung

Pflichttagung des Klerus in einer niederrheinischen Bildungsstätte: Priester und hauptamtliche Seelsorger/innen kommen zusammen; welch eine Vielfalt der Berufungen, welche Farbigkeit bei denen, die Gott ruft: da ist Hans-Gerd, Pfarrer in der JVA Geldern-Pont, wo unter den 500 Gefangenen nicht wenige mit „lebenslänglich" sitzen; da ist Christian, Kaplan in Emmerich – auf der anderen Rheinseite: im Outfit könnte er nahtlos bei DSDS – RTL auftreten; er bietet multimediale Gottesdienste für Jugendliche an; überlaufen – mit zweieinhalb Stunden Länge. Da ist der Wolfgang, extrem kurzsichtig, fast blind, der seit Jahrzehnten als Seelsorger die Herzen aller erreicht. Er ist Schalke-Fan. –

Ganz im Gegensatz zu Christoph, der am liebsten die Bayernfahne bei einem Sieg am Kirchturm heraushängen würde – top in seiner Art, das Evangelium zu verkünden. Da ist Anselmus aus dem Kongo, der als in einer Steyler Missionsstation Ausgebildeter seinem Orden etwas zurückgeben möchte – darum ist er am Niederrhein tätig.

Die Schuhe werden geschnürt:
auf zum Spiel des Lebens.

Als 16-jähriger Messdiener mit Kaplan Edgar Kotzur (im Trikot) – der den ersten und – inzwischen – nachhaltigen Anstoß zu meiner Berufung gab (Kaplan Kotzur war später jahrzehntelang Pfarrer in Berlin-Schöneberg).

Fazit: dem lieben Gott wird nicht nur das Personal nicht ausgehen: sondern er zeigt auch noch Geschmack bei seiner Auswahl.

Da sind alte Haudegen, die mit über einem halben Jahrhundert an Dienstjahren lebendig von Gott erzählen; das ist die gutaussehende Sigrun aus Straelen, die pfiffig, weiblich, feminin sich in die Diskussion einbringt. Übrigens: es handelte sich um eine Präventionsschulung in Sachen Missbrauch. Keine leichte Übung!

Und bei allem: welch ein Reichtum, ja Luxus an Berufung und Berufenen, Männern wie Frauen, Jungen wie Gesetzten.

Das Wunder von Berlin

Herbst 2013 – Koalitionsverhandlungen in der deutschen Hauptstadt nach unklaren Machtverhältnissen: eine lachende (!) Frau Kraft, NRW Ministerpräsidentin, umringt von CSU (!)-Größen und Herrn Pofalla, alles Erzfeinde aus der Wahlkampfzeit ...

Eine Claudia Roth, die am Ende der Verhandlungen mit der CDU an den General-sekretär der CSU Küsschen verteilt ... Eine emotionale Sternstunde der Demokratie und der Kultur des Umgangs mit den politischen Gegnern. DANKE!

Das Wunder der Vorhersage

Sonntag: 8. September 2013 – Tag der Solidarität für die Flutopfer in Ostdeutschland.

Nach wochenlangem Sonnenschein war ausgerechnet für diesen Sonntag Regen, Dauerregen vom „Holländer" angesagt. Das Wetter drehte sich in der Nacht vorher unausweichlich; das prasselnde Geräusch auf das Vordach, der Blick aus dem Fenster verhießen nicht nur nichts Gutes: sondern Regen. Dauerregen. Kühle. Nässe auf einem für ein Dorffest vorbereitetes Gelände. Mit einem Gastpfarrer, der extra – mit über 80 Jahren – aus dem Katastrophengebiet angereist war.

Als ich um 8.30 Uhr das Gelände betrat herrschte bedrückte, ja aggressive Stim-mung, die in dem Satz des Vorsitzenden gipfelte „Ich trete aus der Kirche aus!" (Wir leben in einer Region wo der Pfarrer noch Einfluss nimmt auf das Wetter ...).

In meiner Jutetasche hatte ich bereits vorgesorgt: Stiefel, Socken zum Wechseln, ebenso eine zweite Hose, etc. ...

Die Teilnehmer des Gottesdienstes wurden unter Zeltdächern untergebracht; der Platz machte einen leergefegten Eindruck. „Es wird ein guter Tag!" Ich weiß nicht, aus welcher Schublade ich diesen Satz holte, den ich am frühen Morgen den unentwegt vorbereitenden Helfern zurief.

Und es wurde ein guter Tag: während der Messe hörte es auf zu regnen; die Schirme landeten irgendwo in einer Ecke. Die Moderatoren – einer vom WDR!! – kommentierten keine Schlammschlacht, sondern ein heiteres Fest. Wie lautete das prophetische Eingangslied: Gottes Liebe ist wie die Sonne ...

Kein Auge blieb trocken – bei Kommödiantenbeiträgen, Tränen, die aus dem Lachen kamen und nicht wegen des wolkenverhangenen Himmels. *„Es wird ein guter Tag!"*

Es wird eine gute Zeit – 40 Jahre Priester; 25 Jahre Kleverland. Unglaubliche Vor-hersagen ...

Daraus speist sich die Welt- und Heilsgeschichte. „Übers Jahr wirst du einen Sohn haben" – Wort an den greisen! Abraham und Sara. Einen eigenen Sohn.

In seinen Vorhersagen (Prophezeiungen, Verheißungen) stellt Gott die angeschla-gene Welt auf den Kopf; wendete das Untere nach oben (Mächtige stürzt er vom Thron – und erhöht Niedrige...) Das Ein- und Zutreffen der Vorhersagen Gottes ist durch nichts und niemanden zu stoppen – „Es wird ein guter Tag."

Es wird eine gerechte gute Welt. Es wird gut – mit dir, deinem Leben; es wird gut – mit dieser Welt und allen Problemen auf ihr.

Der Holländer meldet Regen; die Bibel meldet Sonne und Auflockerung. Trauen wir ihr ...

Ein starker Auftritt

Das Christentum erlebt –welthistorisch – seinen stärksten Auftritt. Beweise, Anhaltspunkte dafür sind:

1. Das geballte Zeugnis derer, die für ihren Glauben das Leben, das eigene Leben, die eigene Haut „gering achten" (Neues Testament).
Eine unglaubliche Zahl, mit unglaublichen Schicksalen und „Varianten", unter unglaublichen Umständen. Ich verneige mich tief vor jede, und jeden.

2. Dazu kontrastierend, aber nur scheinbar, die Leichtigkeit in der Theologie und Spiritualität.
Vom „Fest der Narren" (H. Cox) über den Auftritt eines deutschen Bischofs beim Aachener Karneval bis hin zu den starken wie leichten Glaubensaussagen führender Trainer, Fußballer, Showgrößen und Entertainer: unglaublich! (Jürgen Klopp, Thomas Gottschalk, Hape Kerkeling, Ottmar Hitzfeld u. v. a.).

3. Eine Theologie, die „die Erde liebt" (Karl Rahner).
Nie waren – seit Jahrzehnten – die christlichen Bücher und Schriften so reich und fantasievoll an Zusage und Zustimmung für den Leib, die Geschlechtlichkeit, die Kanten, Macken, Fehler – kurzum für alles allzu Menschliche. Bravo! –
Wir erleben Glanzzeiten der Liebe zur Welt: so, wie sie ist, und nicht wie sie sein könnte oder sollte.

4. Die Interventionen der Gottesmutter – am eindrucksvollsten - seit über 30 Jahren - im bosnischen Medjugorje - von den meisten überhört, belächelt. Maria legt sich in einem unbedeutenden Kaff der Welt vor Kindern ins Zeug und spart – täglich – nicht mit Ermutigung und Kritik.
Wann hat sie das – so ausdauernd – je getan, im d'accord mit ihrem Sohn?
Wer Ohren hat, der höre! (Neues Testament)

5. Die „Vermessung der Welt" war nie so fortgeschritten, so perfekt: jeder ist jederzeit an jedem ORT erreichbar! Für jede Nachricht in Bild und Ton; und mit der Möglichkeit zu reagieren. Die digitalen Straßen vernetzen den Einzelnen mit dem Weltgeschehen – bislang beispiellos.
Tendenz: noch mehr Verfeinerung:
„... Als die Zeit erfüllt war, sandte Gott seinen Sohn!" (Markus)
Wie weit, wie nah wir von diesem Punkt der zweiten Ankunft entfernt sind weiß nicht einmal der Herr. NUR der Vater.

6. Die Zahl und Qualität der Helfer und Hilfswerke: brillant, gekonnt, selbstlos und beispielhaft setzten sich einzelne Verwegene und geschickt operierende Hilfswerke an der Front von Hunger und Elend jeglicher Art ein. Von der Missionsgruppe in der Pfarrei bis hin zu Medeor und vielen anderen. Weder die Fantasie noch die Menge der Einsätze sind hier begrenzt.

7. Aber auch die Verrücktheiten nehmen zu und erreichen gigantische Ausmaße: ein Herr Schweinsteiger, der – geschätzt – 25 000 Euro pro Tag brutto verdient; der in sechs Tagen maximal je eineinhalb Stunden plus Nachspielzeit auf grünem Rasen läuft. (Die besten zehn unserer Nationalturnerinnen bekommen monatlich 400 Euro!) Ein syrischer Akademiker schlägt sich derweil im brennenden Wüstensand ins sichere Kurdistan durch. Unterwegs verdursten seine drei Kinder – und er hat noch nicht einmal das Wasser für seine Tränen …

Die Antwort auf diese Verrücktheiten: Satire, Sattsein solange es geht, oder: die Hoffnung wider die Hoffnung, zum Beispiel eines Paulus.

8. Die Verfügbarkeit atemberaubender Bildungsreserven, die eine „Behandlung der Patientin ERDE" in überschaubarer Zeit erfolgversprechend möglich machen.

Welche Aussichten.

Ein Brief zum Jubiläum

Bernardo Weskamp salutem dicit plurimam Gualtarius Froleyks.
Variis officiis et negotiis impedito nunc demum mihi satis temporis est, tibi hanc epistulam scribere. Toto ex corde tibi gratulor, quod iam quadraginta annos munere sacerdotali functus es ad emolumentum fidelium parochiae tuae et sanctae ecclesiae universae. Quomodo sacerdotium gessisti, maximae mihi laudi est et admirationi. Nam tu quidem, Bernarde, spiritum dei hominibus tradidisti, ut dixit Fridericus Ostermann chorepiscopus emeritus, qui te monuit, ut maneres flamma ardens, non „aes sonans vel cymbulum tinniens".
Mariae veneratione commotus aediculam statuae dei genetricis constituendam ad fossam, quae lingua nostra vocatur Gruft, curavisti – multis resistentibus. Sermones tui eo excellunt, quod et breves sunt et imaginibus abundant. Imprimis ex pediludio similitudines cum vita trahis, praesertim cum non modo pediludia primae classis maximo studio persequaris, sed etiam ipse follem optime gerere possis. Quare te credo magna tristitia esse commotum, quod Bavari isti illud poculum Europaeum Borussis infeliciter victis accepissent. Ceterum censeo gratulationem Kloppianam tibi magnae consolationi fuisse.
Opto, ut multos annos in vinea Domini laborare possis!

Vale!

Clivia, die quinto mensis Junii, Anno Domini bis millesimo decimo tertio

Dem Bernhard Weskamp sagt einen herzlichen Gruß Walter Froleyks.

Weil ich durch verschiedene Pflichten und Tätigkeiten verhindert war, habe ich erst jetzt genügend Zeit, Dir diesen Brief zu schreiben. Aus ganzem Herzen gratuliere ich Dir dazu, dass Du vierzig Jahre den priesterlichen Dienst ausübst zum Wohle der Gläubigen, Deiner Pfarre und der ganzen heiligen Kirche. Wie Du das Priestertum ausgeübt hast, erfüllt mich mit größtem Lob und größter Bewunderung. Denn Du, Bernhard, hast den Geist Gottes den Menschen weitergegeben, wie der emeritierte Weihbischof Friederich Ostermann gesagt hat, der Dich ermahnte, eine brennende Flamme zu bleiben, nicht »ein dröhnendes Erz oder eine lärmende Pauke«.
Durch Deine Marienverehrung motiviert, hast Du die Errichtung eines Kapellchens für eine Muttergottesstatue veranlasst an dem Graben, der in unserer Sprache »Gruft« heißt – trotz großen Widerstandes. Deine Predigten zeichnen sich dadurch aus, dass sie sowohl kurz als auch an Bildern reich sind; besonders aus dem Fußballspiel holst Du lebensähnliche Gleichnisse, zumal da Du nicht nur die Spiele der ersten Bundesliga mit größtem Interesse verfolgst, sondern auch selbst bestens mit dem Ball umgehen kannst. Deshalb glaube ich, dass Du von großer Traurigkeit erfasst worden bist, weil jene Bayern den berühmten Europapokal gewonnen haben – nach unglücklicher Niederlage der Borussen. Im Übrigen bin ich der Meinung, dass die Gratulation von Klopp Dir ein großer Trost gewesen ist.
Mein Wunsch ist es, dass Du noch viele Jahre im Weinberg des Herrn arbeiten kannst.
Lebe wohl!

Walter Froleyks

Kleve, am 5. Tag des Monats Juni im Jahre des Herrn 2013

Pastor Weskamp blieft in Donsbrögge

Von Peter Hendricks

■ Wänn gej in't Ömland van't Dörp Donsbrögge ene Radfoahrer süjt foahre, ene Futbáll achter ap den Gepäckträger, en tetje vöör ääwevööl oangetrokke, wet gej, wän dat es? Nee? Dann sall ek et ow precies sägge: Dat es Pastor Bernd Weskamp üt Donsbrögge! Hej es now sotesägge dortiehn Joahr hier en gän Mann lett op öm wat komme, want hej now beij dän SV 06 in't Tor as "Elfmeterkiller" steht, of de Gitarre öm de Näkk hengt en äne Kanon senge lett. Hej brengt et ok ferg, in de Kermestänt dat Mikrophon in de Hand te nehme en "Marina" de senge; gej könnt ow denke, dann stohn de Menze op Toffels en Stühl. So es hej ene gujje Friend van ons allemool geworre en wej häbbe öm vamelääwe nots met kwojje Senn beläffd. Met een Wort gesäät, Hej was d'r ene van ons. Sodunde kreege wej korts allemool enen omöndege Schrekk, wie dän Beschop van Mönster om as nejje Pastor van Aldekerk ütgekeeke hat. Et heele Därp was van die Borschap üt den Trett gekomme en wej wasse allemool rats van Streek: De Futtballers van den SV sack'den in't Leeg in de Tabäll, de Radfoahrers hadde gän Mnn mehr, dän öör de Fitze sägende, de Kerkekoor kwam ok niet mehr so rächt van de Stääj, de Gildebrüder van Sent Jahonnes trüürdenöm ören 'geistlichen Beirat' en dän Heimatverein verkocht vööl wäniger Späckläppkes op öör Grillfäst op dän Dörpplätz. Ok den Senioren wesse niet mehr, wie et wier goan soll. Met een Wort gesäät: Bej allemool was de Loft drütt. En d'n Pastor äges soog ok en betje be-

dröppelt en veschlöökert ütt en was ok ärg stell geworre, wann on't End van dese Mond soll hej all sinen Afschied van Donsbrögge nehme; et wass niet öm üttedenke en alles liep sotesägge mii de Flögels döör de Sand.

Now köj d'r geröst enen drop loate goahn, wie now inne vörige Wääk den Bescheid van den Beschop üt Mönster kwam, dat hej't vöör rechteg fond, dat Pastor Weskamp asteblief bej den Pokkels in Donsbrögge bliewe soll, duw nohm't Pläsier in't heele Därp gän End: De Menze in de Hommes applaudierde so ongefähr, as wänn bej de Schwoanenfunkers in Kleef 'Di-Schu' ören Optrett häbbe en dän Örgenest en Chorleiter Hänn Look bloosede de läsden Stoff üt die Piepe van den Örgel. Gej kost et wäll bes in Kleef höhre en et wurd' 'bowendrin noch met alle drie Klokke gelöjt. De Futballers van dän SV 06 wurde bedeem bäter, want sej verloore niet mehr en mieke äm 'Ünentschieden' tägge Kroanenbörg. Ok de Chorsengers kwame wer all nor de Probe, bej de Gildebrüder gag et ok wer grün Lecht en bej dän Heimatverein dej ok hän Mann mehr gromme, wäges bej't nächste Keer könne sej wer geröst ene Flatz mehr Späckläppkes inkoope.

Ek sääj tägge min Frau: "Dor hät doch frugger de Lögener van de Kabanes üt Mehr, Josep van Heek, rächt gehatt, wie hej sääj: 'Dor köj't siehn, sön Macht häbbe sön Menze'!" Wrij't miet glövt, in de Heimatkaländer van 1975 köj't moarlässe. Doar hät min Ohme Jupp Gertze üt Mehr owwer de Lögener van de Kabanes heel mooj geschreewe.

Pastor Weskamp bleibt in Donsbrüggen

Wenn Du im Umland des Dorfes einen Radfahrer siehst, mit einem Fußball auf dem Gepäckträger, ein wenig nachlässig gekleidet, weißt Du, wer das ist? Nein?? –
Dann will ich es Dir genau sagen: Das ist Pastor Weskamp aus Donsbrüggen! Er ist nun sozusagen dreizehn Jahre hier und keiner lässt was auf ihn kommen, ob er nun bei unserem SV 06 im Tor als „Elfmeterkiller" fungiert, oder die Gitarre um seinen Nacken hängt und einen Kanon singen lässt. Er bringt es auch fertig, im Kirmeszelt das Mikrophon in die Hand zu nehmen um „Marina, Marina, Marina …" zu singen. Ihr könnt Euch denken, dann stehen alle Festteilnehmer auf Tischen und Stühlen. So ist er ein guter Freund von uns geworden und wir haben es nie erlebt, dass er mal schlecht gelaunt war. Mit einem Wort gesagt: Er war einer von uns!!

So bekamen wir alle einen gewaltigen Schrecken, als der Bischof von Münster ihn als neuen Pastor von Aldekerk bestimmt hatte. Das ganze Dorf war angesichts dieser Botschaft aus dem Tritt gekommen und wir alle waren versteinert: Die Fußballer vom SV 06 sackten in die Tiefe der Tabelle und die Radfahrer hatten keinen mehr, der ihre Räder segnete. Der Kirchenchor kam auch nicht mehr von der Stelle, die Gildebrüder von St. Johannes trauerten um ihren geistlichen Beistand und der Heimatverein verkaufte viel weniger Speckläppchen auf dem Dorfplatz. Auch die Senioren wussten nicht mehr, wie es weiter gehen soll. Mit einem Wort gesagt: Bei allen war die „Luft raus!"

Und der Pastor selbst sah ein wenig angegriffen aus und war auch arg still geworden, denn am Ende dieses Monats sollte er schon seinen Abschied von Donsbrüggen nehmen. Es war nicht zum Ausdenken und alles lief mit den „Flügeln durch den Sand".

Nun kannst Du gewiss einen drauf heben, als nun in der vorigen Woche der Bescheid vom Bischof aus Münster kam, dass er es für richtig haltgen würde, wenn Pastor Weskamp bitteschön bei den „Pokkels" in Donsbrüggen bleiben soll, nahm die Freude im ganzen Dorf kein Ende: Die Menschen im Hochamt applaudierten ungefähr so, als wenn bei den „Schwanenfunkern" in Kleve „Di-Schuh" ihren Auftritt haben und Kantor + Organist Heiner Look blies mit allen verfügbaren Registern den letzten Staub aus den Orgelpfeifen. Man konnte es bald bis in Kleve hören und zudem wurde noch mit allen drei Glocken feierlich geläutet. Die Fußballer des SV 06 wurden sofort besser, sie verloren nicht mehr und machten ein Unentschieden gegen Kranenburg. Auch die Chorsänger kamen wieder alle zur Probe, bei den Gildebrüdern gab es auch wieder grünes Licht und beim Heimatverein motzte auch keiner mehr, denn künftig können sie bestimmt wieder mehr Speckläppchen verkaufen.

Ich sagte zu meiner Frau: Da hat doch früher der „Lögener van de Kabanes" aus Mehr, Joseph van Heek recht gehabt, wie er sagte: „So eine Macht haben solche Menschen". – Wer dieses nicht glaubt, in dem Heimatkalender des Klever Landes aus dem Jahr 1975 könnt Ihr selbiges nachlesen. Dort hat nämlich mein Onkel Jupp Gertzen aus Mehr so schön über den „Lögener van de Kabanes" geschrieben.

(Lögener heißt Lügner und de Kabanes ist das vorletzte Haus der nördlichen Gemeindestraße in Mehr, die unmittelbar zum Nachbardorf Keeken führt.)

Pfingstsamstag 2013 – Festgottesdienst

Liebe Festgemeinde!
(Mein Resümee nach 40 Jahren „Bruchwunder ...")

Pfingstsamstag – 40 Priesterjahre Bernhard Weskamp; 40 – eine biblische Zahl – 40 Jahre Wüstenwanderung. Dennoch, vor 40 Jahren – die Herren, die hinter mir sitzen – auch hinter mir gestanden haben und stehen – sie symbolisieren diesen 40-jährigen Weg. Der Herr mit der violetten Kopfbedeckung ist mein erster Pastor, Friedel Ostermann, Rheine Herz-Jesu; der neben ihm Heinz-Josef Sürgers, Kevelaer, mein Pastor in meiner letzten Kaplanstelle in Duisburg-Homberg-Hochheide und mein jetziger Chef Propst Mecking, der junge Mann, den man so leicht, auch schon heute mehrfach als Kaplan angesprochen hat. Aber die Kaplanauszeichnung schmeichelt.

Ja, es ist jetzt so wie sich möglicherweise Franziskus gefühlt hat, als er die Menschen sah, – wobei die Größenordnung natürlich ganz unterschiedlich ist – der Petersplatz und Donsbrüggen St. Lambertus. Aber die Stille ist da vergleichbar und wohltuend.

Ich habe mir eigentlich vorgenommen heute nur einen Satz zu sagen; ein Zitat, aber es werden auch zwei oder drei werden.

Zitat 1: Helmut Gollwitzer (ev. Theologe) in Bezug auf das Evangelium: „Du wirst auf einen Lauf mitgenommen, der dir den Atem verschlägt." Davon sollte man nach 40 Jahren mitreden können, ob das denn wirklich stimmt. „Du wirst auf einen Lauf mitgenommen, der dir den Atem verschlägt"; – so habe ich vorhin vor einer Stunde gedacht; wie fühlst du dich eigentlich heute? Und da kam ich auf die glorreiche Einschätzung: wie ein 20-Jähriger; was dann natürlich weniger meinem Aussehen entspricht als vielleicht der Jugend und dem Alter dessen, der mich auf diesen Lauf des Evangeliums gebracht haben muss.

Zitat 2: Es stammt von dem Pastor, der entscheidend war in meinem Leben, und der hier nicht ist. – Ich denke, er sieht das aus einer anderen Sphäre: Eduard Schotte: 16-jährig wurde er in den Krieg eingezogen. Er erlitt Verletzungen, die sein Gesicht sehr zum Nachteil veränderten. Mein fünf Jahre langer Pastor in Herten-Langenbochum. Langenbochum – erste große Liebe. Ich dachte, nach der ersten großen Liebe gibt es dann keine weiteren mehr. Aber Hochheide war dann mindestens die zweite große Liebe. Eduard Schotte sagte an einem Donnerstagabend das Zitat, das ich schon häufig gebraucht habe: „Was ich von Jesus halte? Dass er mich hält." (L. Zenetti)

Zitat 3: Eine Dame im Vorfeld sprach mich an und sagte zu mir – wohl auch ein bisschen kritisch: Herr Pastor, was feiern Sie eigentlich? Man feiert doch 25 Jahre, man feiert 50 Jahre – was feiern Sie denn jetzt? Gute Frage. Ich feiere den, der mich auf den Lauf mitgenommen hat in unglaublichen Situationen. Wenn ich die Nöte

Ihnen erzählen könnte meiner ersten Jahre, dann würden Sie blass werden. „Den feiere ich, der mich getragen hat."

Sich tragen lassen.

Das Wunder der Wüste

Wunder der Stille sind Wunder der Wüste; allem Wachsen und Erträgen und Überlegen von Dingen und Momenten geht die Stille voraus: die weiteste Reise ist die Reise nach innen (Carl Gustav Jung). Die Väter sagen: „Nur der aus der Wüste kommt, darf auf dem Marktplatz reden." „Etwas Wüste braucht jeder" – sagt Erhart Kästner im Zeltbuch von Tumilad.

Allen Reden, allen wichtigen und kleinen Entscheidungen sollte die Stille vorausgehen. Alle Produktivität nach außen die Produktivität nach innen ...

„Lärme nicht – Christus steht auf!" Dieser Satz des Dichters Ernst Wiechert steht im Raum. In der text- und informationsüberfluteten Welt, in der wir uns zu Tode ablenken (N. Postman) – hat Gott keine Chance. Aber auch der Mensch in seiner Beschaffenheit nicht.

Das Wunder der Schönheit

Der Lauf eines Flusses, die Kombination eines einzigen Spielzuges beim Fußball, die Bewegung der Körper beim Tanz, die Stille der Natur, das Rauschen der Baumgipfel, ein tolles Aussehen, die Unbeschwertheit auf dem Gesicht eines Menschen, – ... was kann auf dieser Welt nicht alles schön sein.

Die Schönheit der künftigen Welt wird uns so in Atem halten, dass wir Raum und Zeit vergessen werden: die Ewigkeit! Auch das Leiden wird verklärt werden – wie die Wunden und Verletzungen des Gottessohnes. Dies wird der Schönheit ihre Tiefe geben und uns eine demütige Dankbarkeit. Diese „Wundertat" wird der Arm Gottes selber vollbringen – nur er. Es wird die letzte große Tat Gottes sein. Vielleicht schon bald?

Das Wunder des Waldes

„Du kommst immer anders aus dem Wald heraus, als du reingekommen bist", sagt mein Schwager Willi.

Fünfzig Meter von meinem Pfarrhaus und meiner Kirche entfernt tauche ich in die andere Welt des Waldes ein: jede Tages- und Jahreszeit nimmt dich auf ihre je eigene Weise gefangen und formt dich, gleicht Drucksituationen aus; gibt Abstand zu ganz „heißen" Sachen, gebiert rettende Ideen oder schenkt dir das Loslassen und Verarbeitenkönnen. Auch die anderen Gäste des Waldes begegnen dir aufge-räumt; man ist ja zusammen in einer Besuchersituation. Es soll sogar Leute geben, die der Wald zum Singen bringt. „Der Wald ist unsere Liebe, der Himmel unser Zelt." (Volkslied). Auch ohne Hund und Jagdschein ist es im Wald gemütlich; und der Sternenhimmel erinnert mich an ein Wort von A. Lindgren „Wenn schon der Sternenhimmel so schön ist, um wie viel schöner muss es erst dahinter sein."

Das Sonnenwunder von Immenhausen

Es war ein kühler Samstagnachmittag, und die erste Lagerwoche lag hinter unseren Pfadfindern.

Am Nachmittag fand die Lagerolympiade statt. Nach drei Disziplinen mussten wir wegen eines längeren Platzregens abbrechen. Auch jetzt zogen wieder dunkle Wolken auf; alles deutete auf weitere, nasse Bescherungen von Petrus hin ...

Trotz meiner ernsthaften Bedenken, riet Reinhard, der Lagerhäuptling, den für den Nachmittag geplanten Gottesdienst im Freien stattfinden zu lassen. So geschah es dann auch; eine große Plane bot unseren Gästen aus Driburg und uns zwar eine trockene Sitzgelegenheit, aber je näher wir dem Sonnentanz der Indianer – präsen-tiert von den Jungpfadfindern – kamen, um so bedrohlicher wurde die Wolkenbank, die Petrus in Richtung Lager schob. Und dann setzten auch schon die ersten Tropfen ein, leise, aber doch für jeden spürbar.

Was nun geschah, nenne ich das „Wunder" von Immenhausen. Zumindest konnte man sich nur wundern. Bezeichnenderweise hatten unsere Indianer ihren Tanz den „Sonnentanz" genannt. Er stellte einen Kampf zwischen der Sonne und dem Regen dar, in den später auch noch die beiden Medizinmänner eingriffen.

Kamen der Sonne am Anfang auch noch die Tränen; nun durchbrach sie die Wolkenbank mit ihren ersten Strahlen – dann trat sie mächtig hervor, und sie glänzte und strahlte während der ganzen Messe.

Es regnete erst wieder, als wir inzwischen unter festem Dach beim bunten Abendprogramm in der Jurte saßen.

Hatte die Sonne wohl ein weiches Herz bekommen? Oder hatte der große Manitu ein Einsehen und den Wolken befohlen, sich eine Zeitlang zu verdrücken? Wir wissen es nicht – vielleicht ist es auch besser so.

Das Wunder des Frühlings

Der Winter nahm kein Ende; nach zwischenzeitlichen Plusgraden im März – nicht ungewöhnlich – kamen die ruppigen Ostwinde wieder auf und bestimmten die Temperaturen: auf dem Rad war ich mit drei Jacken übereinander und derselben Anzahl Hosen unterwegs. Nur diese Mehrschichtigkeit gewährte die Chance, durch den Winter zu kommen. Sibirische Verhältnisse in Deutschland; mit sechs Monaten Dunkelheit einschließlich des Nachmittags und Minustemperaturen. Das Rotkehlchen fraß mir fast aus der Hand aus purer Verzweiflung.

Und dann die ersten – zaghaften – Versuche des Frühlings, dazwischenzukommen. Mit längeren Tagen, intensiverem Licht – und: der Sonne. Die uns erweckte, die alles wach machte und die Wachstumsgene bei Mensch, Tier (Vogelgezwitscher!) und Pflanze anschob; das war doch was ... „Was Leben heißt." Und dann die Feste: „... eben, als die Sonne aufging", gingen drei Frauen zum Grab. Und das Grab war leer. Kommunion – die Erstkommunikanten in ihrem Frühlingsfest, an dem viele partizipieren. Und, und, und ... Und die Abende, wo du um acht Uhr (20 Uhr) nach Hause kommst – und es ist hell. Unglaublich: jedes Jahr, dieses Schauspiel.

Gibt es ein Frühjahr nach den Eiszeiten auf dieser Erde: Eiszeiten der Politik, nach innen – zu Andersdenkenden; Eiszeiten in wirtschaftlich lebensmäßiger Hinsicht, wo die Knappheit und der Mangel alles beherrscht – in den Armenhäusern dieser Welt, selbst in Europa; Eiszeiten in Frontstellungen der Beziehungen aller Art, bis hinein in das Zusammensein einer Liebesbeziehung; Eiszeiten unter Verwandten und Nachbarn, wo das Gespräch längst aufgehört hat; Eiszeiten in dem Blick zu Gott, der vielleicht längst nicht mehr interessiert; Eiszeiten in dem Ausfall der Wahrnehmung von Not und Hilfsbedürftigkeit bis in die nächste Umgebung.

Einer der ersten Titel Jesu war: sol invictus, unbesiegbare Sonne. Eine Anlehnung an die Sonnengötter der Antike, z. T. im machtpolitischen Gewand. Diese Sonne wird Verkrustungen aufbrechen, wird schwere Zungen zum Reden bringen, wird Felsbrocken aus Herzen wegschmelzen, wird Unbeugsames besiegen, wird ...

Die Morgenstimmung – ein Stück eines norwegischen Komponisten. Der durch die Schule des Winters geht, des endlosen finsteren skandinavischen Winters. Ein gutes Musikstück zur Einstimmung in Frühjahre jeglicher Art – mein musikalisches Pflichtprogramm bei (fast) jeder Beerdigung.

Wo die blauen Gipfel ragen

Ab in den Urlaub, am 22. Juli war es soweit. Mit Regionalzug, ICE (Höchstge-schwindigkeit 350!) und dem Interregio ins Berner Oberland. Fast drei Wochen ohne Telefon, Auto, E-Mails, Türklingel, Besprechungen usw. Urlaub am Fuß der lebenden Legenden: Eiger, Mönch und Jungfrau. Fusionen und Strukturprobleme im Nacken, ging es nun relativ unbeschwert in die Schweizer Lande.

Der Rucksack war schwer

Dann am Montag steht die wenig spektakuläre Wanderung ins *Rosenlau* auf dem Programm. Mühsam und endlos, teilweise die schmale dichtbefahrene Passstraße querend, gingen wir bergauf. Drei Frauen aus Finnland, teilten die Mühe des Aufstiegs, immer wieder ihre Fußwunden versorgend.

Auf einmal, nach dem Durchqueren einer engen und dunklen Schlucht, öffnet sich der Weg in ein weites helles Hochtal. Der durchfließende Gletscherbach gebän-digt, in der Mitte des Tals grüne Weiden und Wälder links und rechts und atembe-raubend vor uns der Anfang eines riesigen Gletschers mit den schneebedeckten Gipfeln, sich scharf gegen den blauen Himmel abhebend.

„Hinter uns die Sintflut", so war mein Gefühl beim Aufstieg mit dem schweren Gepäck einer sich versteppenden Glaubenslandschaft und ihren Brocken unge-löster Probleme.

„Vor uns liegt das Leben." Vor uns ist nichts Geringeres als die Wiederkunft Christi, die Vollendung dieser Welt in Herrlichkeit, so beschreib ich mein Gefühl beim Durchqueren des Tales, beim Anblick dieser Gipfel, beim Ausblick auch auf die Wege, die dorthin führen.

Ein gutes Gefühl an diesem Tag, geeignet auch für die Atmosphäre des Gottes-volkes im Anblick der himmlischen Stadt, in der die Sonne nicht untergeht und es Wachstum und Reife gibt zwölfmal im Jahr.

»Zwischen der Straße der Stadt und dem Strom,
hüben und drüben, stehen Bäume des Lebens.
Zwölfmal tragen sie Früchte, jeden Monat einmal!
Und die Blätter der Bäume dienen zur Heilung der Völker.« Gen 22,2

„Ferien, eine Probefahrt ins Paradies", dieser Satz des Priesterdichters Wilhelm Willms hatte sich wieder einmal ausgezahlt.

Das Musikwunder

Ohne eine Note vom Blatt spielen zu können gelingt es mir (Gitarre-)spielend die Menschen in den Bann der Musik, des Liedes zu ziehen und nicht selten das Wasser eines Nachmittags, mit wem auch immer (Senioren, Hochzeitsgesellschaften, Geburtstagsfeiern) in den Wein der Freude und Geselligkeit zu verwandeln. Mein nicht immer präsentes Vorbild ist der Bräutigam von Kana.

Was Orgel und Klavierunterricht nicht vermochten erreichte mein Zimmernachbar im Priesterseminar in Münster, der mir die Griffe für das Gitarrespielen beibrachte – in der Mittagspause!!!

Ich pflege meine Darbietung nicht selten mit folgenden Worten zu eröffnen: „Das Brautpaar hat sich vergeblich bemüht, Elton John oder Reinhard Mey für den Abend zu engagieren. Beide haben aus unterschiedlichen Gründen abgesagt. Auch Udo Jürgens ist gerade auf Tournee: Drafi Deutscher schon im Himmel(!) – So kommen Sie in den Genuss von Bernhard Weskamp ...!!!"

... auf den Spuren von Elvis ...

Das Unterhaltungs- und Gesangswunder

Mit 2–3 Liedern im Gepäck – und ebenso vielen Witzen – gelingt es mir ganze Gesellschaften zu unterhalten. Ob aus Wasser dann Wein wird, mag der himmlische Bräutigam beurteilen ... Diese Lieder sind: Weine nicht wenn der Regen fällt; Liebeskummer lohnt sich nicht und Marina. Früher gab es noch die Zugabe: Es wird Nacht, Señorita – ich betone: früher. Mein Gedächtnis reicht nicht mehr ...

Das diese Konzentration von Wundern nicht zwingend zur Heiligsprechung von mir führen muss – belegt – abgesehen von den Umständen dieser Geschichten, selbstfolgend diese Begebenheit.

Meine Heiligsprechung –
über ein Wunder, das ausbleibt

Pastor Weskamp gelingt es über römische Ka-
näle eine Privataudienz beim inzwischen emeritierten deutschen Heiligen Vater zu erwirken:
zusammen mit seiner noch lebenden 90-jäh-
rigen Patentante Elisabeth aus Gelsenkirchen.
Nachdem ich meinen späten Dank für die vor
fast 50 Jahren erfolgreiche Abschlussprüfung bei
Josef Ratzinger losgeworden bin, und es an die
Verabschiedung geht, nimmt meine um mein
Seelenheil nicht zu Unrecht besorgte Tante den
Heiligen Vater an die Seite mit der Bitte, ihren
– ihrer Meinung nach – heiligmäßig lebenden
Neffen auch heilig zu sprechen. Papst Benedikt
antwortet höflich, dass das zu Lebzeiten eines
Katholiken nicht üblich sei und dass der Tod die
Vorraussetzung sei, um darüber nachzudenken.

Visionen eines Dorfpfarrers.

Aber, so fügt er nach einer besinnlichen Pause hinzu – sich mir wieder zuwendend:
„Ich schlage Ihnen vor, Bruder Bernhard, sich scheintot zu stellen; dann spreche
ich Sie scheinheilig!"

GANG 3 – Exotische Gerichte

Grenzüberschreitende Wunder
Meine Liebe zu Osteuropa
Mein Meisterstück
Christus ist erstanden
Das Kontaktwunder
Das Wunder der (internationalen) Begegnung – Ibiza
Die verlorene Wette oder:
    die wunderbare Stimmenvermehrung
Wunderbares Abendgespräch –
    Deutsch-türkische Konsultationen auf dem
    Wassergewinnungsbehälter
Die Frau – ein Wunder
Der Priester und die Freundin
Das Wunder des „gesammelten Schweigens"
Das Kalenderwunder
Die wunderbaren Wege des Arbeitsamtes
Seelen vor Steine – das verlorene Wunder
Das Fusionswunder
Der Insel-Pfarrer
Zum Verwundern – der Beerdigungsrekord
Das Wunder der kurzen Worte
Ein himmlisches Gut: „Herr, gib ihnen die EWIGE RUHE!"
Wunder bischöflicher Barmherzigkeit
Die Wunder an der Tür des Pfarrhauses
Das Wunder der Trikotvermehrung

Grenzüberschreitende Wunder

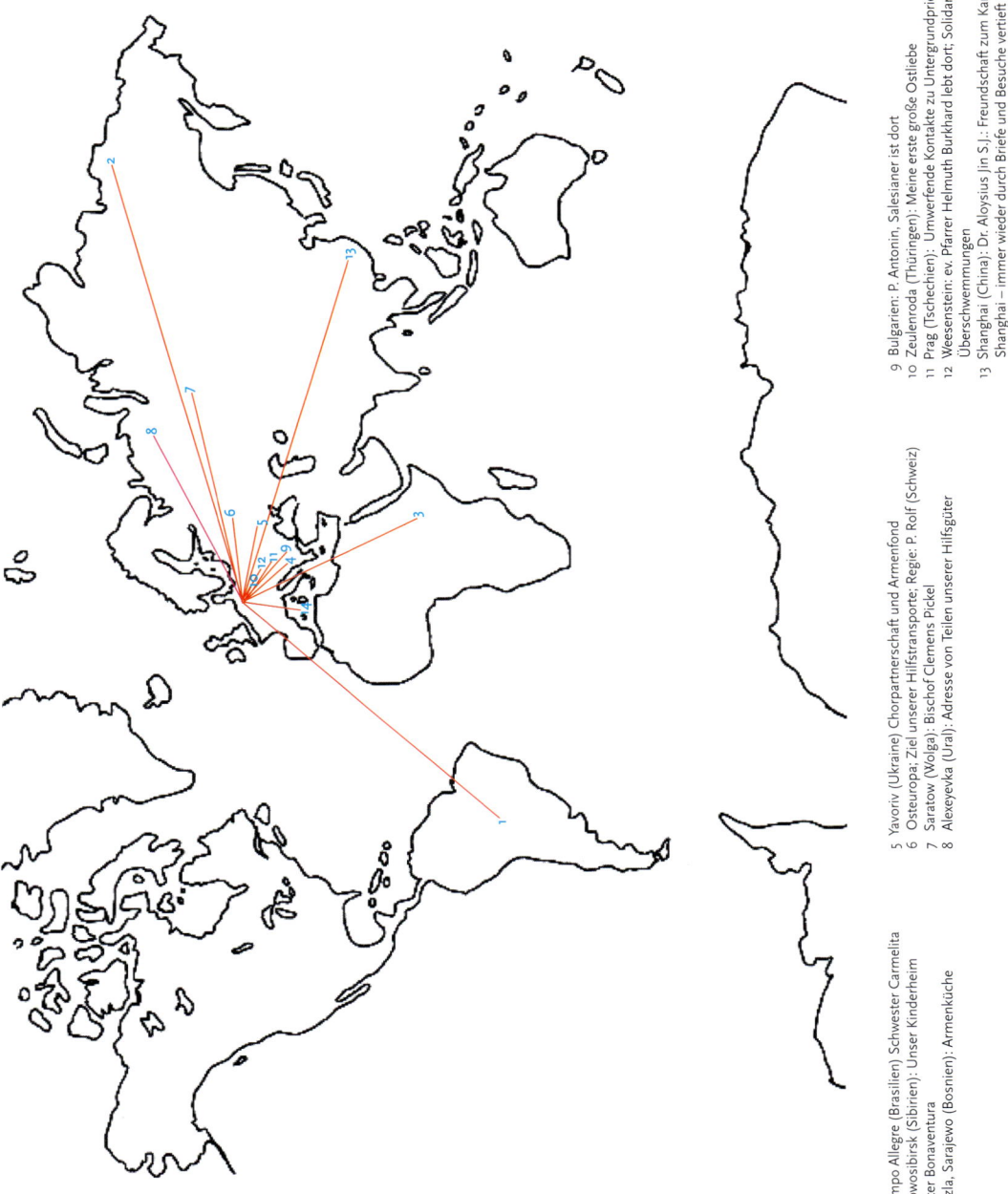

1 Campo Allegre (Brasilien) Schwester Carmelita
2 Nowosibirsk (Sibirien): Unser Kinderheim
3 Pater Bonaventura
4 Tuzla, Sarajewo (Bosnien): Armenküche
5 Yavoriv (Ukraine) Chorpartnerschaft und Armenfond
6 Osteuropa; Ziel unserer Hilfstransporte; Regie: P. Rolf (Schweiz)
7 Saratow (Wolga): Bischof Clemens Pickel
8 Alexeyevka (Ural): Adresse von Teilen unserer Hilfsgüter
9 Bulgarien: P. Antonin, Salesianer ist dort
10 Zeulenroda (Thüringen): Meine erste große Ostliebe
11 Prag (Tschechien): Umwerfende Kontakte zu Untergrundpriestern und Laien.
12 Weesenstein: ev. Pfarrer Helmuth Burkhard lebt dort; Solidaritätsbeitrag Überschwemmungen
13 Shanghai (China): Dr. Aloysius Jin S.J.: Freundschaft zum Kardinal von Shanghai – immer wieder durch Briefe und Besuche vertieft
14 Ibiza

Meine Liebe zu Osteuropa

Zwei unmögliche Missionen: eine Reise in das kommunistische Prag der achtziger Jahre, ein Nachmittagsausflug auf dem Gelände der Baustelle des staatlichen Frauengefängnisses Hohenleuben DDR!

Die Adresse meiner tschechischen Gesprächspartner, Laien und Priester der Untergrundkirche, hatte ich in meinem Notizbuch festgehalten.

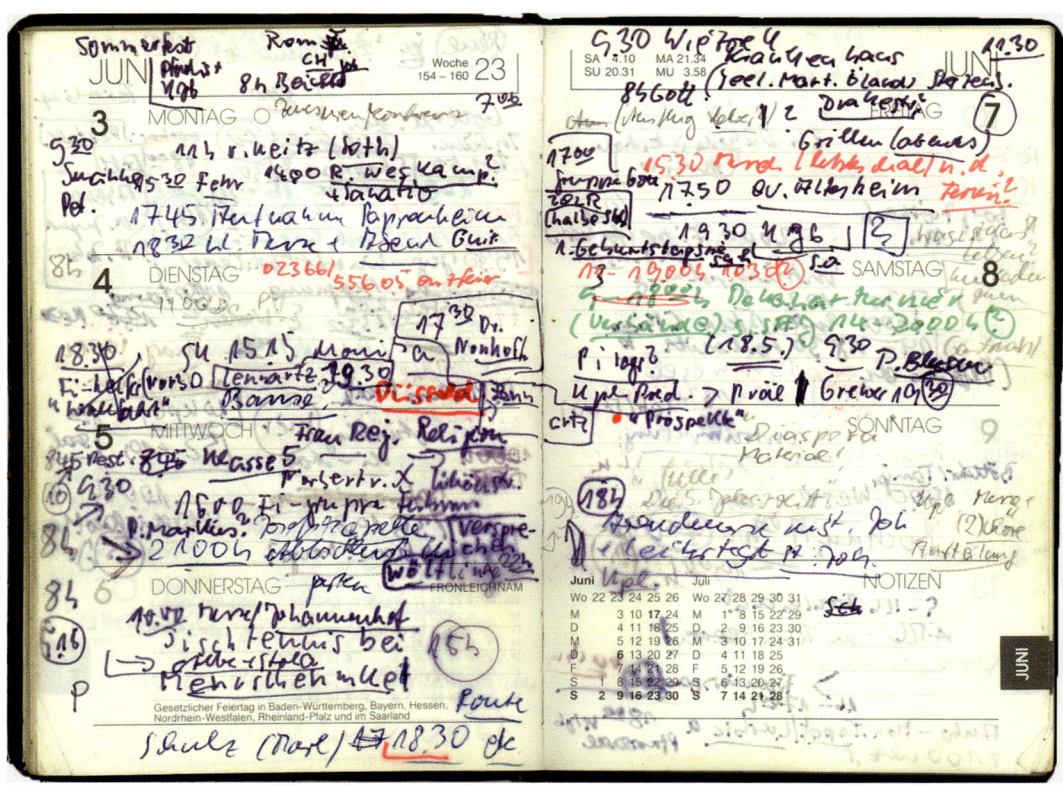

Mein Terminkalender.

Mit diesem Kalender, der die Adressen der Untergrundpriester enthielt, überquerte ich die streng bewachte deutsch-tschechische Grenze. „Kein Geheimdienst der Welt kann das entziffern!", war die Meinung meiner Kollegen. In der Reisetasche waren Gutscheine für den Kauf eines Autos usw.

Übernachtung im Hotel Zlata Husa – Goldene Gans – am Wenzelsplatz.

Mein erster Besucher war Bruno, Untergrundpriester in Prag. Wohnung in einem abgestellten Eisenbahnwaggon mit eingebauter Kapelle. Hilfsarbeiter im U-Bahn-Bau, Abschnitt C.

Den Roman seines Priesterlebens erzählte er mir unterwegs bei stundenlangen Spazierwegen, weil alle Räume im Hotel abgehört wurden. Den ersten Prager Abend verbrachte ich bei Marie; Westpriester gingen bei ihr ein und aus. Monate später wurde sie verhaftet.

Wladimir Rudolf besuchte ich in seiner Kirche, deren Sakristei auch seine Wohnung war. Bruno musste ihn erst von der Harmlosigkeit des Besuchers aus Deutschland überzeugen. „Erschießen Sie mich doch!", hatte er am Ende stundenlanger Verhöre zu einem tschechischen Offizier gesagt. „Zur Erholung(!) fahre ich gelegentlich in die DDR!" – waren seine Urlaubspläne.

Martin Pulkrabek besuchten wir zu Hause. Ein aktiver Laie, würden wir sagen. Nach dem Besuch eines Essener Weihbischofs Monate später, wurde er zwölf Stunden am Stück verhört. Er war anschließend ein gebrochener Mann.

Szenenwechsel: Hohenleuben

Staatliches Frauengefängnis in Thüringen, DDR; Baustelle. Bernhard Weskamp ist mit dem Fotoapparat(!) auf der Baustelle unterwegs; wundert sich über ziemlich wortkarge Arbeiter. Ein Aufsichtsbeamter macht ihn darauf aufmerksam, das Fotografieren zu unterlassen.

Als ich am Abend meinem Priesterfreund und Gastgeber Bernhard Kühn davon erzählte, wird er leichenblass. Das Ganze verläuft im Sand – ein Wunder!

... wo meine Liebe zu Osteuropa begann: in Zeulenroda / Thüringen.
Drei unentwegte Damen nach der Frühmesse im März!

Die Kirche ist eine ehemalige Blumenhalle, 200 Meter vom Stasigelände entfernt.

In das Jahr 1979 geht meine erste Fahrt in die damalige DDR zurück: in einer Holzbaracke „feierte" mein Freund Bernhard Kühn die heilige Messe; ein Schuppen diente als Pfarrheim und Beichtstuhl. – Im Jahre 2011 traf mein erster Pastor F. Ostermann den Pfarrer in der Partnerstadt Münsters in Russland. Auf die Frage, wo er wohne zeigte er auf seine zwei Plastiktaschen ... also draußen!
Welch ein Luxus: das (Priester-)Leben mit westdeutschem Standard

Mein Meisterstück

Der Kontakt zur Ukraine war bis zwei Stunden vor Reiseantritt überschattet vom fehlenden Visum; am Pfingstmontag (!) 1995 – kein Arbeitstag in der ukrainischen Botschaft – wird es erstellt. Seitdem gibt es Besuche dorthin und zu uns hin.

Christus ist erstanden

Pfarrchor „Sankt Lambertus Donsbrüggen" besuchte Javoriv (Яворів), Ukraine

Am Dienstag, dem 20. April 1999, starteten vierundvierzig Sänger und Sängerinnen aus Donsbrüggen in Richtung Lemberg. Nach einer zehnstündigen Busfahrt fand die erste Übernachtung in der Jugendherberge von Burg bei Cottbus, nahe der polnischen Grenze, statt. Trotz einer unruhigen Nacht ging es am nächsten Tag um sieben Uhr pünktlich und mit erwartungsvollen Gesichtern in den zweiten Reisetag.

Über die alte Reichsautobahn mit Betondecke fuhren wir an Breslau und dem schlesischen Industriegebiet weiter in Richtung Krakau, der Bischofsstadt, vorbei, wo unser damaliger Papst zuletzt Bischof war. Kurz nach Mitternacht erreichten wir, bei Dunkelheit natürlich, die polnisch-ukrainische Grenze. Gott sei Dank bekamen wir freie Fahrt an der kilometerlangen Warteschlange der Autos entlang. Innerhalb des Zollgebäudes winkte uns bereits eine Delegation unserer ukrainischen Freunde – flankiert von den beiden Landesfahnen und gekleidet in Landestracht – zu.

Erste Kontakte in der Ukraine.

Die Abfertigung dauerte allerdings noch knapp zwei Stunden. Endlich konnten wir das moderne für fünfundzwanzig Millionen Deutsche Mark erbaute Zollgebäude verlassen. Unsere Gastgeber hießen uns im Zollgebäude mit Brot und Salz, das jeder deutsche Reiseteilnehmer probieren musste, willkommen.

Um drei Uhr morgens erreichten wir, von dem dreißig Jahre alten VW-Bus unserer Gastgeber geführt, unser Quartier. Für vier Tage waren wir Gäste auf ukrainischer Erde. Wie an allen Tagen, erwartete uns nun ein reichlich gedeckter Tisch.

Auf Grund der Wärme der Gastfreundschaft, verstärkt durch den einen oder anderen Wodka, wurde aus der buntgemischten Gruppe, bestehend aus aktiven und passiven Sängern, aus dem Busfahrer, dem Pastor und unseren Gastgebern, schnell eine muntere Gruppe, die die Nacht zum Tage machte. Fünf Häuser waren für uns Deutsche komplett leergeräumt worden. Todmüde und doch glücklich fielen wir auf unser Nachtlager.

Am nächsten Tag zogen wir bei Regen durch den Ort Javoriv, der unser Zielpunkt war und etwa siebzig Kilometer von Lemberg (Львів/Lwiw) in der Westukraine liegt. Unsere Gastgeber sind Mitglieder der mit Rom unierten-katholischen Kirche. Ihre Liturgie stammt aus dem orthodoxen Erbe, ihre Priester entscheiden sich vor der Priesterweihe für den Ehestand oder für die Ehelosigkeit. Die meisten von ihnen haben in der Zeit des Kommunismus Bestrafungen, Verhöre und manche auch Sibirienaufenthalte erlebt. Ihre Familien, besonders die heranwachsenden Kinder, waren Schikanen ausgesetzt. Jetzt ist die ukrainische Kirche eine junge, vitale Gemeinschaft. Das Durchschnittsalter der Priester, der Ordensfrauen und Mönche liegt bei dreißig bis fünfunddreißig Jahren.

Der Sonntagsgottesdienst, den wir in unserem lateinischen Ritus halten durften, war so dicht besucht, dass es unmöglich war, mit dem Kelch und den Hostien zur Orgelbühne zu gelangen. Dreiviertel der Gläubigen standen oder knieten vor der Kirche, selbst im Winter, bei erheblichen Minustemperaturen ist das so.

Das ukrainische Volk hat in diesem Jahrhundert, besonders durch die Zwangskollektivierung der Bauernhöfe und der Stalinisierung in den fünfziger Jahren Martyrien erlebt. In den zwanziger Jahren wurden 1,3 Millionen Bauern verschleppt, die sich der Enteignung widersetzten. Dreiviertel des kommunistischen Kaders in der Ukraine musste ausgewechselt werden, weil sie den brutalen von Moskau verordneten politischen Kurs durch Aushungern sachlich und menschlich nicht mitvollziehen konnten.

Das Ergebnis sind nach wissenschaftlichen Untersuchungen etwa zehn Millionen Hungertote aus den Dorfbevölkerungen – und dies vor blühenden Getreidefeldern. Auch die Schicht der Intellektuellen (Gelehrte, Juristen, Bischöfe und viele andere) erlitt große Verluste.

Das Dorf, der Mittelpunkt der ukrainischen Seele, wurde zerschlagen und nahezu die gesamte Mittel- und Oberschicht, die sich dem menschenverachtenden Kurs widersetzten, zerrieben. Manch einer schied durch Freitod aus dem Leben.

Am Ende dieses Jahrhunderts und Jahrtausends steht die Ukraine mit leeren Händen da. Die Betten in den Krankenhäusern tragen zerfetzte Laken, Bordsteine liegen quer auf der Straße, Wasser und Strom sind rationiert, Gehälter werden, wenn überhaupt, mit fünfmonatiger Verspätung gezahlt, Renten und Arbeitslosengeld reichen gerade, um ein Kilogramm Wurst zu kaufen. Nicht nur für Moskau, auch für die westliche Marktwirtschaft bleibt die Ukraine ein Stiefkind.

Ein Lichtblick ist die ukrainische Jugend, die sich wach, intelligent und diszipliniert den Herausforderungen der Zeit stellen wird. In der Schule wurden uns von den aufmerksam zuhörenden etwa dreizehnjährigen Schülerinnen und Schülern intelligente Fragen gestellt. Wer Englisch als Fremdsprache gelernt hatte, konnte es fließend sprechen. Das Interesse am Westen und an geistigen Dingen ist groß. Beim morgendlichen Abschied am Montag, dem 27. April 1999, sieben Uhr, flossen die Tränen. Immer wieder erklang bei Umarmungen der Ruf:

CHRISTOS WOS KES – Christus ist erstanden.

Dieser Ruf ist in der Osterzeit auf der Straße die Begrüßungsformel.

Man antwortet:

WO ISTENO WOS KES – Er ist wahrhaft auferstanden.

Zum Schmunzeln

Die Tatsache, dass der Leichnam Jesu in ein Grab gelegt wurde, das dem Josef von Arimathäa gehört darf ich als bekannt voraussetzen. – Am Abend jenes Karfreitags kommt Josef von Arimathäa nach Hause. Seine Frau empfängt ihn vorwurfsvoll: „Mensch Josef! Wie konntest du unsere teure Grabstelle so einfach abgeben? Da wird schon drüber geredet!"

„Hallo Sarah", antwortet Josef und beruhigt sie: „das ist doch nur für 3 Tage ...!"

Das Kontaktwunder

Meine Kontakte reichen – in der Tat – vom Auswärtigen Amt in Berlin, von den zwei(!) emeritierten Bischöfen Limburgs über einen ganz heißen Draht zum Vorstand von Fortuna Düsseldorf; über Landräte und Bürgermeister bis hin zu den letzten der Gesellschaft in Forensiken und vergleichbaren Häusern; unter Obdachlosen bin ich ein Begriff wie in der „Justiz" (O-ton JVA Geldern-Pont), über Abwechslung kann ich mich da nicht beklagen. Selbst in der Bahnhofsmission Oberhausen Hbf wurde ich – unangemeldet ... wie ein alter Bekannter begrüßt.
Sagen Sie nur einen Beruf der mehr bietet.

Dem Menschen aus Rotterdam ist der Weg in mein niederrheinisches Dorf vertrauter als in den nächsten Stadtteil. Ist diese Vielfalt nicht auch ein Stück vom Reich Gottes? „Wohnt hier der alte (!) Mann der helfen kann?" So schleppte sich eine hochschwangere Kriegsflüchtlingsfrau ins Pfarrhaus …

Nachdem ich entlassenes Bordellpersonal aus meinem Nachbardorf auf der Straße (im wahrsten Sinne des Wortes) aufgelesen habe, bin ich nicht ganz sicher, ob ich nicht auch dort als Bekannter begrüßt werde …

Das Wunder der (internationalen) Begegnung – Ibiza

Sie kamen um Mitternacht an in Eindhoven/Flughafen, und dann mit dem Bus nach Kleve: 28 Sängerinnen und Sänger der Gemeinde St. Augustin in San José/ Ibiza. Die Schwester Charlotte unseres Chorleiters Heiner Look, hat sich dort niedergelassen und leitet einen Kirchenchor.
Draußen war es um den Gefrierpunkt; in wenigen Sekunden wurde aus den übermüdeten Reisenden und den gespannt wartenden Gasteltern eine Gemeinschaft. Wildfremde Gasteltern wurden mit Küsschen begrüßt – eine emotionale Raumtemperatur hergestellt.

In der Messe am nächsten Tag – einem Sonntag – (Frühstück um 8.00 Uhr!) wurden die wiederkehrenden Messgesänge in katalanischer Sprache mit dem Dialekt von Ibiza – vorgetragen; danach Volkslieder, die eine gewisse Inselschwere und Sehnsucht in sich trugen.

Beim kräftigen Frühstück mit Zutaten lösten sich die Gemüter und Zungen: Trink- und Schunkellieder ließen Alters- und Sprachunterschiede vergessen; der Pastor sang „Marina" und verband den Reformgeist des neuen Papstes mit der Öffnung des Zölibates – was den Spaniern dann doch wohl ein bisschen Spanisch vorkam. Ein Fest mit geschenkter Akklimatisierung: ein Vorgeschmack des Himmels.

Die verlorene Wette oder: die wunderbare Stimmenvermehrung

Zehntausend Euro hätte ich gewettet, dass ein Gegenbesuch unseres Chores nach Ibiza nicht zustande kommt: auch auf Grund unseres Durchschnittsalters von ca. 74–78 Jahren. Kein Alter, um Flugreisen in Gruppen zu planen und zu unternehmen. Nur Heiner, unser Chorleiter und seine Schwester auf Ibiza, glaubten fest daran.

Zuletzt waren es dann 35 Personen in ebengenau dem Durchschnittsalter, die um 1.30 Uhr in der Frühe des 1. Mai 2014 sich per Bus auf den Weg machten; Zwischenstation Düsseldorf Airport – mit Hunderten von gleichgesinnten Flugreisenden. Ankunft: 8.35 Uhr – in der Frühe – in Ibiza Airport. Ein Dorfflughafen gegenüber unserer Landeshauptstadt. Dort hat noch jede Person hinter dem Schalter der Flughalle ein Gesicht …

Und dann: Transfer mit den uns schon leicht vertrauten Inselbewohnern nach San José – mit Empfang in der Kreisverwaltung: südländisches Flair; die weißen Gebäudekulissen, der tiefblaue Himmel; Palmen und blühende (!) Kakteen; Pinienwälder. Der Süden hat uns: 300 km entfernt liegt Barcelona, genausoweit die Küste Nordafrikas.

Wir erleben ein weiteres Wunder – das der wunderbaren Stimmenvermehrung: Charlotte, die die deutsche Schule auf der Insel als Lehrerin betreut – zunächst für ein Jahr – gründet den Kirchenchor von St. Augustin: ca. 40 Mitglieder im guten Durchschnittsalter von knapp 50 Jahren. Nach der Probe unserer beiden Chöre für ein Konzert am Samstagabend tritt ihr Gospelchor auf: ein halbes Hundert junger lebensfroher Leute mit mitreißenden Melodien. Und dann:

Ein Kanoniker (Priester) der Insel Ibiza, der auch Journalist und Schreiber war – ich finde, wir beide sind ein gutes Team!

die Musikschule, ihr Werk mit weit über 200 musizierenden Kindern und Jugendlichen ... Eine einzige Stimme bringt viele andere zum Klingen.

Mit kluger, eher mitteleuropäischer Hand, zieht sie die Inselbewohner mit; ob so auch der himmlische Dirigent uns mitreißen will: zum großen Auftritt der Stimmen und Chöre, zum Hauptstadtfestival auch der in Unstimmigkeiten vegetierenden Personen und Völker?

**Wunderbares Abendgespräch –
Deutsch-türkische Konsultationen auf dem Wassergewinnungsbehälter**

Mein 2. Tag in Mürren – Sommerurlaub in der Schweiz; ich traf ihn, auf der Brüstung eines garagenähnlichen Hauses, das der Wassergewinnung dient. Da, wo die Wanderwege in die Wälder hinausgehen. Per Zufall sah ich in der Abenddämmerung: einen Kopf mit schwarzen Haaren. Es gab deutsche und englische Worte hin und her.

Ich musste den Hang hinaufsteigen um zu ihm zu gelangen; ein kleines tragbares Zelt wies auf sein Nachtlager hin. Er war Student aus Bochum – Elektrotechnik; aus der Türkei, gebürtig aus Istanbul.

Der Standort unserer in englischer Sprache geführten Unterhaltung war originell; er ließ die Beine über eine Brüstung baumeln, unter der es wohl 3–4 Meter in die Tiefe ging. Ich zog den sicheren Abstand zum Mauervorsprung vor.

Erst am Ende outete ich mich als catholic priest – er war alawitischer Muslim, eine ethnische eher offen denkende Gruppe im Islam; zu offen für den türkischen Ministerpräsidenten, der sie gern zur Strenge bekehren möchte. Seine Meinung zu einem möglichen Beitritt der Türkei in die EU gab mir zu denken: beide Seiten würden davon profitieren. Die in Schwung befindliche Wirtschaft seiner Heimat wäre Gabe aus dem Südosten Europas, die „human rights" die Gegengabe der Mitteleuropäer.

Zum Schluss überließ ich ihm meinen Pullover, der ihn vor der empfindlichen Nachtkälte schützen sollte. So einfach ist der türkisch-deutsche und der muslimisch-christliche Dialog – man muss sich nur in die Augen sehen – zur Not auf einem Wasserbehälter und bei 14 Grad Celsius!

Szene 2:

Am Tag darauf wanderten mein Schwager Willi und mein Freund Heinrich in den Schweizer Bergen als Chenk, – mein türkischer Bekannter der Nacht vorher – plötzlich auftauchte. Er wollte hiking und climbing gehen – mit einer Plastiktasche voll Proviant dabei: „Das ist mein Restaurant!" – Mein Schwager spielt auf der Mundharmonika Wanderlieder; Heinrich und ich singen.

Eine Familie aus Paris kommt dazu. Irgendwann kommt das Gespräch auf unseren Beruf und auf Gott. „Ich glaube nicht an Gott" bekennt der Vater der Franzosen freimütig. Alle anderen Familienmitglieder pflichten ihm bei. Nun ergreift Chenk das Wort und erklärt in klarem Englisch, warum er an Gott glaube: er habe Gott am Abend vorher seine Not geklagt wegen der Kälte. Dann kam ein Fremder daher – er zeigte auf mich – und bot mir nach einem längeren Gespräch seinen Pullover an – von sich aus. Da habe er gestaunt und Gott gedankt. Gott gäbe es logischerweise.

Übrigens: die beiden jugendlichen auch ungläubigen Kinder des Ehepaares aus Frankreich gehen zu einer katholischen Schule!

Mein türkischer Freund Chenk (mit meinem Pullover) und ich.

Die Frau – ein Wunder

Schon Oswald Kolle, der Sexpapst der 60-er Jahre – Mitauslöser der sexuellen Revolution mit weltweiten Folgen bis heute, – titulierte die Frau als „das unbekannte Wesen!" Stimmt – bis heute –. Die sexuelle Revolution hat alle Dämme gebrochen; armselig sind ihre Folgen teilweise auch im Missbrauch.

Ich hatte das Glück, durch eine Therapie – mit gemischter Gruppe – zu gehen, wo alles auf den Tisch kam; und das immer wieder. Diese Erfahrung sollte die Voraussetzung für die Eignung zum Priesterberuf sein; jeder Theologe sollte eine Freundin gehabt haben, sollte erfahren haben, was Verliebtsein bedeutet, und was Liebeskummer bedeuten kann.

Und dann sind da noch die erfahrenen Priester, die nach 20–30 Jahren z.T. wegen dieses Problems ihren Beruf aufgeben müssen. Im Sinne des heiligen Vaters; auch im Sinne Jesu?

Ich habe gute Seelsorger kennengelernt in der Ukraine, mit Jahren in der Verfolgung, die auch gute Partner und Väter in ihren Familien waren. Dort war die Ehelosigkeit des im lateinischen Ritus lebenden Priesters genau so wenig bekannt, wie die Heiratsmöglichkeit des griechisch-katholischen Priesters bei uns. In der mit Rom unierten Kirche!!, wo jeder ukrainische Priester auch kirchenrechtlich sauber in Westfalen oder im Rheinland eine Pfarrei leiten könnte. Ob nicht die Priester, die wir „guten Gewissens" in die Wüste geschickt haben, uns und die Amtskirche fragen werden, in wessen Auftrag wir das tun und taten? Einige von ihnen – das erzählten sie – hätten gerne das letzte Dorf in der Diaspora gewählt, um weiter Priester zu sein. Dieses Thema berührt sicherlich nicht die stärkste Seite im Pontifikat Johannes Paul II.

Die Kirche wird als beschädigte Braut des Herrn Einzug halten im Himmel, angewiesen auf Seine Barmherzigkeit!! Und da werden manche Erste Letzte werden; und manche Letzte Erste!!

Der Priester und die Freundin

Die Theologen feiern Karneval – im ehrwürdigen Münsteraner Priesterseminar. Damals Borromäum – Haus der Priesteramtskandidaten.

Achim Klaschka war damals im vierten Semester – zwei über mir. Warum ich das Folgende behalten habe? Er kam – mit Freundin – in die ehrwürdige Aula. Er dachte wahrscheinlich: wenn schon feiern – dann richtig!

Heute ist Achim gestandener und vielach bewährter Seelsorger und Dechant im Ruhrgebiet – mit gut 70 Jahren. Durch einen unglücklichen Operationsverlauf geht er an zwei Krücken. Bis dahin war er Bergsteiger und ausdauernder Fußpliger.

Unser damaliger Spiritual Johannes Bours berichtete in „jener Zeit" von einem Treffen der Geistlichen, die die Theologen auf ihrem Weg begleiteten. Man machte eine anonyme Abstimmung über pro und contra Zölibat. Die Abstimmung verlief ziemlich einseitig: es war keiner für die Beibehaltung!

Diese Diskussion wird hoffentlich irgendwann zu einem Ende kommen.

Die Schönheiten im Sommerlager.

Das Wunder des „gesammelten Schweigens"

Es gibt „Dr. Murkes gesammeltes Schweigen": Bölls Kurzgeschichte gegen die – gegenüber heute harmlose – Geräuschindustrie seiner Zeit.

Es gibt das betretene Schweigen im Walde, wo keiner mehr weiß, wie es weitergeht.

Man kann sich anschweigen – als eine Form des Umbringens. O si tacuisses – oh, wenn du doch geschwiegen hättest – die Klugheit der Römer, an der es jedem irgendwann schmerzhaft mangelt. Josef – der Mann an der Seite Marias – ohne den nichts „gelaufen" wäre – wohl kaum unsere Erlösung mit ihrer Basisexistenz – schweigt sich ein Leben lang aus – zumindest für die ansonsten beredten Evangelisten.

Und dann die sieben letzten Worte Jesu am Kreuz. Danach noch ein Schrei – und seitdem sein Schweigen.

Keine unserer feinen Megaantennen nehmen ihn wahr. (Nur der Beter?!)
Er schweigt zu Weltkriegen und Judenvernichtung, zu Fußballmillionären und Millionen Menschen, die nichts als Gras zu essen haben. Er schweigt; er überlässt uns die Worte; auch die – vermeintlich – großen.

Manchmal spürt man seine beredte Existenz hinter Schicksalstagen – wie dem Mauerfall. Seinen Atem. Aber so richtig hat er sein Schweigen noch nicht gebrochen: sein „gesammeltes Schweigen".

Wird Er mit dem Brechen seines Schweigens auch das Schweigen der Kriegstoten, der Unzahl von Menschen in Lagern und manchmal familiären Folterkammern brechen?

Wie billig werden dann unsere Statements, die tausendfach geäußerten Flachheiten von Politikern und anderen Darstellungskünstlern sein? Der Turm der angehäuften Reden taktischer und künstlicher Natur wird dann zusammenbrechen: „Lärme nicht: Christus steht auf." (E. Wiechert) ist dann die Devise.

Das Kalenderwunder

Meine (Taschen-)Kalender repräsentieren mich mehr als das Portemonnaie; Verlegung und Verluste des ersteren sind ein Drama. Termine, die dort stehen, geben mir die vermeintliche, vielleicht auch tatsächliche Gewissheit gebraucht zu werden; bedeutend zu sein. Wichtig zu sein. „Da hab ich aber einen Termin" das ist die Wunderwaffe aller bedeutenden Leute – einschließlich Kinder – um Absprachen kippen zu lassen, neu zu verhandeln.

Irgendwann – 1974? – nahm ich ihn – wie eine Kostbarkeit in die Hand; meinen gefühlt – ersten Kalender. Der Tag bekam eine Struktur, das ganze Leben eine zeitliche Bahn; eine andere Zeitrechnung begann. Auf einen Parkplatz am Aasee in Münster war es. Vielleicht ein deutlicher Beweis dafür, dass die Handorfer Jahre („Abstellgleis") nicht verlorene Zeit waren ...

Die Zeit als Geschenk – sie wurde mir in diesem Augenblick spürbar und greifbar in die Hand gegeben. Seitdem ist der Kalender mein treuester Begleiter – mehr als Häuser und Wohnungen, Auto, Fahrräder und Klamotten.

„Meine Tage waren schon alle bei dir verzeichnet, ehe auch nur einer gebildet war" PS. 139

Meine Tage in der Hosentasche, im Hemd, in der Radtasche: auf 11 x 6 x 3 cm!
Mehr wert – als der Papst in der Tasche ...

Die wunderbaren Wege des Arbeitsamtes

Gut 20 erwachsene Asylbewerber – Wirtschaftsflüchtlinge aus dem ehemaligen Jugoslawien – mit Arbeit zu versorgen ist ein Kunststück. Bei den Versammlungen, in denen Arbeitsangebote eines Blumenstaudengroßhandels an den Mann gebracht wurden ging es zu wie auf einem orientalischen Bazar. Der von ihnen geäußerte Hinweis, dass man Arbeit nicht essen könne war so zu verstehen, dass sie wohl auch noch etwas darüber hinaus brauchen. Gespräche mit dem Arbeits- und Ausländeramt sowie Flüchtlingsstellen waren mein tägliches Brot.

Zu meines Vaters Wort in Bezug auf Investitionen dieser Art gehörenden Verlusten (50% auf Konto Verlust – seine Devise!) passte auch die traurige Erfahrung, dass ein mazedonischer Flüchtling mein Akkordeon mitgehen ließ. (Hauptsache es wird genutzt!) Aber auch mit diversen anderen Problemen, wie Beschwerden in der Schwangerschaft – mit den entsprechenden Äußerungen dieser Schmerzen – kam man – nächtlicherseits – zu mir, so dass ich vom Sozialmanager zum Medizinmann mutierte: da sage einer, der Beruf sei nicht vielseitig ...

Seelen vor Steine – das verlorene Wunder

Der entscheidende Mangel in unserer jetzigen Kirchensituation ist nicht ein Mangel an Geld, auch nicht an Hauptamtlichen oder Gebäuden. Unser Mangel ist die fehlende Seelsorge. Wer mit den Menschen unterwegs ist, findet auch Lösungen für pastorale Räume und Immobilien. Die Binnentemperatur der Seelsorge ist zu niedrig, die Gemeinde existiert auf dem „Schirm" mehr als im Herzen der Verantwortlichen.

In der Prioritätenliste meines Bistums sollten die Seelen vor den Steinen rangieren. Setzt die Abrisspläne zugunsten der Sorge für Seelen aus!

Traut den Gemeinden und Kirchenvorständen zu, auch mit weniger Geld ihre Dinge zu regeln und *selbst* Prioritäten zu setzen. Durch die Taufe sind alle im Stand der Heiligmachenden Gnade! Dies gilt übrigens in Goch wie auch in Kleve und anderswo.

Pastor Weskamp mit Noa.

Das Fusionswunder

Der künstliche z. T. gewaltsame Zusammenschluss von über Jahrhunderten selbstständigen Pfarreien verursacht nicht selten Desorientierung und Mutlosigkeit. Der Prozess der Fusion meiner Donsbrügger Pfarrei in Richtung der benachbarten Dörfer wurde unterbrochen einerseits durch das geringe oder fehlende Interesse derselben und auch die glückliche Notwehr, sich schließlich an Kleve orientieren zu müssen. Nun erlebt „mein" Dorf auch mal tatkräftige Pröpste oder einen jungen Kaplan aus der Stadt. Danke für die „ferngesteuerte" Fusion!

„Er aber war im sanften Säuseln!"

Das Fusionswunder fand in der Zeit statt, wo ich – mit innerer Bewegung – las, dass die Gottesmutter einem Mann indianischer Abstammung (Juan Diego) erschienen war. Diese Begegnung führte zum weltweit – bis heute – meist besuchten Wallfahrtsort der Welt: Guadalupe in Mexiko. Mit jährlich zweistelligen Millionen Pilgern.

In diesem Augenblick des Lesens rief mich mein vorgesetzter Priester an und teilte mir mit, dass die von mir geplante Fusion mit den Nachbardörfern scheitert – an deren anderer Orientierung und auch fehlendem Interesse. Blieb also nur Kleve: die Stadtfusion. Für die alles sprach, auch und besonders die breite und buntere Personaldecke. Diese Decke schützt und wärmt uns bis heute ... Eine weise Entscheidung: gesehen erst durch Maria in Guadalupe. Dort sprach sie in indianischem Dialekt; bei mir sprach sie Klever Platt ...

Ein Bischof kommt – noch innerhalb des diözesanen Fusionsprozesses – vorzeitig – an das Himmelstor. Petrus empfängt ihn. Dem Bischof fallen im folgenden Gespräch viele gute Dinge ein, die er auf sein Habenkonto gesammelt hat. – Erwartungsvoll schaut er danach Petrus an.

An dessen Seite steht plötzlich der Teufel. Dem sich wundernden Bischof gibt Petrus die Erklärung: „Auch wir haben fusioniert!"

Der Insel-Pfarrer

Bei einem Besuch auf Borkum berichtete mir der dortige Pfarrer – er kam vom Festland, in der Nähe von Osnabrück –, dass er bei der Überlegung, er solle Seelsorger auf einer Hochseeinsel werden, die Devise für sich entwarf: „Du musst den Weg *gehen*, um zu sehen, ob es der richtige ist."

An diesen Satz habe ich oft gedacht, auch bei meinen Plänen, Donsbrüggen zu verlassen und eine neue Stelle anzufangen. Aber auch jetzt, wo es gilt, wieder neue Wege zu gehen für die gerade vor wenigen Jahren fusionierten Gemeinden.

Zum Verwundern – der Beerdigungsrekord

Das Bestattungsinstitut für die Sozialbeerdigungen hatte bereits zeitlich vor der eigentlichen Beerdigung die Beisetzung eines Mannes ohne Angehörige angekündigt. Am Friedhofshügel bot sich dann das seltene Bild zweier nebeneinander stehender Särge, deren Personen nur ein Schicksal einte: dass niemand auftauchte, der sie vermisste oder gar betrauerte.

Hatte der eine von ihnen noch einen Namen, musste der andere – namenlos – in die Erde gesenkt werden; drei Wochen waren seit seinem Ableben vergangen ohne dass sich eine Person oder ein Gegenstand fand, der Aufschluss über seine einmalige Identität geben konnte. „Wie bei den unbekannten Soldaten" war mein Kommentar zu den noch danach diskutierenden Sargträgern.

Was war passiert? Ein etwa 50- bis 60-jähriger Mann fährt auf der Klever Seite zum Rhein, stellt in der Nähe des Flusslaufes sein noch fast neues Fahrrad – Marke Gazelle – ab und fällt kurze Zeit darauf tot um. Der Gerichtsmediziner stellt weder Alkohol noch Drogenkonsumspuren fest; alles ist völlig normal und unauffällig, auch sein Foto in der Zeitung bringt keine Klarheit. Der einzige persönliche Gegenstand ist sein Fahrradschlüssel.

Die anderen Beerdigungen sind kurz erzählt: eine Wirtin, an deren Spezialgerichte ich mich Gott sei Dank noch erinnerte, und am Abend ein Deutschrumäne, der vom Tod im Schlaf überrascht wurde. – Ein Tag im Leben eines Dorfpfarrers – allein dieser Tag wäre ein Buch wert ...

Das Wunder der kurzen Worte

„Und der Gedanke, irgendwann
Auch durch dies TOR[14] zu gehen, hat dann
Nichts Drohendes, er mahnt uns eben,
Jede Minute bis dahin, wie ein Geschenk,
Mit wachem Sinn, in tiefen Zügen zu erleben."[15] (R.Mey)

Nahezu jede zweite Beerdigung bestreite ich mit und aus diesem Lied von Reinhard Mey.

Kein Theologe und religiöser Bestseller kommt an die Tiefe und Leichtigkeit dieser Sätze heran.

Ein himmlisches Gut: „Herr, gib ihnen die EWIGE RUHE!"

Kein Wunder-wort; eher ein Alptraum: eine Ruhe, die nie aufhört; die durch kein Vogelgezwitscher, kein Kinderlied und kein Rascheln der Blätter oder fröhliches Hupen eines Autos unterbrochen wird.

Was haben wir bloß verbrochen, dass es uns dann „gut" geht – wir, die Auserwählten?? Oder – und das wäre das Wunder – heißt es nicht eher:

Du wirst – in Ruhe – deinen Weg gehen.
Du wirst – in Ruhe – eine Mahlzeit herrichten.
Du wirst – in Ruhe – Schach spielen können.
In Ruhe – wirst du deine Sachen tippen können (ohne die Angst,
             etwas zu verpassen ...).
In Ruhe – wirst du am Morgen deine Hose anziehen.
In Ruhe – wirst du zur Straßenbahnhaltestelle gehen,
             du wirst sogar einige Minuten vorher da sein.
In Ruhe – wirst du – am Abend, in deiner Freizeit –
             dein Bier trinken können und dürfen.
In Ruhe – wirst du auch den Tisch abräumen.
In Ruhe – wirst du einem Kind zuschauen dürfen;
             in ruhe es auch bitten, langsam (!) alles zusammen zu packen.
In Ruhe – wirst du jeden TAG ein Kapitel deines Buches lesen dürfen.
In Ruhe – wirst du auch die Zeilen eines Gedichtes/Liedes hören
             und sogar auswendig lernen dürfen.

---

[14] Todes-Tor
[15] R. Mey CD XII NRR
ASIN: B000oo89MZ
Audio CD (1. Dezember 1985)

In Ruhe! - wird sich der Herrgott, oder werden seine Vertreter – deine STORIES ANHÖREN –, ohne dabei dieses himmlische Gut – die Ruhe zu verlieren.

Ruhig darfst du auch mal danebenhauen oder greifen.

Ruhig darfst du auch mal Termine ausfallen lassen; und: du kannst Dich aber auch ruhig dafür entschuldigen ...

Du darfst ruhig zu deiner Unheilsgeschichte stehen dürfen – unter seinen Augen wird auch dieses trübe Wasser in Wein verwandelt.

Sechs Krüge á 100 Liter!

Welch eine Ruhe!!

Wunder bischöflicher Barmherzigkeit

Einschließlich bischöflicher Ernennungsurkunde bin ich – im Jahre 2001 – ordentlich installierter neuer Pfarrer von Aldekerk St. Peter und Paul, in der Nähe von Krefeld. Meine Gemeinde will mich nicht gehen lassen; meine eigenen Bedenken an der Sinnhaftigkeit dieses Unternehmens wachsen. Sie vermehren sich so sehr, dass ich in meinem seelischen Schlamassel nicht mehr entscheiden kann. Kurzum: Bischof Lettmann stellt mir die Entscheidung frei, zu gehen oder auch – gegen seinen und meinen Entschluss – zu bleiben; er nimmt seine eigene Ernennungsurkunde zurück. Unglaublich!

Gute Erfahrungen unter dem bischöflichen Schirm.

Die Wunder an der Tür des Pfarrhauses

„Sie haben in der Justiz einen guten Namen!" Dieser Satz aus dem Mund des Leiters der Druckerei im Gelderner Gefängnis (JVA Pont) lässt mich zu den Wundern in der Begegnung mit Abhängigen, Obdachlosen, Pilgern!, Nichtsesshaften und Schiffbrüchigen jeglicher Art kommen. Dass mein Portemonnaie und meine „Zeitfenster" (modern!) dies ausgehalten haben, dieses Phänomen geht wohl auf die stabilbürgerliche Gehaltslage unseres Standes in Deutschland zurück – und auf Wohltäter in Form von Stiftungen und gebender Hände. „Was nützt das Geld, wenn man's behält!" So eine Dame meiner Kaplansstelle.

Im Kreis bosnischer Flüchtlinge.

Meinen Höhepunkt als Bruder der Armen erlebte ich durch einen unfreiwilligen Aufenthalt in der Suppenküche der Bahnhofsmission Oberhausen, wo ich – inzwischen nach Kleve versetzt – als alter Bekannter begrüßt wurde. Mit der Folge, dass mir das Personal meine Version ein Pfarrer zu sein, der nur sein Portemonnaie vergessen hatte, nicht abnahm ...

Die Championsleague in Bezug auf die Ausgabenseite durfte ich in der letzten Zeit erklimmen, als es um Schuldenzusammenfassungen von Niederländern mit Herkunft aus der südamerikanischen Kolonie Suriname ging und weiterhin geht – einschließlich der Rückfahrttickets nach Paramaribo! (Hauptstadt).

Nun Auszüge des unbedingten Vertrauens in mich und meine finanziellen Möglichkeiten ...

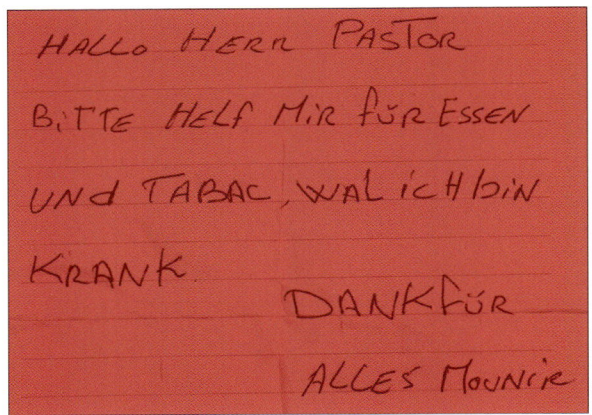

HALLO HERR PASTOR
BITTE HELF MIR FÜR ESSEN
UND TABAC, WAL ICH BIN
KRANK.
DANK FÜR
ALLES Mounir

Anmerkung:
Mounir ist seit 20 Jahren in europäischen Ländern „unterwegs". Er spricht fast fließend italienisch, französisch, deutsch und natürlich arabisch. Angeblich ist er wegen Gaddafi geflohen; bis heute ist offen, ob er aus Libyen (Gaddafi) oder Tunesien kommt.

Verbringt fast drei Jahre in der JVA wegen Ladendiebstahls mit Klappmessereinsatz. In der JVA in Pont/Geldern zeigt er ein <u>vorbildliches</u> Verhalten.

Kleve: 7. 1. 2013

HALLO Herr pastor.
ich Hoffe Mien Brief findien Sie und frau
Goretz Alles gut. ich wunsche für sie oder
Zu SAMMEN EiN fröhlich Neues Jahes 2o13
ERSTe gesundheit und viel Glück.
ich bin Alles gut Hier und allien in Mien
RAUM FAST 2 Jahre. ich betien jeder Tag
für Gotte, geben mich gedulte und viel
Knaft. aber jede Tag gleiche ist viel schwer
in Knast. so ist die Lieben, Muss mensche
Lernen für Spätt Nicht gehen in die Hölle.
Herr pastor danke schone für Sie und frau
Goretz und fröhlich Neves Jahre.
Schone gross Mounir.
GOtt Mit UNS

25.2.09

Lieber Pastor Bernhard

Ich Joachim habe mal eine bitte an sie, ob sie mir 20 Euro schicken tun. Grund ich bin völlig mittellos, und das Leben hier ist sehr teuer. Ich bin auch ein guter und fromer Christ. Haben sie auch Adressen von Klöster? Weil ich eventuel Mönch werden möchte. Ich hoffe sehr auf antwort und 20 Euro ich wünsche ihnen Gottes Segen

Joachim

50 JAHRE SAARLAND

Pastor
Weskamp
Mehrerstr. 1
47533 Kleve

Kleve, den 11.11.05

Lieben Herr Weskamp!

Eigentlich hätte ich Sie auch
anrufen können, aber ich traue
mich nicht. Es ist mir wahnsinnig
peinlich und ich schäme mich
so sehr. Sie können sich sicher
schon denken, was jetzt kommt.
Ich habe wie immer mal wieder
finanzielle Probleme. Und schon
wieder komme ich damit zu
Ihnen genannt. Es ist das für
mich leidliche Thema Stadtwerke
Stromrechnung. Ich kriege die
Rechnung diesen Monat schon wieder
nicht bezahlt. Allendings ist das die
letzte Stromrechnung für dieses
Jahr.
Also, Herr Weskamp, ich wollte
Sie nochmal bitten, die Strom -
rechnung für mich zu bezahlen.
Ich würde verstehen, wenn Sie
ablehnen. Und ich wäre undenklich
dankbar, wenn Sie mir helfen.

° every time the same ...

→
Bitte wenden

Ich lege einen Überweisungsschein für
den Fall mit dabei:
Ich möchte mich von allen Dingen
ganz herrlich bei Ihnen bedanken,
für all Ihre Hilfe. Ohne Sie wäre
ich schon oftmals untergegangen.

  Herzlichen Dank
  für alles!

     Hochachtungsvoll
     Mirko

14.11.2007

Hallo Bernhard!
Es schreibt Dir heute Winfried   aus
      , mir geht es gut, und wie geht es Dir?
Ich hoffe ja, dass es dir, deine Seketerin, und
deiner Haushalterin gut geht.
Bernhard ich möchte fragen ob du mir noch zwei
mal Helfen Kammst, und ab dem 1.01.2008 nicht mehr
weil ich damm lernen muß mein Leben selber in
grif zubekommem und nicht mehr vom amdere
amgewiesen werdem möchte, weil es Länder gibt
die eine Hilfe not wendiger brauchem als ich.
Weißt es gibt Memschem die garnichts zu Essem trinken
und nichts zum Amziem habem.
Und solche Memschem bemitleide ich sehr, bitte gebe
mir mal wemm du Kammst oder wemm du eine
Amschrieft weißt von einer Deutschem Hunger-Hilfe
die amschrieft damit ich in solches Land mal
mimdestens in der Wheinachts Zeit 5,- Euro hin
schickem Kamn weil ich auch 100% wiessem möchte
ob dieses Geld auch wirklich dort am Kommt und
nicht am obdachlose vergebem wird.
Ja,, ich möchte dich Höflich fragem ob du mir noch
mal in dem mäckstem Tagem ein Päckchem schickem
und damn im Dezember 07 vor Wheinachtem
auch noch mal ein Päckchem schickem Kammst, es
were sehr Nett vom dir wemm du dieß tun würdest
        Seite Bitte wämdem ⟵⟶

Aber ab dem 01.01.2008 damm nichts mehr, wir
Können aber Kumpel bleibem, und auch im Kontakt
bleibem, ich teile dir damm immer mit wamm es
Neuligkeitem gibt.
Eime Neuligkeit habe ich schom für dich, und
zwar famge ich jetzt richtig mit meimer Tehrapié
am. ab dem 01.01.2008 famge ich mit meimer Weiter-
bildumg am.
Ich habe vor ab mäckstes Jahr meimem Haupt-
schul abschluß mit Emglich mach zuholem.
Amschließemd lasse ich mich beim Fernstudiö
Schulich weiter ausbildem als Kaufmamm, weil
solte es mal irgemd wamm wieder zur eimer Emdlassu-
mg Kommem Könte ich warscheimlich draußen
moch eim Arbeitsplatz als Kaut mamm bekommem.
Nachtürlich ist dieß micht alles eimfach weil ich eme
lamge Zeit aus der Schule raus bim.
Ich schreibe dir mal die gamzem sachen auf was
im Päckschem drim serm socte.
              Eim Kaufs Zettel für dich!
 3 x Red-Bull zware Shag
 1 x 1 Big Box Filter Zigaretten Malboro 25
 1 x Aufgußtee Keim Beutel
 2 x Kaugumi
 2 x Große Tüttem Nimz Wei Soft heißem diè
 1 x Feuerzeug
 3 x Blättchem
 1 x 1 Große schöme Tasse
Das ist alles was du mir im Päckchen schicken soltest.

Oberhausen 17-9-2007

Guten Tag Herr Weskamp alles klar am unteren
Niederrhein, Denke schon.
Bei mir ist alles wie gehabt also langweilig und
Öde und meine Täglichen Gedanken sind bei
meinen weis nich was aus ihnen gewordennen
Katzen alles andere ist genauso Ungewis
bekomme ja von keinem eine Rückmeldung
Habe aus der Kündigung erfahren das sie wohl mit
einigen Kosten verbunden ist, lies sich ja nicht
vermeiden ausserdem weis ich nicht was ich alles
an Post bekommen habe und somit nicht auf sie
Reagieren kann, der rote Punkt (Sicherungsmasna-
men) ist noch nicht weg was meine Handlungs-
freiheit beträchtlich einschränkt, keine Arbeit
kein Sport u.s.w.
Herr Weskamp, habe mir überleg nach meiner
Entlassung, wen möglich eine Umschulung zum
Techniker zu machen da ich ja schon zwei Berufe
in ähnlicher richtung habe könnte ich da Chancen
haben ausserdem würde mich das für zwei Jahre
in Lohn und Beschäftigung halten auch wäre
eine Übernahme in einem Betrieb möglich, werde
mit dem Arbeitsamt darüber reden. Herr Weskamp

Brief von Kalle

da ich hier in Haft über keine Mittel verfüge möchte
ich Sie bitten (wen möglich) mir auszuhelfen
damit ich mal zu einem Einkauf komme, mir
fehlt es permanen an Tabak, Kaffe, mal was
Süsses usw., habe zwar kontakt zur Anstalts-
selsorgerin, sie ist wirklich sehr sehr nett, kann
mir aber in dieser Sache nicht helfen.
So Herr Weskamp das wars fürs erste von hier
hoffe Sie melden sich bald freue mich über
jeden Brief, mit freudlichen Grüßen
Kalle

P.s. Was von den Katzen, Post mitbekommen?
War meine letzte Briefmarke?

An den Katholischen
Pfarrer Herrn
Bernhard - Nordrhein Westfalen
Weskamp - Niederrhein
Katholisches Pfarramt
Sankt - Lambertus, Post-
Leitzahl = 47533 KLEVE
KLEVE - Dorf - Donsbrüggen

Das Wunder der Trikotvermehrung

Meine Trikots gehen um die ganze Welt: afrikanische Straßenmannschaften, jugendliche Messdiener im Wolgagebiet, slowakische Romas tragen sie – und erleben darin die Freude der Bewegung und des tollen Spiels. Natürlich auch die Niederlagen. – Die Suche nach Trikots erreichte auch einen Platzwart meiner Nachbargemeinde, der den Speicher des Platzhauses aufräumte. Der ursprünglich vorgesehene Empfänger der Trikots war bereits bedient worden – wohin mit dem Rest???

Zuletzt waren es dreiundzwanzig (23) Sporttaschen mit sauber gefalteter vollständiger (Stutzen, Torwarttrikot etc.) Fußballkleidung. Diese sind zum großen Teil schon unterwegs. Mit dem Platzwart ging es dann zusammen mit den Firmlingen zum Bundesligaspiel – als Belohnung – in die Esprit-Arena in der Landeshauptstadt Düsseldorf.

Nicht nur Wasser und Brot werden – in den richtigen Händen – verwandelt und vermehrt: auch Trikots, Räder, Zeit und Geld ... Die Künste des Bräutigams von Kanaa sind nicht zu unterschätzen ...

Zwischen den Gängen:

Und sie dreht sich doch:
  das Wunder des Pfarrhaushaltes in Form von Zetteln
Was ich an ihr hatte – und sie an mir –
  eine an die Himmelspforte „verlegte"Geschichte
Überraschungen an der Himmelspforte
Das Leben ist schön – die wunderbare Verringerung der
  10 Gebote: aus zehn mach drei!
P.S.

Und sie dreht sich doch:
das Wunder des Pfarrhaushaltes in Form von Zetteln

Meine Haushälterin ist eine erklärte (sie kann es erklären) Opferseele; die das tägliche Ungemach investiert (aufopfert) für andere: nahe, oder ferne Menschen. Darüber hinaus gehört sie zu der aussterbenden Rasse, die bei der Hausarbeit singen: fromme sowie weltliche Lieder. Sie gehört zu den seltenen Menschen, die Sprüche (bewährte Leitsätze) auf Lager haben und ihre Wirkung im Alltag testen: Ihre Sprüche sind meine Legende (zu lesen, zu wiederholende Worte): „Gott erhalte mir meine Gesundheit und die Schaffenskraft meiner Haushälterin ..."

Einmal habe ich sie gebeten, ihre Meinung zur Hochzeit und Ehe (sie war 15 Jahre glücklich verheiratet) kundzutun; hier das Ergebnis:

Meine lieben Brautleute!

Ich verstehe, dass Ihr Euch freut diesen Schritt zu machen.

Aber vergesst bitte nicht, dass auf Eurem Wege auch das Kreuz steht (euch begleitet). –

Wenn Ihr stets daran denkt seid Ihr auf dem richtigen Weg.

(Der Himmel hängt nicht nur voller Geigen sondern es entstehen auch Wolken, die bewältigt werden müssen.)

Wichtig ist ...

dass Ihr stets das Gebet in den Vordergrund stellt; dann bekommt Ihr die Kraft auch das Unangenehme zu tragen. Dann werdet Ihr alles bezwingen. Und wenn Ihr das beide zusammen anpackt wird nichts schief gehen.

„Jetzt ist genug".

Nun noch ihr Lebensmotto:

„Unsere Zukunft ist schweigendes Land;
nicht Menschenwille es pflügt.
Jeder Tag kommt aus Gottes Hand –
und das zu wissen: genügt!"

Ein Vierteljahrhundert hält meine Haushälterin Anni (Anna Josefa Görtz) die Stellung im Donsbrügger Pfarrhaus. Die erste Sichtung der an mich über Jahre geschriebenen Zettel ergibt eine

Pfarrer mit Haushälterin Anni.

farbige Sammlung kerniger Sätze – bei der fehlende Buchstaben oder fragwürdige Satzstellungen das Salz in der Suppe sind. Die volle Wahrheit über meine Haushälterin ist: Dass ich – mithilfe dieser Frau – nicht nur meine Finanzen im Griff behielt: Ein Megawunder! , sondern auch Schicksalsentscheidungen im Konfliktfall gut beraten treffen konnte; wie z.B. die Fahrt ins Heilige Land oder auch die Überlegung von Versetzungsplänen – begleitet von ihren Bedenken und Gedanken.

„Durch meine Haushälterin bin ich doppelt da" sagt ein mir bekannter Priester. Anni ist und war meine „Halbe Miete"; ich schätze, sie bleibt es auch im Falle einer Trennung durch Krankheit oder Tod.

Und nun zu ihren wunderbaren Statements (nach „Windstärken" geordnet):

„Ruhige See"

Las gut sein

Jute

Nacht

Macho Gut !!

Amm.

Den Probst
anrufen.
Egal wie spät.

Simon steht draußen auf
der Straße. Müßte unbedingt
mit Ihnen reden

Martin war eben
Hr. Wandelt !!

Binzel Stadt

Schelle ist
abgestellt

Erklärung:
„adeliges Essen"
= vom Vortag.

Das adelige
Essen steht in
der Mikro. Öfters
aufgewärmt

Heute nach der Messe kann man
Gesegnete Kerzen mit dem Muttergottesbild
„Königin des Weltalls und der Armen Seelen"
für den Preis von 2,50 erwerben!
Der Erlös ist für eine Suppenküche für
Straßenkinder, damit diese armen Kinder
wenigstens 1x tgl. eine warme Suppe erhalten
Auch später im Pfarrhaus solange der Vorrat reicht
noch erhältlich

Die Erdbeeren müssen unbedingt gegessen werden. Einige waren schon faul.

Fleisch im Mikro heiss machen.

Ich konnte nicht mehr länger warten. Gemüse steht im Mikro. Beide Herdplatten ausschalten

Nicht vergessen die Räder rein zu stellen

Bitte nach drei Tagen die Milch und den Saft aus der Garage holen. Milch wird sauer.

Zuerst die Bohnensuppe essen; steht im Mikro; Herd ausschalten nicht vergessen. Mahlzeit !!!

Die Suppe muß ganz
gegessen werden sonst
fliegt der Rest nach
draussen.
Pizza steht im
Backyen

Die Jungs waren hier.
Den Rußen habe ich gesehn.
Habe mich auf der Treppe versteckt
und Kaffee getrunken.
So kann es nicht weiter gehen
Wir sind ja die Gejachtem

Du mußt ein klärendes Wort sprechen.

Anni

Ich sorge
nicht für's
ganze Dorf.
Höre auf immer
alles was anzu-
bieten

Das 14. Stück Kuchen essen
sonst fliegt es heute noch vor
den Vögel

Ich kann nicht
mehr. Ich lieg
im Bett.

Die Tische in der Bücherei
leer machen. Wir müssen
auf. sofort nach der
Messe arbeiten.
Für Ihr freundliches
Entgegenkommen
dankt im voraus
Ihre Haushälterin
Anni Goethe

Nur Auto ist auf. Lass es Dir ruhig klauen

Ich bitte flehentlich Ihre Garagentüre oben — schließen. Sie können das wenn Sie wollen. Denken Sie daran ich habe mein gutes Auto und 2 Rollator drin stehen, alle kosten Geld und ...

Die Türe vom Wintergarten u Arbeits zimmer stand weit offen. Kommt alle zu mir die ihr mich selig und beladen seid, ich will Euch erquicken A.G.

Hingerweg vom Quark. Du hast zenig Joghurt. Es ist das letzte Paket!

Stell Dein Auto rein. Denk an den Marder und schließ danach die Garage ab

Ich kann nicht mehr.
Ich habe mich
hingelegt.

„übrigens der Probst
hat angerufen.

Fisch ist im Backofen.

Montag kommt der
Möbelwagen.

**Was ich an ihr hatte – und sie an mir –
eine an die Himmelspforte „verlegte" Geschichte:**

Pastor Weskamp kommt zum Petrus und erkundigt sich im Laufe der Verhandlung nach dem Schicksal der vor (!) ihm gestorbenen Haushälterin. Er trifft Petrus in launiger Verfassung vor: „Kein Problem! Auch wir haben hier oben – zeitgleich mit Euch – auf Computer umgestellt. Wie hieß sie denn, Ihre Hausdame?"

„Anna – Josefa Goertz!"

„Ja, da schauen wir doch mal im Himmel nach unter Goertz".

Keine Meldung.

„Wie hieß sie nochmal mit Vornamen?"

„Anna-Josefa!"

Petrus tippt die Namen ein – kein Ergebnis.

„Was ist sie denn für eine Geborene?"

„Geborene Albers – da war sie immer sehr stolz drauf!"

Nix – keine Reaktion im Rechner.

Tja, sagt Petrus, da müssen wir mal im Fegefeuer eintippen. Mal sehen – „ja" – unterbreche ich ihn: „sie war nicht ohne Fehler ..."

„Schön" – sagt Petrus.

Null Ergebnis!

„Tja mit der Hölle" – meine ich, „das kann ich mir eigentlich nicht so recht vorstellen ..."

„Wer weiß" sagt Petrus. Auch diesmal (Gott sei Dank): kein Ergebnis.

Als wir dabei sind, das Unternehmen abzubrechen, fragt Petrus bei der Verabschiedung: „Sagen sie mal, junger Mann (die grauen Haare waren inzwischen nachgetönt!!): „Wie lange war sie denn bei Ihnen Haushälterin?"

„Über dreißig Jahre".

„Ja" – ruft Petrus aus „dann ist die Sache doch furchtbar einfach. Dann müssen wir unter M – bei Märtyrer nachgucken".

Diese Anekdote ist ebenso erfunden – wie wahr ...

Überraschungen an der Himmelspforte

Auch der große Torjäger Bastian Schweinsteiger findet sich eines Tages vorm Himmelstor wider. „Draußen steht der Bastian Schweinsteiger", sagt Petrus zum Herrgott. „Watt", sagt der liebe Gott, „der Basti. Datt der auch mal den Weg bis zum Tor findet ..."

Bei meiner ersten Beichte bat ich meinen damaligen Chef, in Hör- und Reichweite zu bleiben. Beim Abendessen fragte ich ihn: „Du Friedel, wie war ich denn?" „Tja", sagt er, „Bennatt, alles in allem hast Du Dich tapfer geschlagen. Nur ab und zu würde ich auch mal: ja oder nein sagen – und nicht immer: boh …!"

Eine Frau, die es „immer kalt hatte", stirbt. Die Westfälin kommt in den Himmel. Mit der Zeit behagt es ihr dort nicht, es sei nicht gemütlich genug. Ihr fehle eine wohlige Wärme. „Ob es nicht einen wärmeren Ort gäbe", ist die Frage schließlich an Petrus. „Ja, klar", sagt dieser erstaunt. „Versuchen wir´s mal eine Etage tiefer!"

Nach einer gewissen Zeit meint Petrus, mal nach seinem Schäfchen sehen zu müssen und besucht sie in der Hölle. Als die Frau ihn durch das Höllentor kommen sieht, ruft sie nur: „Komm, mach de Dör tau. Et treckt!" („Komm, mach die Türe zu. Es zieht!")

Der Krupp- und Thyssen-Manager Cromme kommt zum Petrus und bittet um Aufnahme. Petrus ist – nach Lage der Dinge – der Meinung, er solle noch ein Praktikum in der Hölle ableisten und danach – solle er den gerechten Lohn empfangen. Nach drei Wochen besucht Petrus seinen Zögling in der Hölle und fragt den Teufel, wie der Neue sei? „Mensch", sagt dieser, „da hasse mir aber einen geschickt. In der ersten Woche hat er schon 3000 Mann entlassen, und jetzt will er Kurzarbeit einführen …!"

Ein verdienter Pfarrer des Niederrheins segnet das Zeitliche und steht dem Himmelspförtner gegenüber. Wer er sei, und was er so drauf hätte wollte Petrus wissen. Der Pfarrer, nicht auf den Mund gefallen, stellt sich als das beste Pferd der niederrheinischen Seelsorge vor. „Au", sagt Petrus, „das ist Chefsache!" Der himmlische Öffner unterbreitet dem Herrgott die Botschaft: „Draußen steht der beste Seelsorger des Niederrheins. Sollen wir ihn rein lassen?" „Ja", sagt der liebe Gott, „lass den Weskamp mal rein …!"

Das Leben ist schön –
die wunderbare Verringerung der 10 Gebote: aus zehn mach drei!

Es war in der Kranenburger Seniorenresidenz, wo ich meine „Schäfchen" besuchte; inzwischen war Mittagessenszeit und die Herrschaften saßen und aßen – in der Regel in Gruppen – am Tisch, wo ein abwechslungsreiches Menü – freitags gemäß – serviert wurde. – Ein Herr saß alleine am Tisch; er verbreitete nicht gerade das Gefühl, gerne angesprochen zu werden.

Ich gab mir einen Ruck und sprach ihn an, mehr um mich auch von ihm nun zu verabschieden. Das Essen zuhause wartete ja schließlich auch bei mir.

Mit der Zeit – es ergab sich bei jeder Frage eine interessante Antwort – packte dieser 85-jährige Herr die gesammelte Erfahrung seines langen Lebens aus; so, als habe er auf den Frager gewartet. – Nach Fußball – er erwies sich in der Klever Mannschaft in jungen Jahren als Bollwerk „aber keiner musste ins Krankenhaus ...", nach beruflichen Einblicken – als Bahnrevisor! – und nach dem Eingehen auf seine Großfamilie – seine Tochter besucht ihn jeden Tag! – kam er auf sein Dreipunkteprogramm zu sprechen:

1. Das Leben ist schön!
2. Ich bin dick (körperlich auch!) – und dick zu frieden.
3. Et hätt ons noch notz so gut gegohn, näss van Daag. (Hochdeutsch: Es ist uns noch nie so gut gegangen wie heute.)

   „Oder haben Sie schon einmal einen Menschen getroffen, der nicht zufrieden ist" fragt er mich. „Geben Sie dem die Vergebung? Das ist eine Todsünde!"

Dabei fällt mir auch ein Gebet ein aus Zeiten, die eine echte Herausforderung für meine eigene Zufriedenheit waren:

Herr, ich bitte um die Gabe
das zu schätzen was ich habe!

P.S.

Der Bernd ist noch einer der Straßenfußballer.
Und die kannst du in kein Konzept zwingen ...

Der Bernd braucht die Nestwärme; es ist ein Glücksfall, dass er bei uns geblieben ist. (Rudi Völler über Bernd Schneider bei dem erfolgreichen Versuch, ihn in Leverkusen zu halten; könnte auch ein anderer Bernd gemeint sein ...).

„Am Ball kann er alles!" – Bürgermeister Thelosen über Bernd Weskamp –.

GANG 4 – Schwer Verdauliches

Krumm ist nicht dumm oder:
    das „Wunder der krummen Linien!"
Ein Lob den Defiziten
Das Knick-Wunder (von: Karriere Knick)
Das Bruch(!)-Wunder
Auf dem Weg nach Golgotha im Eurocity
Golgotha – der Weg Jesu ...
Das Wunderwort bei der Totentrauer
Wir haben uns verpasst
Das Wunder überlebter Nachstellungen
Verpasste Wunder
Das Wunder des täglich getragenen Kreuzes
Beuys am Karfreitag
Das Wunder des Abstiegs
Gläubige Fans und Profis
Das Wunder der unterbliebenen Katastrophe(n)
Das Wunder – mit meinen Zwängen zu leben
Das Nervenwunder
Das Wunder einer „glatten" Biographie
Die Kirche als „Abgeordneten"haus – ein Wunder
Christentum und Satire
Das Wunder der Wiederaufbereitung

Krumm ist nicht dumm oder: das „Wunder der krummen Linien!"

Der Journalist einer großen Tageszeitung ist auf der Mosel mit einem Schiff unterwegs, das den mitfahrenden Touristen an zwei Tagen die Schönheiten des Flusslaufes erschließen möchte.

Auf dem Sonnendeck baut sich ein Fahrgast mit einem Berg von Büchern auf: auf die Frage an was er arbeite, womit er sich beschäftigt, antwortet der Gast mit dem Hinweis, dass er an der These feile, dass die krummen Linien die wahren Lebenslinien sind; wie dieser Flusslauf der Mosel es beweise. Nur totalitäre Herrscher brauchen und bauen gerade Straßen und begradigen Wasserwege zur Präsentation ihrer Truppen. Der Arbeitstitel seines Werkes deshalb: Krumm – ist nicht dumm.

So verstanden sind auch die krummen Linien meines Lebens kein Versehen, sondern nur Ausdruck dessen, dass sich das Leben auch in Irr- und Umwegen seinen Weg bahnt – auch der Gnadenstrom.

Ein Lob den Defiziten

(Überlegungen in einer Klinik)

Kein Leben ohne Defizite. Defizite sind normal. Sind also Teil (m)einer Normalität. Sie sind nichts Besonderes. Sie gehören dazu, sind Ausstattungsmerkmal alles Geschaffenen, jeglicher Kreatur. Was wäre eine Welt ohne Defizite? Ohne Macken? Worüber unterhalten wir uns noch – wenn es sie nicht gäbe: die Unpünktlichen, die Unordentlichen, die Träumer und Vagabunden? Die immer wieder Unpassenden?

Auch Jesus hatte nicht alles, als er zur Welt kam und auf Erden wandelte. Was wäre der Himmel, die Vision, der Traum alles Gelingenden – ohne unsere vorherigen Defizite?

Der Vollkommenheitswahn hat zu allen Zeiten die Menschen selten verbessert! Eher die Zahl und Intensität ihrer Defizite vermehrt (ein echter Deutscher; ein guter Katholik; ein braver Schüler etc.) Auf diesem Hintergrund ist die priesterliche Ehelosigkeit – zugleich Defizit und Segen; millionenfach ablesbar an ihren Vertretern.

Das Knick-Wunder (von: Karriere-Knick)

Es sollte der große und allmählich fällige Wurf werden: vom Dorfpastor mit den gut tausend Seelen zum Stadtteilseelsorger in der Nähe der Großstädte: in Kerken-Aldekerk St. Peter und Paul. Zuletzt hatte ich alles geschafft: die Zustimmung des Personalchefs, das Okay der Räte in Kerken, die Durchsetzung meiner Pläne auf allen Ebenen; nur: mich selber hatte ich noch nicht geschafft. Mein Vorgänger in Aldekerk hatte sich viel Zeit gelassen mit seinem Gehen; Monate, bis zum 15. September; alle Gespräche meinerseits hatten im Mai 2001 stattgefunden.

Auf einer Heimreise aus der „Neuen Heimat" wurde mir klar: du wirst an deiner neuen Stelle nicht glücklich beim zeitgleichen Unglücklichsein deiner ehemaligen

Schäfchen an meiner „alten" Stelle. Als die Zeit der Entscheidung überreif war – langte meine Kraft nicht mehr. Auf Vermittlung meiner Haushälterin intervenierte mein Freund Heinrich beim Bischof; dieser, der mir bereits vorher die Entscheidung freigestellt hatte fragte behutsam nach. Die Sache war klar: Rücknahme der Versetzung nach Aldekerk, Bitte um eine 2. Chance für die jetzige (Donsbrügger) Stelle.

Zwei Jahre später lese ich: „In eisigen Höhen" von John Krakauer. Auf dem Weg zum höchsten Gipfel der Welt begegnet der Autor einen Schweden, der zu Fuß (!) – vom tiefsten Punkt (0 Meter in Schweden) zum höchsten Punkt der Erde unterwegs war – und 150 m unter dem Gipfel umkehrte und weil er nicht weiterkonnte! Da fand ich mich wieder; und wie beim Bergsteigen sollte auch der Anstieg auf der Karriereleiter mit Klugheit und nüchterner Einschätzung der Kräfte gepaart sein. Aber: diese Einsicht braucht Zeit, Jahre ...

Das Erfülltsein von einer Aufgabe – und auch deren Fruchtbarkeit – hängt nicht zwangsläufig mit dem Umfang der Tätigkeit zusammen. Jesus ist auch nicht in einer Philosophenschule groß geworden und hat auch nicht auf dem Aeropag gesprochen – aber davon später. Und der liebe Gott hat mit Nazareth – 30 Lebensjahre verbringt der Gottessohn dort – auch nicht gerade eine Megastadt ausgesucht; außerdem halte ich mich – voller Sehnsucht – an den Satz des Evangeliums: weil du über Weniges getreu warst, will ich dich über vieles setzen! Manche haben es schon zu so vielem gebracht, dass der Herr Gott sich dann wohl kaum noch steigern kann ... Aber auf jeden Fall würde ich auch als Kleingärtner und Balljunge meine Erfüllung in Jerusalem finden ...

Das Bruch(!)-Wunder[16]

Wunder gibt es immer wieder, so lautet ein alter Schlagertitel. Gestern verliess ich das Marienhospital in Kevelaer, wo meine dritte Bruchoperation in weniger als 6 Monaten stattfand: „In unseren alten chirurgischen Handbüchern wur-

Dr. Petzold – der Arzt meines Lebens.

---

[16] Das Wort – Bruchwunder – ist der Bauchchirurgie entlehnt; bei mehrfachen Bruchoperationen (Leiste, Schenkel, Wasser, Nabel usw.) wurde es dem Autor des Buches zur Beschreibung der verschiedenen Brüche mitgegeben. Ich entdeckte darin aber auch die Brüche seines Lebens wieder.

de ein Patient mit dieser Bruchfolge als Bruchwunder porträtiert." – der lachende Kommentar des Operateurs Dr. Attig. Tatsächlich stehen mir noch Nabel- bzw. Bauchfellbruch-OP's bevor.

Die Predigt könnte nun beginnen: „Jahre, ja Jahrzehnte haben Sie und ich, liebe Gemeinde auf ein Wunder gewartet. Es ist nun passiert: es steht vor Ihnen: das Bruchwunder!!!"

Über Brüche, Einbrüche in meinem Leben kann ich mich tatsächlich nicht beklagen: so war mein Start in das Berufsleben, das mich natürlich zum Bischofsamt rasch führen sollte, eine einzige Bruchlandung: nach 6–8 Monaten war der Kommentar meines damaligen Chefs und Pastors: „Eine herumwandelnde Leiche!" Nach Verlust von einem Drittel meines Körpergewichts, Schlaf- und Appetitlosigkeit und diversen Aufenthalten bei Ärzten und in Kliniken (Rheine 1974), einem Rettungsversuch bei einem Psychologen in Münster und zwei Verzweiflungsreisen zum Starnbergersee, wo mein verflossener Bernd-Weskamp-erfahrener Studienprofessor lebte, war klar: **die** Adresse für mich lautete: Dr. Petzold in Marl (meiner Heimatstadt)! Er war Werksarzt im Bergbau gewesen – zu seinen Patienten gehörte auch mein Vater! – und hat mit fast 60 Jahren in die Psychotherapie gewechselt.

Inzwischen war ich in Handorf bei Münster gelandet – einem Alten- und Kinderheim des weiblichen Ordens „Unserer lieben Frau"; meine Stelle in Rheine hatte ich aufgeben müssen; der Haferbrei war mein Morgengericht so sehr, dass ich mir eine andere Ernährungsweise nicht mehr vorstellen konnte.

Im Rahmen meiner beruflichen Stationen lief Handorf – in der Sprache der Therapie – als Abstellgleis.

Diese bisher schwerste folgenreichste und in jeder (!) Hinsicht katastrophale Bruchlandung meines Lebens – ich war ganze 27 Jahre alt – war begleitet durch nächtelang verbrachte Stunden im Wald bei Rheine und sich auf alle Lebensorgane und Äußerungen auswirkenden Zwänge.

Dr. Eckehard Petzold, Werksarzt meines Vaters im Bergwerk Auguste-Victoria in Marl. Dann mein Mentaltrainer während dreißig Jahren. Er machte aus dem Frühinvaliden einen guten ... Kreisligaspieler.

Die körperliche Schwäche war inzwischen so stark, dass ich eine Treppe mit einer Aktentasche kaum hoch gehen konnte. Mein Schicksal schien besiegelt; mein Zustand war so schlecht, dass Dr. Petzold monatelang überlegte, ob er mich überhaupt in die Behandlung nähme.

Meine Vision – in einem Augenblick der zwei Handorfer Jahre: ein normaler Wald- und Wiesenkaplan!

Tägliche Runden auf der Rollbahn des ehemaligen Handorfer Kriegsflugplatzes mit Schwester Bonifatia behandelten meinen auch zu Bruch gegangenen Glauben;

Schwester Leontin, eine gütige über 80-jährige Pfortenschwester verabreichte mir mit dem heißen Haferbrei auch eine wohltuende heilende Nähe.

Wöchentlich führte mein Weg erst einmal, dann zweimal nach Marl, eine Kilometerleistung von jährlich über 35.000, die ich schließlich mit einem Golf Diesel meisterte. Zu den Einzelsitzungen waren die Gruppensitzungen am Freitag dazugekommen.

Ein spannendes Kapitel göttlicher Fügungen und Führungen und – meinerseits – menschlicher Gedulds- und Zerreißproben über viele Jahre (!) hatte begonnen. Dies ist das eigentliche Bruchwunder meines Lebens.

Übrigens: in der schlimmsten Rheiner Zeit gab es zwei Momente, die ich als übernatürlich einstufen möchte. Dies ereignete sich das erste Mal in einem Gespräch mit dem damaligen Seelsorger der Seelsorger – Johannes Bours; das zweite Mal im Arbeitszimmer meines Pastors Ostermann. Es war so, als ob fast auch körperlich die Grenze zwischen Jenseits und Diesseits durchbrochen wurde von einer Hand und einer Macht, aus der ich nie würde fallen können.

Dies war der übernatürliche Durchbruch – mitten in der Bruchlandung – der Anfang unzähliger folgender Um- und Durchbrüche. Hatte Gott noch etwas mit mir vor – dem hoffnungslosen Fall?

Übrigens: nicht nur die einfachsten Lebensvorgänge wie das Mittagessen, wofür ich noch an der nächsten Stelle im Ruhrgebiet eine halbe Stunde an körperlicher Vorbereitung brauchte waren schwierig; auch die Ferien mit meinem Priesterkumpels, u.a. nach Schweden waren teilweise eine Pein – für alle Beteiligten.

Auf dem Weg nach Golgotha im Eurocity

Im Großraumwagen von Hannover nach Chur war das Nichtraucherabteil dicht besetzt, die Raucherzeile wies viele leere Plätze auf. Sogar an einem Tisch waren noch Plätze frei. Eine schwarz gekleidete Dame beantwortete meine dementsprechende Frage mit: „Gern!" So nahm ich denn mit meinen drei Gepäckstücken Platz.

Es erwies sich, dass wir beide Nichtraucher waren. In Köln beide zugestiegen, ergab sich zunächst über Belanglosigkeiten ein reges Gespräch. Über ihre Kinder, zwei erwachsene Töchter, die eine ist beim ZDF beschäftigt und arbeitet als Bühnenbildnerin gerade bei einem Krimi mit; die andere beim Theater.

Die Dame kam von ihrer Schwester in Köln und war auf dem Weg nach Mannheim. „Das erste Mal seit vielen Jahren sitze ich wieder in einem Zug, sonst fuhr ich immer mit meinem Mann im Auto." Im Verlauf des Gesprächs, währenddessen die Bahnhöfe, an denen der IC hielt, bedeutungslos wurden, erzählte mir die Unbekannte ihre vier Wochen alte Geschichte.

Wie immer hatte sie am Montag im Kaufhof gearbeitet und ihren seit zwei Jahren pensionierten Ehemann nach Feierabend draußen erwartet. Er pflegte, seine Frau, die zwei- bis dreimal in der Woche arbeitete, nach Dienstschluss abzuholen.

An diesem Montag wartete niemand auf sie. Sie lief mehr nach Hause als sie ging. Zu Hause war die Wohnung leer. Vom Zeitpunkt seiner Pensionierung an hatte sich die Verfassung ihres Mannes zum Schlechten verändert, depressive Schübe hatten den unternehmungsfreudigen Diplomingenieur und lebensfrohen Vater und Ehemann von einem Loch ins andere gestürzt. „Das Schlimmste waren seine Augen." Medikamente hatten nur bedingt geholfen.

Die Kriminalpolizei wurde von der verstörten Ehefrau gerufen, der Keller und alle Räume abgesucht. Der Kriminalbeamte ging ruhig mit der Ehefrau alles durch. Mit ihm durchsuchte die Ehefrau auch den Speicher des Hauses und entdeckte dort ihren durch Freitod aus dem Leben geschiedenen Mann. Wieder kamen die Tränen: „Immer habe ich ihn vor Augen".

Die Kinder und Geschwister wurden benachrichtigt, der Schwager und die Schwester aus Köln setzten sich sofort ins Auto. „Seitdem bin ich nicht mehr alleine gewesen. Heute genau sind es vier Wochen her!" Einen Brief hatte er geschrieben, dass er die Krankheit nicht mehr aushalten könne, dass er seiner Familie dies nicht mehr zumuten wolle und könne, er bäte um Verständnis. In allen Lebenslagen hatte ihr Mann seinen Kindern und seiner Frau raten können. „Für andere wusste er immer Lösungen, nur für sich selbst hatte er keine Lösung."

Inzwischen kam Mannheim näher, der geschlungene Lauf des Rheines mit der Loreley und Bingen lagen hinter uns.

„Sie müssen nach vorne schauen", war mein Rat, „es gibt ein Wiedersehen!" Und ich verwies auf das Beispiel junger Witwen in meiner Gemeinde. Manche sagen, ihr Mann sei nach dem Tod immer anwesend und bei ihnen.

Dann kam der Abschied. „Vielleicht hat Ihr Mann uns auch diese Stunde geschenkt – vom Himmel aus", war mein Wort an sie.

„Für andere hatte er immer eine Lösung, nur für sich selbst wusste er keine." Gab es da nicht noch ein anderes Beispiel?

„Anderen hat er geholfen. Jetzt soll er sich selber helfen!"

ein Wort eines Teilnehmers der Kreuzigung.

Für sich, für ihn, für uns, für alle, die für sich keine Lösung finden …

wusste ER keine Lösung. Aber gerade das war die Lösung.

Golgotha – der Weg Jesu …

Der Weg Jesu war nicht immer eine lauschige Wanderung durch das Heilige Land und wäre auch keine durch das Kleverland. Wir erleben und erleiden eine Volkskirche in den letzten Zügen; der Personalmangel, den nicht der Bischof verantwortet, sondern wir alle, ist ein Symptom dafür. Die Maßnahmen des Bischofs sind die eines Operateurs, dem im Verlauf des Eingriffs – subjektiv – keine andere Wahl bleibt, als nochmals wichtige Lebensadern zu verlegen. Schlimm!

Aber ER (der Bischof wie auch der Herr) brauchen uns! ER braucht die Mutter, die sich mit unterschiedlich geratenen Kommunionkindern herumschlägt; er braucht den Jugendlichen, der knapp jüngere Altersgenossen, für die ganz andere Sachen »in« sind, in der Firmvorbereitung an die Hand nimmt. Er braucht den, der Kerzen anzündet oder Laub fegt. Er braucht jeden, egal ob das künftige Gebilde vielleicht vorübergehend Seelsorgeeinheit heißt oder Großfusion:

Ohne Dich kein Leben vor Ort!

Das Ziel dieser Wege heißt Ostern, neues Leben für alle: und dabei mitzumachen, ist Ehrensache aller, die von ihm schon mitgenommen sind.

Wir nehmen spannenden Boden unter die Füße! Wir werden den Weg gehen, um zu sehen, ob es der richtige ist.

Was Wunderwort bei der Totentrauer

Sie taucht eigentlich nie in meinen Gottesdiensten auf – und doch erinnere ich mich oft bei Trauergottesdiensten an sie: die Tochter der früheren Wirtin einer unserer Dorfkneipen. – Ihre Mutter lag im Krankenhaus der Nachbarstadt im Sterben. Nachdem der Tod eingetreten war – auch andere Verwandte waren versammelt um das Sterbebett – sagte die Tochter laut: DANKE! – Und dann bedankte sie sich, laut vernehmlich, Satz für Satz, für das, was die Mutter getan hatte. Selbst die Ärzte und Schwestern blieben bei dieser Traueransprache im Türrahmen stehen und unterbrachen nicht. – Irgendwann endete natürlich diese spannende und zu Herzen gehende Litanei – für mich ein Beispiel, dem ich nicht selten im Sterbezimmer oder in der Trauermesse nacheiferte ...

Wir haben uns verpasst

Lisanne, ein siebzehnjähriges Mädchen, bringt ihr Kind in der Badewanne zur Welt. Ihre Schwester bricht ins Zimmer ein und findet eine ohnmächtige Mutter und ein neugeborenes Kind, dem nur zehn Minuten zum Leben bleiben, ein Augenblick, der nicht zum In-die-Augen-blicken von Mutter und Kind reicht.

„Wir haben uns verpasst" ist der Kommentar der Mutter gegenüber der Kripo. Tage später findet die Beerdigung des Baby Angela in der Kulisse einer uralten Kirche mit einem römischen Altarstein statt. An der Kirchenwand die Plakette eines anderen blutjungen Mädchens: Johanna Sebus, die beim Versuch, die Mutter aus dem hochwasserführenden Rhein zu retten, stirbt – blutjung und doch uralt – welch eine Spanne.

Am Tag zuvor beerdigte ich Albert, einen dreiundneunzigjährigen Klever, der noch wenige Tage zuvor auf der Hausorgel Unterhaltungsmusik spielte – und zwei Weltkriege überlebte.

„Gott ist jünger als alle", sagt der heilige Augustinus. Er ist auch noch jünger als dieses Zehn-Minuten-Kind.

„Tausend Jahre sind für ihn wie ein Tag", sagt der Psalmist.

Er selbst GOTT wird blutjung sein und uralt. Für ihn werden Angela und Albert (93) gleichwertige Zeitgenossen sein.

Am kommenden Sonntag werde ich der jungen Mutter (kein Hinweis vorher auf eine Schwangerschaft, auch nicht der Ärzte!) – das Buch *„365 Engel für das Jahr"* geben. Angela (von Angelino = Engel) wird ihren Job im Himmel haben – täglich, wenn wir sie lassen.

Stürmisch war der Eintritt von Angela in dieses Leben, stürmisch auch ihr Austritt. Der erfahrene Bestatter konnte das Gleichgewicht des an zwei Bändern hängenden kleinen Sarges nicht halten (trotz aller Sicherheitsvorrichtungen) und die Kleine purzelte in ihr kleines Grab, so als ob sie, so der Kommentar aller Trauergäste, sagen wollte:

„Jetzt erst recht: ich bin da!"

Die Wunder überlebter Nachstellungen

Es wäre naiv anzunehmen, dass du glatt und kostenfrei in den Himmel kommst. Der Satz: „... denn euer Widersacher, der Teufel geht um euch herum wie ein brüllender Löwe ..." steht im Raum. Dass Jesus sich – vor seinem öffentlichen Auftreten – einer Person – dem Verführer – widersetzen muss, die ihn mit Bibelzitaten attackiert, spricht für sich: „Wenn du Gottes Sohn bist dann stürze dich vom Abhang herab. Denn es heißt: Er wird seinen Engeln befehlen ihn zu beschützen, dass sein Fuß nicht an einen Stein stößt."

Dass dieser „nur für eine gewisse Zeit" von ihm abließ – diese Notiz ist vielsagend. Dass in seiner letzten Auseinandersetzung – am Ölberg der Schweiß wie Blutstropfen vom Kopf rann ist auch berichtet. Was in ihm vorgegangen ist, kann man nur ahnen (siehe die Visionen der Anna Katharina Emmerick in der Wiedergabe von Clemens von Brentano; drei Bände!).

Die Ursachen, sozusagen das Gesicht des Angreifers, können sich hinter dem Geld oder anderen modernen Götzen verbergen, die uns auf eine vordergründige Lebensweise einrichten wollen. Manchmal sind es auch Attacken aus der unmittelbaren Nähe, die uns vielleicht gezielt an unseren Schwachpunkten packen und herunterziehen wollen: eine unendliche Geschichte und Geschichten, die den, vielleicht heute sich steigernden Einfluss des Bösen zeigen.

„Wer steht, der sehe zu dass er nicht falle!" Und: *„Jubelt nicht unbedacht!"* (mod. Lied).

Das Vaterunser enthält in den Bitten „und führe uns nicht in Versuchung" und: „sondern erlöse uns vom Übel" den Wunsch um die täglich benötigten Widerstandskräfte im Glauben. „Wer siegt, dem werde ich die Krone des Lebens geben!" (Offb) Kein Leben ohne Nachstellung des Bösen; kein Glaube ohne Versuchung.

Verpasste Wunder

Es gibt aber auch die verpassten Wunder, die Wunder, deren Charakter als letzte Chance ich nicht erkannte. So denke ich an drei (!) Freitode; zwei davon durch junge begabte Männer; Liebeskummer spielte eine große Rolle.

In entscheidenden Augenblicken war ich nicht da: in einem Gespräch mit einem von ihnen, wo es ums Ganze ging – ließ ich mich ständig – für Bagatellen – herausrufen. Unverzeihlich. – Zuletzt fehlte mir die Kraft um Sascha noch umzustimmen.

Wenn einer so geht, nimmt er nicht nur sich selber mit – sondern auch ein Stück von uns: ein Stück unserer Ohnmacht, unserer unterlassenen Hilfe, unserer Oberflächlichkeit unseres: „Wenn einer davon redet, dann tut er es noch lange nicht."
Sascha besuchte mich am 6. Januar, dem Tag der Heiligen drei Könige. Es waren Menschen, die lange unterwegs waren, ehe sie Bethlehem erreichten und die lange unterwegs sein werden, wenn sie wieder in ihre Heimat – auf anderem Weg – zurückkehren.
Sascha hatte einen langen Weg zurückgelegt, einen Weg, den die meisten von uns in irgendeiner Weise teilten. Auch er wird, wie die drei Könige, auf anderem Weg in die Heimat zurückkehren.
Dieser andere Weg – den Sascha gewählt hat – führt in die Heimat zurück. Viele Wege führen zu Gott, warum nicht auch dieser Verzweiflungsweg?

„Sascha verzeih, wenn wir dich nicht verstanden haben oder auch nicht verstehen wollten, oder konnten. Ich bin sicher: du bist jetzt, ja schon in jener Nacht, bei einem angekommen, gestrandet, der dich versteht. Da wird es dir besser gehen als bei uns."[17]

Im anderen Fall meldete sich die Freundin an einem frühen Mittwochmorgen, sie mache sich Sorgen um ihren Freund. Ich drehte mich noch einmal im Bett um in der Meinung das habe noch alles Zeit: es war dann zu spät.

Der dritte „Fall" des unterlassenen Wunders: ein mir unbekannter Mann bat mich um eine größere Summe Geld (2000 DM) die er zur Lösung eines Problems brauche. Ich hatte schlechte Erfahrungen auf diesem Gebiet gemacht; eine Woche später war er tot. – Freitod!

Gott bringt seine Wunder oft nicht an den Mann, an die Frau; wir ziehen nicht mit, oder nicht genügend mit.

Das Wunder des täglich getragenen Kreuzes

Auch davon kann mehr als ein Lied singen: wenn ich nur mich erinnere an Zeiten, wo ich körperlich zu schwach war eine Aktentasche die Treppe hoch zu tragen. An Zeiten, wo der Gedanke, mal so gesund wie ein Wald und Wiesenkaplan zu sein

---

[17] Brief des Bruders an Sascha.

in den Bereich der Illusion, des Traumes gehörte ... Wo die Anrede „herumwandelnde Leiche" – meines ersten Pastors – wohl eine zutreffende Beschreibung gewesen ist ... Wo der Schritt vom „Abstellgleis" (O-Ton Therapeut) in die berufliche Normalität umständlicher und schwieriger war als eine Weltumseglung. Zeiten in denen mein erfahrener Therapeut zweifelte ob er mich weiter behandelt ... Hinterher war ich „das beste Pferd im Stall" nach 8 (!) Jahren wöchentlicher Einzel- und Gruppentherapie. Auch beim Kreuz kann ich mitreden, auch bei den Wundern des über Jahrzehnte (!) getragenen täglichen Kreuzes ...

Zur Nachfolge nun den Text von Ruth Pfau (aus: *Wenn du deine große Liebe triffst*):

„Nachfolge":

Wichtig ist für mich die Wegerfahrung.- Es gibt einen Weg nach Astor, so selbstmörderisch und lebensgefährlich, daß selbst die erfahrensten Jeepfahrer vorher gedopt sind. Man fährt so einen Weg nur, wenn man entweder sechzehn ist oder später, wenn man Chunza-Wasser getrunken hat. Es gibt aber nur diesen Weg. Auf der Hinfahrt ging das noch ganz gut. Wir wußten nicht, was vor uns lag. Dann war unser Einsatz beendet, wir mußten wieder zurück. Sonst kann ich unter allen Umständen schlafen. Aber in dieser Nacht habe ich nur gedacht: um Himmels willen, dieser Weg! Wie sollen wir zurückkommen?

Es war der 13. Mai, 20 Kilometer lagen vor uns. Mindestens 20 Kilometer, vor denen wir zitterten. Dann hatte es aber in dieser Nacht ein wenig getröpfelt. Als wir losfuhren, war ein Jeep vor uns gefahren. Der hatte Radspuren hinterlassen. Wenn man im Wagen sitzt, sieht man nur den Abgrund. Der Jeep ist ja ein wenig breiter als die Radspuren. Da aber vor uns ein Wagen gefahren war, konnte man sehen, daß selbst an den engsten Stellen die Straße breit genug war. Zumindest so breit, daß er gerade noch mit den Rädern durchgekommen war. Ich starrte 20 Kilometer fasziniert auf diese Radspuren und dachte: Der ist ja auch durchgekommen.

Dann kommt man um die Ecke und sieht die Hängebrücke vor sich und eine ganz enge Schlucht, durch die der Wind ständig faucht. Die Brücke bewegt sich infolgedessen, und man muß davorstehen, bis sie kommt, und den richtigen Augenblick abwarten, um mit den Rädern draufzufahren, damit sie stabilisiert wird. Aber auf der anderen Seite, da weitet sich alles, da ist das Abenteuer vorbei.

Mir ging in diesem Moment etwas auf, was ich nie wieder aus dem Kopf brachte: die Frage der Nachfolge. Du läufst ja nur hinterher. Wenn er es geschafft hat, warum sollst du es nicht schaffen? Er hat es sogar garantiert: „Ich bin der Weg!"[18]

---

[18] Ruth Pfau „Wenn du deine große Liebe triffst" Herder ISBN 3 451 20259 X5. Auflage 1985

Beuys am Karfreitag

„Zeige deine Wunden" – so lautet der Titel eines Werkes von Joseph Beuys. – Um Verwundungen geht es auch in dem Roman „Die Offenbarung", in dem die Hauptfigur ein Jakob Kemper ist, der alle Dinge, die er beginnt in den Sand setzt: seine beruflichen Versuche wie auch seine privaten Beziehungen.

Klägliches Scheitern ist die Grundmelodie seines Lebens. Als er sich auch noch in eine Frau verliebt, die sich letztlich für seinen Vater, den er hasst, entscheidet, gerät er per Zufall an ein bisher unveröffentlichtes Bach-Manuskript über die Offenbarung, dem letzten Buch der Bibel. Die Worte der Kantate werden für ihn zur „Offenbarung", die in den Satz mündet: „Deine Aufgabe ist deine Wunde." Er versöhnt sich daraufhin mit seinem Vater und wird ein anderer Mensch in der Lebensaufgabe, sich seiner Wunden zu stellen!

Der skeptisch zweifelnde Thomas greift nach der Auferstehung Jesu nicht in einen bloß geistigen luftleeren Raum, sondern in die Wunden Jesu: „Lege deine Hände in meine Seite", die von der Lanze des Soldaten durchbohrt wurde!

Jesu Wunden werden zum Erkennungsmerkmal für die Identität des Auferstandenen, kurzum: in der jenseitigen Welt fallen unsere Wunden und Verletzungen nicht unter den Tisch. Der Blickwinkel in der künftigen Welt geht auf den, den sie durchbohrt haben!

Also: keine Angst: zeige deine Wunden!

In der Seele der Ukrainer, in dem acht Jahre jungen Staat, ist Christus auferstanden. Auf seinem Weg von Karfreitag in die Auferstehung wird er auch dieses vom Karfreitag geprägte Volk mitnehmen.

Das Wunder des Abstiegs

Absteigen – das ist – sportlich gesehen – gleichzusetzen mit: Looser sein, Verlierer sein.

Wer im Gebirge unterwegs war, für den ist der Abstieg befreiend; entspannt erzählt man sich Geschichten: von glücklich überstandenen Gefahren an Leib und Seele – z.B. der Mutlosigkeit; vom „Hängen im Schacht" an der Steilwand, wo – in der unwirtlichen Umgebung des nackten Felsens – gequert und übernachtet werden musste; wo das eigene Lebensschicksal am Seil, an der Sicherheit und Sicherung der Anderen in der oft nicht selbstgewählten Seilschaft hing. Wo der Gedanke, einmal einen Steig oder Steg unter den Füßen zu haben, den du – freihändig – gehen konntest „ein Traum", im Bereich der Illusion war; und das nicht über Stunden. Auch nicht nur über Tage oder Monate: Jahre, mein Leben habe ich nahezu in dieser Lage zugebracht.

Dann ist das Absteigen können wie eine Befreiung: „als wir aus Babel wiederkamen, waren wir wie Träumende" – sagt der Psalmist. Die Stimmung wird heiter;

man singt und lacht; die Landschaft, die mich grimmig lange Zeit angeschaut hatte, sie wird leicht: ein bunter Teppich, über den ich gehe und manches Mal hüpfe. Hinabgestiegen in das Reich des Todes: Jesus ist – nach seiner Auferstehung bzw. im Augenblick der Auferweckung – auch abgestiegen; Abstieg und Auffahrt in den Himmel sind zwei Momente in einem Vorgang. Jesus nimmt den Abstieg in seinem Aufstieg „mit"!

Ob ich ihn deswegen so oft in der Steilwand getroffen habe – weil er auch heute, immer noch und immer wieder – Absteigender ist; weil Gott es liebt: den Abstieg: in seiner Menschwerdung. In die Niederungen des Dorflebens von Nazareth und in die Lebensniederlage am Kreuz.

Gott ist ein leidenschaftlicher Absteiger; sein Sohn ein Experte in Sachen Abstieg, um welche Art auch immer es sich handelt. Jesus ist durch alle Ligen des Lebenswettkampfes durchgereicht worden – bis dahin, wo man nicht tiefer absteigen kann; wo es der Barmherzigkeit seiner Mutter und eines Ratsherrn bedurfte ihn – noch einmal – herunterzunehmen und in die geschenkte Grabhöhle zu legen. Die unterste Stelle; sein letzter Platz!

Ich bete: Guter Gott: dank, dass ich nun – ein zweites Mal – absteigen darf – nicht gezwungen, sondern freiwillig – in der Freude, den Aufstieg geschafft zu haben. Meinen Aufstieg – der in den Augen anderer Bergexperten vielleicht nur der Gang auf einen Maulwurfshügel war ...

„Der Berg gehört dir erst, wenn du wieder unten bist" – diese Klettererweisheit gilt hoffentlich für alle, die einmal glücklich wieder unten angekommen sind.

Vom Wunder des Abstiegs und des Verlieren Könnens spricht auch das folgende Interview des brasilianischen Torwarts Julio Cesar – nach der sportlichen Katastrophe des 1 : 7 gegen Deutschland. In der Nacht des 8. Juli 2014 sagt er: „Herzlichen Glückwünsch" an die Deutschen. Jetzt gehen wir nach Hause. Wir werden unsere Familie umarmen. Ich bin mir sicher, dass sie sich nach uns sehnen, uns auch in die Arme nehmen werden. Ich möchte auch einen Dank sagen an die ganze brasilianische Bevölkerung. Wir sind uns diesmal ganz nahe gekommen.

Wir haben es nicht geschafft. Das ist es. Herzlichen Glückwunsch an alle und ich bin wirklich sehr traurig. Ich besonders, besonders ich. Aber wir sind stark! Wir sind eine starke Mannschaft! Ich bin mir sicher, dass die Spieler wieder aufstehen werden, so wie ich es schon früher gesagt habe. Ich habe schwierige Momente durchgemacht und ich habe stark an mir gearbeitet.

Ich danke Gott, dass er mir die Möglichkeit gegeben hat, eine Weltmeisterschaft in meinem Land zu spielen. Mein Dank an Gott! Und ich küsse alle Brasilianer im Namen der ganzen Mannschaft."

Gläubige Fans und Profis

Uns allen ist der tragische Freitod von Robert Enke (Hannover 96) noch im Gedächtnis. In dem Länderspiel gegen die Elfenbeinküste, kurz danach widmete Lukas Podolski beide Treffer seinem ehemaligen Mannschaftskollegen mit den Worten: „Jeder weiß, dass ich Katholik bin, deshalb habe ich auch nach oben geschaut und diese Geste gemacht (den Zeigefinger in die Höhe gereckt). Ich bin sicher, dass er uns zugeschaut und uns die Daumen gedrückt hat."

Auf den Kränzen für Robert Enke fanden sich noch folgende Sätze (Lara ist seine verstorbene Tochter und Leila ist die gemeinsame Tochter mit seiner Frau Teresa): „Robert, nimm Lara an die Hand und passt zusammen auf Teresa und Leila auf!"

Eine andere Grußbotschaft an den Nationaltorwart lautete: „Halte das Himmelstor sauber!"

In den letzten Wochen und Monaten war es gar nicht so einfach, gläubig und katholisch zu sein. Gläubige Fans und Profis laden uns ein, beides zu verbinden und den Schritt nach vorne in die Zukunft zu wagen: diese gute Kombination lautete einmal als Buchtitel: „Katholisch – und trotzdem gut drauf!"

In diesem Sinne wünsche ich uns allen frohe Pfingsttage, gutes Pfingstwetter und den Rückenwind des Heiligen Geistes bei Sieg und hoffentlich wenigen Niederlagen:

Haltet das Tor sauber!

Das Wunder der unterbliebenen Katastrophe(n)

Jesu Weigerung in jener Nacht am Ölberg – die für die Menschheit vielleicht entscheidendste Nacht auf dieser unserer Erde – Gottes Willen zu tun wäre der Gau gewesen: the worst case inmitten der zahllosen Katastrophen in dieser Welt. „Auf seinen Schulter ruht die Weltherrschaft" – diese Vorhersage ging durch das trostlose Tal. Auf seinen Schultern ruht – besser konzentriert sich das gesammelte Elend, die Gottferne und Gottvergessenheit, als die unentsorgten und unentsorgbaren Problemstellungen aller Zeiten: eine Last, die – unvorstellbar – keine Schulter tragen konnte als die Seine.

Der Hinrichtungs- und Folterungsaspekt dieser Geschichte ist nur einer unter mehreren; die Abweisung durch die, für die diese Rettungstat Gottes bestimmt war, ein anderer; die billigen Ausflüchte der Insider und Eingeweihten ein weiterer. Vielleicht bedarf es der unzähligen Märtyrer und Dissidenten gerade im 20./21. Jahrhundert, um diese Rechnung Gottes und Jesu aufgehen zu lassen. Hunderttausende in Umerziehungslagern auch heute sind ein Hinweis.

Die Katastrophe, diese irreparable Katastrophe seiner Verweigerung und Flucht ging an uns vorüber – seitdem stimmt die Rechnung. Auch wenn sich immer wieder Fehler in die Rechnung von Gut und Böse einschleichen – das Ergebnis stimmt – seit dieser Nacht.

DANKE – Jesus!

Das Wunder – mit meinen Zwängen zu leben

Es ist eine der größten Wunden und eines der größten Wunder in meinem Leben: die Energie, die ich in den Umgang mit ihnen hineingesteckt habe – und voraussichtlich – stecken werde, hätten für eine Karriere nicht nur in meinem aktuellen Beruf gereicht.

Der Telefonzwang: ohne seine Handhabe wäre mein Leben in der Passivität und Trostlosigkeit verlaufen und zerronnen. Zu telefonieren – aus Zwang – ist immer die Entscheidung für das kleinere Übel – auf dem Hintergrund der Vorentscheidung – leben zu wollen.

So besaß und besitze ich meine Schlüsseltelefonnummern, die mir das Tor, die Tür zu einer neuen Woche, zum Bestehen in einer Sitzung, vor Antritt einer Fahrt, vor einer wichtigen Predigt oder einem aus dem Rahmen fallenden Gespräch, einer Unterredung aufschließen; der Aufschluss, das Öffnen und Erlebenkönnen dieser Situation sind – in der Regel – glückliche und lebensrettende Folgen dieses Zwangs: beide sind so sicher wie das Amen in der Kirche.

Auch eine Tür hinter mir zuzumachen oder aufzumachen besitzt hohen emotionalen – zwanghaften Wert: es sind – für mich – oft Schicksalstüren: die Tür zum Klassenzimmer, die Haustür; die ich hinter mir schließe, die Sakristeitür, die ich öffne, die Autotür, die Tür, vor der ich stehe usw.

So sicher wie der Zwang mich in meinen Spielräumen gefesselt und gebunden hat, so sicher ist aber auch, dass ich ungeachtet aller Zwänge bei den Menschen immer wieder neue Kraft finde und fand.

In seinem Buch „Der Diener Gottes" schreibt der gesundheitlich angeschlagene slowakische Erzbischof Anton Vovk: „Ich bin noch nie in Ohnmacht gefallen. Im Sommer ertrage ich am Sonntag auch zwei Firmungsfeiern. Ich muss schon sagen, dass ich ein eigenartig gesunder Kranker bin, den die Krankheit bei der Arbeit nicht behindert und der dazu auch noch gut aussieht. Solange es Gott will!"[19]

Und – so hoffe ich – wird mir das Erleiden und Anpacken (!) der Zwänge das Fegefeuer bzw. die Vorhölle verkürzen ...

---

[19] Autoren: Blaz Otrin und Anton Strukelj „Erzbischof Anton Vovk ‚Der Diener Gottes'" Gedruckt in Slowenien Ljubljana 2008. Druzina Verlag (www.druzina.si)

Übrigens:
Sollte ich es jemals zum Märtyrer bringen, dann in Bezug auf meine Zwänge [und Wiederholungshandlungen] und das Ertragen, Durch- und Aushalten und Bestehen derselben. Ich denke für diesen Prozess ebenso viel Blut vergossen zu haben, wie mancher Märtyrer beim „realen" Blutvergießen.

Um Märtyrer zu werden, bedarf es keines kirchlichen Kanonisierungsprozesses; insofern sind meine Aussichten gar nicht so schlecht.

Das Nervenwunder

Trotz meiner mich seit Jahrzehnten begleitenden und verfolgenden „Grundunruhe" (meine Schwägerin) habe ich die notwendigen Lebensentscheidungen in zumindest äußerer Ruhe vollziehen dürfen. Danke!

Das Wunder einer „glatten" Biographie

Trotz – überwiegend – fremd gesteuerter Einbrüche oder auch selbstverursachter „Zwischenfälle" verlief mein Leben, gerade beruflich, in ruhigen Bahnen. Unglaublich!

Das letzte Wunder, das ich erhoffte, wird aus derselben Hand kommen, wenn Er sagen wird: „Bernhard, ich brauche dich." Dann ist mein Lebenslabyrinth am Dreh- und Angelpunkt angelangt – und ich werde alle weiteren Wege entspannt gehen dürfen ... Danke!!!

Meine Anfänge in Bildern:

Vater Weskamp

Mutter Weskamp

„Die Sicherheit hängt am Seil!"
(Aussage meines Vaters)

„Ich bin aus jenem Holz geschnitzt" Reinhard Mey: – Meine Geschwister <u>Lothar</u>, <u>Rosel</u>, <u>Anni</u> *(sie verstarb 1998), Ana (Frau von Lothar) mit Anna Laura (Kind)* <u>Franz Josef</u> *mit Christa und Bernd (von re nach li – Geschwisternamen sind unterstrichen).*

Früh in Bewegung.
Die Mütze lässt Schlimmes erahnen.

Beginn meiner Karriere als Straßenfußballer
(4. von links).

Die Fahne spielt schon im Kindergarten eine Rolle – im Schicksalsjahr der deutschen Nationalmannschaft.

Die Kirche als „Abgeordneten"haus – ein Wunder

War in den fünfziger Jahren das Mischungsverhältnis von nichtpraktizierenden Katholiken und Kirchgängern 1 : 1 (auf einen Nichtgeher kommt – statistisch – ein Geher!) hat sich das Mischungsverhältnis heute in eines von 1 : 10 mit Tendenz zu 1 : 100 verändert: auf 100 Bürger – 1 Kirchgänger. Das gilt sogar für niederrheinische Dörfer. Karawanen, Pilgerströme bilden sich vor dem Restaurant zum Frühstücksbuffet und/oder Brunch und natürlich vor Arenen und Sonderausstellungen. Die Lösung damit klar zu kommen hat der evangelische Pastor aus Weesenstein(Sachsen) geliefert: „Ihr seid Abgeordnete!" sagt er den wenigen, die kommen.

„Wie Abgeordnete vertretet ihr einen Wahlkreis mit zighundert und zigtausend Menschen: eure Familien und Sippen, eure Nachbarschaften und Arbeitskollegen, eure Weggefährten, eure Freizeitkumpels und andere … Ihr vertretet sie bei dieser Ratssitzung im Parlament Gottes; auch die Notleidenden, die euch Bekannten und Unbekannten. Sie bringt ihr alle mit; sie „sitzen" mit im Dom. Und plötzlich füllt sich die Kirche …" So gibt unser neuer dreißigjähriger Kaplan seinen Segen auch all denen mit den Worten: „… und für alle, die ihr im Herzen tragt …"

Christentum und Satire

So alt wie das Christentum, so alt ist die Satire: schon römische Soldaten malten anstelle von Jesus einen Esel ans Kreuz.

Satire ist also nichts Neues. Die aktuellen Spielarten bei der Zeitschrift „Titanic" oder bei unseren Satirikern vor Ort sind nicht wesentlich origineller, dafür aber eine Stufe ordinärer. Was geht in solchen Menschen vor? Ich jedenfalls bete dafür, dass es bei ihnen noch im Jenseits etwas zu lachen gibt. Mehr sitzt meinerseits nicht drin.

Zum Schluss sei noch etwas (Selbst-)Satire erlaubt: Josef Ratzinger, unser ehemaliger Papst, Hauptangriff von Häme und Spott, hat in seiner Zeit als Professor und noch als Bischof mit Philosophen und Theologen von Weltruhm diskutiert (Habermas, Adorno, Küng).

Das Wunder der Wiederaufbereitung

Neben meinen taffen gut funktionierenden Kollegen und Altersgenossen, die für mich fröhlich und unerreichbar mitten in der Welt, im vollen Leben standen, hielt ich mich mit meinen 27 Jahren bereit für die Entsorgung oder netter ausgedrückt: für einen barmherzigen Parkplatz in einem Heim.

Unerreichbar schien das Niveau, der Standard eines gesunden Zeitgenossen zu sein.

Vielleicht hat dieses Buch (1 Jahr!) dann doch etwas länger gebraucht, auch Dinge wie Erlebnisinhalte und Geschehnisse, Gefühlsepochen aus der endgültigen Verschrottung zu befreien und ins Wort zu bringen; wieder zum Leben zu erwecken. Selbst die Auferstehung ist Schwerstarbeit, der gegenüber meine tarifliche Arbeit immer eine Nebenbaustelle blieb – bis heute.

Vielleicht, oder sicher hat der gute Gott das im Sinn gehabt, als er mir die Zeit gelassen hat – meine Lebenszeit – alle Kleinteile des Bewusstseins in die Hand zu nehmen und sie – mit Hilfe, auch, aber nicht nur – von Experten zu entziffern, ihr Geheimwort zu entschlüsseln und so wieder in die Umlaufbahn zu bringen. Irgendein Heiliger soll nach einem ziemlich verkorksten Abschluss (gewaltsames Ende?) gesagt haben: Gott soll für alles gepriesen werden!

Gott allein wird wissen – und würdigen – was dieser Lobpreis in ausgetrockneten Kehlen die Einzelnen gekostet hat. Trotzdem: ich möchte dabei sein!

Eine Reise aus und durch Absurdistan (!) ins Gelobte Land hat was! Die kann er nicht bei alltours buchen – man ist Selbstzahler. Und die Währung, der Groschen ist das eigene Leben; der Einsatz dafür quer durch alle Lebensalter und Tageszeiten und gesellschaftlichen Konventionen.

„Jeden mit eigenem Namen ruft Gott!" sagt einer. Dieses Buch kann nur – und braucht nur – eine Einladung zu sein, Jesus zu folgen – und nicht etwa mir, Bernhard Weskamp. Auch ich freue mich darauf einmal die Anstrengungen versilbern zu können – in der Ewigkeit natürlich – und nicht bei der Sparkasse.

Bei der Wiederaufbereitung so vieler, unzähliger in der Versenkung und Nichtigkeit der Geschichte untergegangener, entsorgter Lebensschicksale möchte ich dann auch im Jenseits helfen; und dabei sein; es ist mein Hobby geworden „… Then I want to be in that number when the saints go marching in."

Die große Pause

Urlaub in Wengen/Berner Oberland
Bahnfahrt mit Jugendlichen
Kurzurlaub im Kraichgau bei meinem Bruder Franz
Der Besuch
Fußball ist Liebe – ein Wunder
Trainerstimmen
Jürgen Klopp und Reinhard Mey –
    Wundertrainer und Wundersänger
Rhön Hilders
Das Wunder der „aufgelockerten Bewölkung!"
Wunderbare Begegnung – Monika
Wundervolle Begegnung
Das Wunder der Langsamkeit
Das Stimmungswunder
Das Wunder der Gastfreundschaft
Ein kleines Wunder – Köln Hauptbahnhof

Urlaub in Wengen/Berner Oberland

Auf einer Passstraße, die anstrengender und zermürbender ist als erwartet, hält ein Jeep: eine junge, nicht unattraktive Schweizerin hält neben mir an und ich falle – ohne lange zu überlegen – auf den Beifahrersitz, den Rucksack im Rücken.

Auf der Passhöhe angekommen frage ich sie, welchen Beruf sie mit mir verbinde. „Sie haben drei Wurf"! sage ich. „Ja" meint sie: „Lehrer". Ich sage: „Nein". Zweitens: „Kinderpsychologe". Ich sage und fühle mich mittlerweile geehrt: „Nein. Aber mit Kindern hat mein Beruf wohl zu tun!" „Modedesigner für Kinderkleidung", ist ihr dritter Vorschlag. –

Ich verabschiede mich von Agnes, deren Kind sich auf dem Rücksitz inzwischen gemeldet hat und frage, ob ich an sie denken dürfe – auch im Gebet!

Bahnfahrt mit Jugendlichen

Auf einer Bahnfahrt mit Jugendlichen zum Berlinbesuch meint eine Dame zu mir, die die 14- bis 16-jährigen Teilnehmer meiner Gemeinde hin- und hergehen sieht: „Sind das alles Ihre Kinder?"

Kurzurlaub im Kraichgau bei meinem Bruder Franz

Zur gedanklichen Entspannung sitze ich auf einer Bank, die zu einem Bolzplatz gehört.

Drei Jungen treffen ein: Daniel, Max ...

Ich höre wie sie sagen: „Wir spielen einer gegen zwei." Ich schalte mich ein: „Nein, wir spielen zwei gegen zwei"!

Mit Max liege ich 8 : 2 vorn als weitere Jungen eintreffen. Die Jungen fragen, wo ich herkomme. Ich erkläre es und frage: „Was meint ihr wohl, was mein Beruf ist? Wenn ihr den ratet, gebe ich euch fünf Euro."

Bei der sechsten oder siebten Nennung kommt: freestyler – in der Allianz-Arena. „Spitze", sage ich; denn ich hatte verstanden: Priester ...

Der Besuch

Vor einer Romwallfahrt vor etwa 15 Jahren besuchte ich meinen Friseur Karl Hendricks. Da ich einige Sonderwünsche wie Komplettwäsche mit Föhnen anmeldete, fragte er mich, ob etwas Besonderes anstünde. „Ja, klar", sagte ich, „wir machen eine Wallfahrt nach Rom. Mit fast 50 Leuten." „Bennatt, (wir duzen uns), sag mal, wie kommt ihr denn dahin?" „Natürlich mit dem Flugzeug. Der Alitalia". „Ja, Mensch", sagt mein Haarkünstler, „ die sind doch fast pleite. Ob das wohl gut geht!"

Wo ich übernachte fragte er weiter. „Natürlich im Hilton-Hotel. Das hat unser Propst organisiert". „Mensch", sagt er, „das ist der letzte Schuppen! Die können da nur italienisch sprechen". Beim Bezahlen fragt er schließlich unnötigerweise, warum wir nach Rom fliegen.

„Ist doch klar, du Schwätzer, um den Papst zu sehen". „Mensch", sagt er, „Bennatt – den Zahn muss ich dir auch ziehen. Da sind 50.000 Leute auf dem Petersplatz, da kannst du froh sein, wenn du mal die Mitra von dem Mann siehst ..."

Sechs Wochen später stehe ich wieder im Laden und seine Frau will mich bedienen. „Nix", sage ich, „bitte der Chef selbst!" Und dann leg' ich los: „Mein lieber Karl, erstens: der Flug mit der Alitalia – ‚Spitze!' Toller Service, da kannst du nur von Träumen. Es war wie im Himmel! Und zweitens: das Hilton-Hotel. Erlesen! Der Propst hatte eine gute Nase: toller Service, speziell für Pilger, und, und, und ..."

Pause

„Und drittens Karlchen: der Papst. Nix mit nur die Mitra sehen. Die sind ganz schön clever inzwischen in Rom. Der Papst hat alle in ihrer Landessprache begrüßt.

Dann hat er jeden Pilger einzeln gesegnet, Karl. Aber weiße, watt er bei mir gesagt hat?

„Ne!" Als er mir die Hände aufgelegt hat meinte er nur: „Sag mal, Bennatt, welcher Idiot hat dir denn die Haare geschnitten ...!"

Fußball ist Liebe – ein Wunder

Die Schnittstelle zwischen Fußball und Glaube ist die Liebe. Die Fans beider Lager leiden eine Menge; mancher steigt mit seiner Mannschaft ab, wenn nötig auch zwei-, dreimal. Ich bin MSV-Duisburg-Fan ... Hier wie dort kennt die Liebe keine Grenzen. – Wenn Jürgen Klopp sagt: „Der Glaube (an Gott!) ist mein Fixstern" – dann setzt der Coach und Verfechter von „Fußball ist Liebe" auf das richtige Pferd. Ein guter Trainer betet nicht um den Sieg. Er weiß – aus leidvoller Erfahrung – dass auch punktemäßige Niederlagen manchmal „gefühlte" Siege sein können ...

„Die Zebras kommen im Galopp" – meine MSV-Kappe.

Und so ist die Niederlage Jesu am Kreuz – der Verlust auf der ganzen Linie, von Leib, Leben, Freunde und allem – der gefühlte Sieg der Christen über die vermeintlichen Siege und Endsiege der Welt.

Nebenbei gesagt: das Wort Pastor kommt von Pass – und TOR!!!

Trainerstimmen

Rudi Gutendorf (Trainer meines Heimatvereins Marl-Hüls) und Vizemeister (!) mit dem MSV Duisburg: „Wer glaubt – und warten kann, kriegt alles!"

Jogi Löw (nach dem er als Erfolgstrainer des VFB Stuttgart geschasst wurde – trotz Endspielteilnahme im Europapokal!) – „Alles kommt zu dem, der warten kann ..." (15 Jahre später feiert Jogi Löw in Stuttgarts Neckerstadion einen seiner größten Länderspieltriumphe).

Jürgen Klopp zur Auffassung von Matthias Sammer, Sportvorstand bei Bayern München, dass nur bei den Bayern „richtig" trainiert würde.

„Ich finde es ganz wichtig im Leben, dass man das Glück, das man hat, auch erkennt. Ich an Matthias Sammers Stelle würde jeden Morgen, bevor ich das Bayern-Trainingsgelände betrete, Gott danken, dass irgendjemand auf die Idee gekommen ist, mich dazu zunehmen", sagt Klopp auf der Pressekonferenz von Borussia Dortmund über den Sport-Vorstand der Münchner.

Über den Fußballverstand Gottes berichtet folgende Anekdote: Manfred Burgs-müller, langjähriger Torschützenkönig der Bundesliga (ist schon ein paar Jahre her; spielte übrigens beim BVB!), kommt ans Himmelstor. Nach dem allgemeinen Teil des Bekanntmachens verrät er Petrus auch seine Torschussqualitäten – bis ins hohe Alter!

Petrus sieht sich überfordert und sagt zu ihm, dass das Chefsache sei. Er schildert die Angelegenheit dem lieben Gott; draußen stehe Manfred Burgsmüller. Die Reak-tion Gottes : „Watt, der Manni –, dass der auch mal den Weg bis zum TOR findet."

Der schwerkranke Fritz Walter liegt auf der Intensivstation im Krankenhaus in Kaiserslautern. Der Hausgeistliche besucht ihn. „Fritz, kann ich noch irgendetwas für Sie tun?" „Ja, gern Herr Pater. Ich könnte viel leichter sterben wenn ich wüsste, ob im Himmel auch Fußball gespielt wird!"

Nach Stunden kommt der Geistliche mit der Antwort wieder: „Mein lieber Fritz, ich habe jetzt eine gute Nachricht für dich – aber auch eine schlechte!" „Herr Pater, erst mal die gute!" „Im Himmel wird Fußball gespielt. Auf feinstem Rasen!"

„Und, Herr Pater – jetzt die schlechte."

„Du bist für nächsten Samstag schon aufgestellt ...".

Jürgen Klopp und Reinhard Mey – Wundertrainer und Wundersänger

„Wenn ich in mein Leben hineinschaue, gibt es unglaublich viele Gründe Gott im Minutentakt zu danken!"[20]

Auf die Frage, was die Begeisterung und die Verehrung für ihn in Dortmund mache antwortet er: „Dies erfüllt mich mit Demut."

Zwei, die was bewegen: Jürgen Klopp und Karl Kardinal Lehmann.

In über 500 Titeln besingt Reinhard Mey seit 50 Jahren das Welt-, besser Lebensgeschehen. In manchmal akrobatischen Sprüngen beleuchtet er Banalitäten, Geburtstage, oder auch die Tatsache, dass „wir lauter arme kleine Würstchen" sind. Gerade das Faktum, dass er aus der Kirche ausgetreten ist verstärkt den Satz eines Hochgebetes: „Du (Gott) hörst nicht auf dir ein Volk zu erwerben."

Rhön Hilders

Zu den Fußballlegenden meines Lebens gehört ein weiteres Spiel, eines Sommerlagers in der Rhön gegen eine gleichzeitig dort zeltende Leichtathletikabteilung aus Haltern, das wir dank eines afrikanischen Priesters – der als Torwart zuletzt in der Dämmerung kaum noch sichtbar war, gewannen. In unserer Siegermannschaft spielten übrigens drei Priester – einer mit Halbschuhen – der Ruf kam für ihn unvorbereitet: an der Außenlinie zauberte er nur so ...

Das Wunder der „aufgelockerten Bewölkung!"

Es sind die Auflockerungen am Himmel eines manchmal verhangenen Tages:

Zum Beispiel:

1. Zu Besuch bei einer Hochzeitsgesellschaft in einem Gasthaus: „Herr Pastor, schön dass Sie kommen. Wir diskutieren schon die ganze Zeit darüber, ob Sie das (die Messe) als Beruf oder als Hobby machen ..." Könnte glatt ein Kompliment sein ...

2. Ein Schüler der Hauptschule zu mir: „Haben Sie eine neue Brille?" „Nein, die Brille ist uralt; die trage ich auch nur beim Sport!" „Mein Opa hat auch so eine Brille" – die Schülerin. „Ja, ich könnte ja auch dein Opa sein!" antworte ich. „Das

---

[20] Klopp im Bildinterview 24. 01. 2012.

wäre aber schön ..." – Auch ein Kompliment.

3. Für Linus – erklärter Schalke Fan – besorge ich über Christoph Metzelder – einem ehemaligen Schalker Profi – ein Autogramm von Pukki (finnischer National-spieler im Schalkekader). Für ihn bin ich „der beste Pastor der Welt!"

4. Zu Beginn eines ökumeni-schen Schulgottesdienstes fragt eine Schülerin (12 Jahre!) mei-nen evangelischen Kollegen:

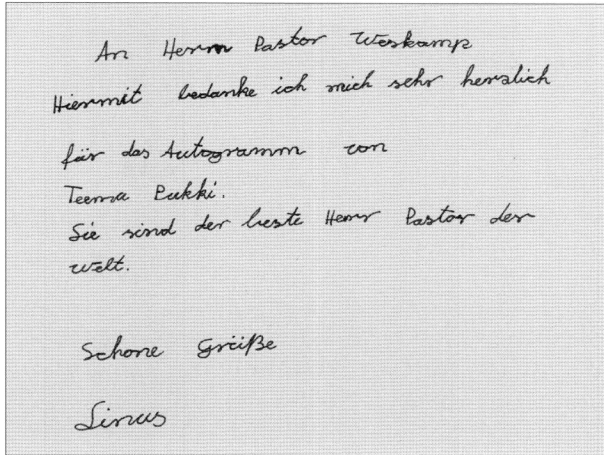

„Stimmt es, dass früher die Menschen mit Gott reden konnten?" „Nicht nur früher ...", war die Antwort. Aber die Schülerin legte nach: „Nein ich meine, dass Gott auch geantwortet hat!"

Wunderbare Begegnung – Monika

Ich traf sie bei einer Goldhochzeit – die Mystikerin Monika.

Eine verheiratete Frau, glückliche Mutter von Kindern, bodenständig.

„Wann sie das erste Mal ein mystisches Erlebnis gehabt habe?", frage ich neu-gierig. „Morgens beim Bettenmachen ..." war die ernüchternde Antwort. Ihre Art der Mystik: die Grenze zu den Verstorbenen war fließend. Es war ihr möglich, mit ihnen Kontakt aufzunehmen, wie mit Leuten in einem anderen Land.

Das Resultat ihrer Begegnungen war nicht immer beglückend; auch die Hölle – und die Bewohner (!) in ihr – waren ihr eine Realität: mit ihren fahlen, ausdrucks-leeren Gesichtern, ihrer Perspektivlosigkeit, ihrem verkorksten Widerstand und ihrer Ergebung in das Böse. Man muss das nicht haben.

Dennoch bin ich sehr glücklich über diese Begegnung mit ihr; Gott lässt seiner nicht spotten – sagt Christa Meves, auch eine kritische Zeitgenossin. Die Berüh-rung mit der jenseitigen Welt ist nicht harmlos; sie ist lebensgefährlich – sie kann es sein. In einer mit Pensionsansprüchen hochgezüchteten kirchlichen Angestell-tenwelt sind das natürlich Fremdworte. Aber wer sagt uns, dass Gott gerade immer unsere Umgangssprache spricht und wir ohne ähnliche Übersetzer auskommen.

Wundervolle Begegnung

Ich traf ihn zwischen den Hochhäusern – zwanzigstöckig – mit 4 x 80 Wohnun-gen – auf dem Bürgersteig und war schon vorbei, als ich dachte: das Gesicht kennst du doch. Beim Umdrehen und Nachfragen stellte sich heraus, dass er Teilnehmer einer Beerdigungsgesellschaft war, die einige Tage zurück lag. Wir kamen ins Gespräch. Wenig später offenbarte er seine desolate finanzielle Situation: einer Verschuldung in fünfstelligem Bereich nach der Trennung seiner Frau von ihm. Es war schon fünf nach zwölf – sein einziger Joker war seine feste Arbeitsstelle als Bergmann. –

Ich stand für ihn bei der Sparkasse gerade – im Rahmen der Ablösung seiner Schulden in einer Zusammenfassung. Dies geschah meinerseits zum ersten Mal, mit einem gerade mehrere hundert DM starken Kaplansgehalt. –

Es ging gut; bei einer Osterfreizeit lernte er Monika kennen, die er später heiratete. Am Anfang kam noch einmal eine kleine Rückzahlung – dann nicht mehr.

Es ging alles gut. Ein Wunder.

Die Wunder der Langsamkeit

Bedingt durch meinen Fehl- und Spätstart ließen die Dinge auf sich warten. Kleinigkeiten wie ein Taufgespräch „füllten" einen halben Tag!

In den besten Jahren dann gehörten zum Tages- und Wochenpensum: die Vorbereitung und Durchführung eines Sommerlagers (ein Bus!), ein Jugendlager im Herbst, dreitägige Schulendtage mit Abschlussklassen, eine Rumänienaktion mit 2½ Lkw (Sattelschleppern), der systematische Hausbesuch aller Haushalte in 3–4 Jahren, die Selbstverständlichkeiten der Messdiener- und CAJ-Betreuung, Kinder- und Gospelchor, aufwendige Durchführungen von Jubiläen aller Art, Einkehrtage und Sitzungen und, und, und ...

Dazu das Wort von Peter Rosegger:

Was ich im Zorn vollbracht
wuchs voll Pracht
über Nacht
und ist verregnet.

Was ich aus Lieb gesät,
keimte stet,
reifte spät
und ist gesegnet

Das Stimmungswunder

Es war an einem Freitagabend, vielleicht um 21.30 Uhr: mein Golf trug mich zu einem Restaurant bzw. Hotel im Duisburger Süden, Nobelviertel Kaiserberg; dort feierte mein Brautpaar in einem besonderen Raum eines Hotels. Für meine Begriffe lahmte der Abend gewaltig; zu wenig Stimmung für eine Hochzeit, fand ich. –

Kurzerhand übernahm ich die Regie: Stühle und Tische wurden an den Rand des Raumes gestellt, eine Tanzfläche entstand. Ich kündigte vollmundig die Damenwahl an; die Hochzeit begann. –

Zwei Tage später traf ich einen Teil der Hochzeitsgesellschaft in meinem Stadtteil: Die Begrüßung war steif, müde. So schnell baut die Seele in der Großstadt ab!

Das Wunder der Gastfreundschaft

Auf dem Weg ins Sauerland – zu meiner Schwester Rosel – war ich, in der Nord-WestBahn, Besitzer der Bahnstrecke Kleve-Düsseldorf: mal wieder ohne Fahrschein unterwegs. Der Zug stand da – einladend, warm – für meine von der Mofafahrt klammen Hände und Finger. Ich konnte nicht wiederstehen; die Fahrkartenausgabe war noch zu, die Bestellung der Karte per Automat umständlich.

Nach drei Minuten sichtete ich den Schaffner: einen etwa 30-jährigen Mann, vielleicht türkischer Herkunft.

Bevor er sein: „die Fahrkarten bitte" – sagen konnte legte ich ihm mein – ungewöhnliches Bekenntnis vor: „Ich muss bei Ihnen beichten."

Er hört sich alles seelenruhig an; und dann kam die Überraschung: „Sie sind mein Gast!"

Kein Nachlösen, kein Strafgeld.

Wir kamen ins Gespräch; auch dass er Moslem sei; „Wir haben doch nur einen Gott ..." meinte er.

Im Reisezentrum Düsseldorf Hbf trafen wir uns wieder; ich löste die Karte Düsseldorf – Arnsberg. Die 10 geschenkten Euro gab ich den Sternsingern, die auf dem Weg zum Kölner Dom waren und in Düsseldorf dafür den Zug nahmen.

Wir haben doch nur einen Gott.

„Sie sind mein Gast!" Sagen wir Priester das auch den vielen problematischen oder auch nur passiven Christen? Was wäre das für eine Stimmung, wenn die Menschen, große und kleine, unsere Gäste wären.

Einmal werden wir – hoffentlich – spüren und am eigenen Leib erleben, was es heißt: du bist mein Gast! Du darfst hereinkommen; wenn dieses Signal uns am Himmelstor begegnet.

Gott ist der Gastgeber; aller Gaben. Wir sind nur Gäste, keine Eigentümer oder Besitzer von Konten, Quadratmeter, Immobilien, Autos, Elektronik, Urlaub, Gesundheit ...

Das alles gehört uns nicht. Wir sind „nur" Gäste!

Ein kleines Wunder – Köln Hauptbahnhof

Ein Mann versucht seine Obdachlosenzeitung an den Mann zu bringen: alle 20-30 Versuche ein Treffer. Mal signalisiert der Kopf, mal der Arm der Angesprochenen Ablehnung, Desinteresse. Beim diagonalen Durchlaufen der Bahnsteige der Blick in den schicken Abfallkorb der Bundesbahn.

Sind wir Christen nicht inzwischen auch mit der Obdachlosenzeitung unterwegs; ja ist die gute Nachricht (wörtlich Übersetzung vom Evangelium) nicht auch zu einer Nachricht von einem Obdachlosen geworden? Gott ist obdachlos geworden, in der durchdigitalisierten Gesellschaft. Seine Nachrichten interessieren kaum. In unseren modernen gläsernen Köpfen. Gott findet kein Zuhause mehr. Wie vor 70 Jahren schon – bei Borcherts Roman „draußen vor der Tür" bleibt Er außen vor.

Es ist nicht leicht, die Nachricht von ihm – vom heimatlosen Gott – an den Mann zu bringen.

Es gehört schon eine stoische Unbeeindruckbarkeit (weil alternativlose?) Unentwegtheit dazu.

Die Unverdrossenheit des Zeitungsverkäufers auf dem Kölner Hauptbahnhof war schon ein kleines Wunder – auch für uns, die mit der Obdachlosenzeitung unterwegs sind.

GANG 5 – Leichte Kost

Das Wunder der Berge
Das Pünktlichkeitswunder – mit deutlichen Abstrichen
Das Zug-Wunder
Die Wunder der Straßenseelsorge
Das Kilometerwunder
Das Pausenwunder
Das Wunder des Wanderns
Das Weitergehen – ein Wunder
Bald sind Wahlen
Ich habe Ratzinger den Vortritt gelassen
Das Wunder der Papstwahl – Ein wundervoller Papst?
Vatikanische Farbspiele –
    der neue Papst bringt Farbe ins Spiel
Das Wunder der Musikstücke
Ein gottvoller Sonntag ohne Gottesdienst!!
Phantasiewunder: Ich rede mit!
Stichwort
Der verunglückte Einbruch – ein Wunder?
Radfahren in Kleve – ein Abenteuer
Fußballpfarrer – eine Traumkarriere
Das Elfmeterwunder
Pro Hauptschule

Das Wunder der Berge

„Führ uns zum Berg der Herrlichkeit zu der Erwählten Zahl ..." (Gotteslob 833)

Jerusalem, die Heilige Stadt, das Zentrum dreier Weltreligionen liegt hoch auf einem Berg. Jesus gibt vom Berg seine entscheidende Leitlinie für das Zusammenleben der Menschen; auf dem Berg wird er verklärt, Mose empfängt auf dem Berg die 10 Gebote, die Lebensadern des Volkes Gottes. Berge üben magische Anziehungskräfte aus – nicht nur in dem Suchen der Weltreligionen, sondern auch für den Tourismus aller Völker und Zeiten.

Das Pünktlichkeitswunder – mit deutlichen Abstrichen

Mein größtes Sorgenkind ist die Pünktlichkeit; die Bewunderung meiner überwiegend – und Gott sei Dank – pünktlichen Kollegen kennt keine Grenzen. Ebenso grenzenlos hadere ich damit. Den Entschuldigungsgrund, von meinem Gegenüber nicht selten geäußert, es läge an meiner Vielzahl der Termine, nehme ich natürlich dankbar zur Kenntnis.

Merkwürdigerweise beginne ich meine Gottesdienste pünktlich (bis auf die, die ich vergessen habe – leider Gottes kam das auch schon mal vor); dass Züge nicht auf mich warten, diese Erfahrung musste ich mehrfach machen. Meine auf mich – noch – wartenden Kollegen kommen damit – bis heute – schlecht zurecht.

Meistens hat es trotzdem geklappt; auch manchmal unter Benutzung des falschen Radweges – zeitbedingt – mit unsanftem Aufprall und Sturz auf die Straße ...

Zum Krimi des Übergangs zum Himmel (?) wird die Dokumentation meines Schutzengels der glimpflich verlaufenen Unfälle hier auf Erden gehören; dazu gehören dann wohl auch die Unfälle anderer Art, auf unterschiedlichen Ebenen.

Die Zug-Wunder

Bei langen – aber auch kurzen – Zugreisen gelang es mir, die Zahl der Gesprächspartner zu vervielfachen – aufgrund eines zugegebenermaßen offensiven Gesprächs-(un)verhaltens im Abteil. Durch die Fluktuation beim Ein- und Ausstieg erweiterten sich die Kontakte ins Vielfache. Ein ganzes Buch würde die Sammlung dieser Gesprächssituationen füllen. – Zuletzt erzählte mir eine türkische Niederländerin ihr Leid mit ihrem verflossenen deutschen Freund: „Hoffentlich schaffen wir das bis Emmerich" (Endstation) war mein einziger Gedanke.

Die Wunder der Straßenseelsorge

Leute von der Straße aufzulesen ist eine meiner Spezialitäten: von einer Prostituierten die rausgeschmissen worden war, auf dem Radweg kauernd, bis hin zu anderen Leuten der Straße. Einen von ihnen brachte ich mal samstags zum Heim nach Wesel-Schermbeck; es ging nach der Anmeldung zur Entlausung. Nachdem mein „Kollege" abgefertigt war wandte sich der Mitarbeiter des Hauses an mich: „Sie können sich auch schon mal ausziehen …!"

Das Kilometerwunder

Bei inzwischen jämmerlichen 1100 Jahreskilometern mit meinem Athos „Knaller" (7.800,– €) blickt der Autofahrer Bernd Weskamp in seinem Pkw Glanzzeiten in Gestalt von 36.000 Jahreskilometern zurück – bedingt auch durch Therapiebesuche. Der einzige Unfall entstand vor ein paar Jahren im harmlosen Stadtverkehr. Mein Unfallgegner fuhr einen Volvo …

Das Pausenwunder

Die anstehenden großen Ferien sind die große Pause der Nation: Millionen von Bundesbürgern reisen in alle Welt, um einmal tief Luft zu holen. Dass uns dabei manchmal das hohe Verkehrsaufkommen oder andere Widrigkeiten den Atem nehmen, ist eine der Schattenseiten dieses Unternehmens.

Es gibt aber auch die kleinen Pausen im Leben: die Frühstückspause und die Große Pause im Schulunterricht. Von der Wirkung einer solchen Unterrichtspause möchte ich berichten.

Mindestens einmal pro Woche gehe ich die weiten Wege über den Klever Friedhof; Nach den zwei Anstiegen zum Priestergrab und zum Kreuz des Ostens passieren wir den Parkplatz an der Welbershöhe, um dann zu den neuen Gräbern vorzustoßen – ein langer, zum Nachdenken geeigneter Weg. In meine Worte am Grab, in die verhaltene oder auch manchmal bedrückende Stille des Augenblicks mischen sich nicht selten die Geräusche vom Schulhof der nahegelegenen Marienschule. Es ist die Große Pause oder die etwas kleinere nach der vierten Stunde.

Diese Geräuschkulisse, das muntere Lärmen und Rufen der Kinder, erinnert die Trauergesellschaft und auch mich daran, dass es auch noch ein Leben *vor* uns gibt; Die Kinder symbolisieren sozusagen die Zukunft, die alle Menschen brauchen und herbeisehnen. In der Regel baue ich dann diese zufällige Akustik in meine Predigt am Grabe ein: „Hoffe ich doch auch auf eine Zukunft für den Verstorbenen mit dem ermutigendem Impuls der Kinder: Wir sind die Zukunft! Traut dieser Zukunft!"

In diesem Sinne wünsche ich dem Leser schöpferische Pausen im Alltag wie im Urlaub.

Das Wunder des Wanderns

„… und er wanderte von Ort zu Ort" – Jesus war ein Wanderprediger. Seine Ideen, seine Bereitschaft, den *Weg* komplett – all inclusive – zu gehen, entstand und wuchs auf seinen Fußwegen. So wurde er ein Wanderer „zwischen den Welten", ein Weltenbummler Gottes. So sehr, dass er sich selbst als den *Weg* bezeichnete, und das heilige Brot der Christen als Wegzehrung.

Ich komme aus der Generation, in der Wandern ein Luxus war; vor dem unterwegs sein auf Autobahnen, Luftstraßen und elektronischen Datenwegen erkundeten wir unser Leben zu Fuß: am Abend rund um das Wohnviertel, am Sonntag im nahegelegenen Wald, oder den Heidegebieten; im Urlaub im Schwarzwald oder auf Strandwegen. Da und dort kam man sich auch innerlich auf die Schliche, entdeckte man Spielzüge für das weitere Vorgehen, entlarvte eigene und fremde Machenschaften im Kleinen – wie in der großen Welt.

Unvergesslich meine Wanderungen im Sauerland mit meinem Schwager Willi, auch bei orkanartigen Stürmen. Meistens ging es darum, dem eigenen Leben und seinen verknoteten Schlingen auf die Spur zu kommen.

„Alles zu Fuß" – so sollte der Titel meines Buches ursprünglich lauten. „Du musst jeden Schritt selber gehen!"

Alles zu Fuß.

„Du musst den Weg gehen, um zu sehen, ob es der richtige ist", sagte der Insel-pfarrer von Borkum, als er seine Versetzung erhielt.

Ich habe es probiert: „dass derjenige, der ins Wasser springt, nass wird" – auch dieser Satz birgt Wahrheit. So bin ich, sind Sie, bist Du einer des wandernden Gottesvolkes.

Es war nicht immer ein „Wandern ohne Sorgen, singend in den Morgen ..." Aber: „Auf, du junger Wandersmann", das Lied könne man auch zu meiner Beerdigung singen ...

Auf, ihr Brüder, lasst uns reisen,
unserm Herrgott Dank erweisen
für die fröhlich Wanderzeit
hier und in die Ewigkeit.

Das Weitergehen – ein Wunder

„Es ist besser für euch, wenn ich gehe", ruft Jesus seinen nach Orientierung suchenden Jüngern vor seiner Himmelfahrt zu.

Zu bleiben – das ist immer gut: „Bleibet in meiner Liebe! ... dann bleibe ich in euch und ihr in mir". Es gibt die Positiv-Serie des Bleibens, Worte im Johannesevangelium. Und doch heißt es in den frühesten Anfängen der Geschichte Gottes mit uns Menschen: „Geh!"

In unmöglichen Situationen wird es gesagt zu Menschen, die mit dem Leben abgeschlossen haben, Abraham; zu Menschen, die stottern oder andere Sprachfehler haben: „Geh und rede!", vor Statthaltern und Königen, vor dem Pharao, vor Herodes und, und, und ...

Gott ist nicht wählerisch und betreibt kein Qualitätsmanagement in der Auswahl seiner „Leute". Jeder Chef eines durchschnittlich geführten Mittelstandbetriebes würde sich die Haare raufen über die Stümperhaftigkeit, mit der Gott seine Leute aussucht, oft in führenden Positionen: „Auf diesen Felsen werde ich meine Kirche bauen." Was denkt wohl dieser Petrus, wenn er Märtyrern die Himmelstür öffnet, die im kritischen Augenblick im Gegensatz zu ihm nicht wankelmütig wurden?

Eines Tages werde ich gehen. Vielleicht auch fortgetragen – wer weiß. „Es ist besser für euch, wenn ich gehe!" sagt Jesus. – Die Frau eines Freundes, die früh verstarb, „sagt" ihm, als er vor ihrem Grab stand: „Von hier aus (im Himmel) kann ich mehr für euch tun!" Unser Gehen ist immer ein Weitergehen. Wann darf, wann soll ich gehen?

Der erste Aufbruch der Christen war der Weg. „Brüder, lasst uns gehen!" sagt Franziskus auf dem Sterbebett. – Jedes Gehen birgt die Chance der Veränderung und Erweiterung.

Bald sind Wahlen (entstanden vor einer Bundestagswahl)

Israel hatte die Wahl; auf dem Schicksalsweg in das gelobte Land legt Moses das 10 Punkte Programm (Gebote) Gottes vor. Von nun an hat das Volk es selbst in der Hand: das Leben zu wählen – oder den Tod. Damals wie heute geht es um Tod oder Leben: wählen zu gehen sollte also selbstverständlich sein.

Die politischen Spielräume sind minimal; von daher werden die Slogans immer ähnlicher.

Was braucht Deutschland, welche Politik? Ein wunderbares Land: hochgeachtet in aller Welt, Marktführer in wichtigen Lebensbereichen – mit glücklichen 60 Jahren: zwei Generationen Wohlstand. Dies zu erhalten sollte der Konsens aller Parteien sein. Jeder müsste mit jedem koalieren können: ja selbst eine große Koalition aller Parteien sollte vorstellbar sein, um diesem Land zu dienen – mit den besten Leuten! Dieses Land kann Europa nach oben ziehen: ein behutsamer Anfang für ein vereinigtes Europa (aller Länder!!!) sollte im Blick sein.

Das Geld, das wir ausgeben, sollte unser eigenes sein: ein Schuldenabbau ist Ehrensache. Die Energiewende sollte auch in „Kleinigkeiten" praktiziert werden: z. B. die Pflicht von Radwegen an allen Straßen und unsere Schulklassen sollten halbiert werden – zum gedeihlichen Lernen aller Kinder.

Die soziale Gerechtigkeit muss europaweit –, ja weltweit gesehen und begleitet werden, auch seitens der Gewerkschaften.

Es gibt keine Zukunft ohne Demut; Demut kommt sprachlich von Dien-Mut: Mut zum dienenden Anpacken; „wähle das Leben!"

An dieser Stelle danke unseren Abgeordneten für ihren hohen und entbehrungs-reichen Job!

P.S. Eine persönlicher Wunsch: lacht doch auch mal im Bundestag. Lacht über Plagiatsjäger und solche, die für die Plagiate sorgen ... Eine Narrensitzung sollte Pflicht sein zu Karneval, damit auch dem letzten klar wird, welche Toren (Narren) wir das ganze übrige Jahr sind einschließlich der hohen Damen und Herren im Parlament!

Ich habe Ratzinger den Vortritt gelassen

Acht Wochen lang haben in der FAZ Leser von ihren eigenen Traumberufen berichtet. Vom Papst bis zur Ballerina – hier mein veröffentlichter Beitrag:

Es muss nicht immer Papst sein:
Ein „einigermaßen passabler Hirte" ist auch etwas.

Ich bin 62 Jahre alt und davon 36 Jahre lang als Priester tätig – inzwischen mehr als Hobby denn als Pflichtübung. Meine letzte Prüfung absolvierte ich tatsächlich bei Josef Ratzinger. Dies sollte mein Gesellenstück auf dem Weg zum Papst sein. Meinem Traumziel war ich also schon ziemlich nahe – allerdings, bevor es richtig losging. Als es dann losgehen sollte, rasch in Richtung Spitzenamt in der katholischen Kirche, ging der Schuss erst einmal nach hinten los: Magersucht, Verlust der Stelle, zehn Jahre Therapie – nach einem Reinfall kam irgendwann der richtige Therapeut. Nach meinen Jahren in einem Kinder- und Altenheim – inzwischen war ich Ende 20 – hieß die Devise: runter vom Abstellgleis. Ergebnis: fünf Jahre Kaplanstelle im Ruhrgebiet. Mit den längeren Anlaufschwierigkeiten hieß es dann immer noch vom selben Therapeuten: Sie müssen gefordert werden! Ab in die Bundesliga der Seelsorge: Duisburg. Nach sieben Jahren sollte dann eine Pfarreileitung kommen, der unabdingbare Schritt auf dem Weg zum Traumberuf: Papst!

Auf dem Weg zu „Höheren Würden".

Daraus wurde nichts, stattdessen wurde ich Pfarrer in einem Dorf am Niederrhein. Hier legte ich los: Wallfahrten zu interessanten Orten: Köln, Maastricht, Santiago, Rom. Kaum gab der rumänische Diktator Ceausescu sein Leben zurück in die Hände eines hoffentlich barmherzigen Gottes, fingen wir an, Rumänien-Transporte zu organisieren; am Ende mit mehr als zwei Sattelschleppern, fingierten Zollformularen und einem aufgrund des Hilfsgütergewichts aus der Statik laufenden Pfarrheim. Meine Predigten, früher abgelesen, konnte ich nun frei halten – mit keinesfalls einschläferndem Erfolg.

Bis heute darf ich Wunden verbinden, Liebende zum Altar begleiten; ich werde zu Sterbenden geholt, und auch beim Jubiläum freut man sich über meinen Musikbeitrag. Bittsteller aller Herren Länder kennen ihren Pfarrer – oft mehr als ihren eigenen Imam oder Hodscha. Auch die Wunder der Geldvermehrung im Bedarfsfall beherrsche ich inzwischen. Zum Papst hat es nicht gereicht, aber zum einigermaßen passablen Hirten wohl schon. Inzwischen habe ich gern Josef Ratzinger den Vortritt gelassen. In manchen Punkten sind wir sowieso anderer Meinung.

Das Wunder der Papstwahl – Ein wundervoller Papst?

Er kommt – nach eigenen Worten – aus der hinteren Ecke der Welt. Er fährt Bus und U-Bahn und besitzt kein Auto. Er war nicht auf dem Schirm der Kardinäle, der Weltöffentlichkeit. Er beginnt seine ersthistorische Ansprache mit den Worten: Buona sera – Guten Abend! Im „Mannschaftsbus" fährt er nach der Ansprache zurück in die Kardinalsherberge. Er bezahlt dort seine Rechnung eigenhändig; mit dem Trikot seiner Lieblingsmannschaft aus dem Armenviertel von Buenos Aires lässt er sich fotografieren; sein derzeitiges Lieblingsbuch ist bezeichnenderweise die „Barmherzigkeit" von Walter Kaspar (deutscher Kardinal).

Auch die nicht gläubigen Journalisten bittet er – in seiner Muttersprache – sie segnen zu dürfen.

Mal sehen, ob wir ihn nicht eines Tages zufällig in einer Trattoria einen Kaffee trinken sehen – so volksnah wie Jesus es war. Alle Achtung, Franziskus!

Vatikanische Farbspiele – der neue Papst bringt Farbe ins Spiel

Er ist ein Roter – auf der Seite der Armen!

Er ist ein Grüner: als Busfahrer und Bewahrer der Schöpfung.

Er ist ein Protestant: mit starken Ambitionen zum Leben aus dem Evangelium (= evangelisch)!
Ein Schwarzer ist er so wieso; Purpur lila lehnt er ab.

Er bringt unsere Farbmuster durcheinander und ihre Repräsentanten: die Roten, die Schwarzen, die Grünen, die Purpurträger ...

Ist dieser wunderbare Papst uns – auch in Deutschland – nicht gerade mit der göttlichen Botschaft (Message) geschickt: treibt Seelsorge und keine Struktursorge; schreibt nicht (nur) in den Computer, sondern hinterlasst eure Handschrift in den Herzen der Menschen; beschreibt nicht nur Newsletter sondern auch die Seele der Menschen.

Dies gilt sogar für Zeiten, in denen die Finanzmittel der Kirchen wirklich – und nicht imaginär – wegbrechen: also eine göttliche „Message", die Zukunft hätte, auf die übrigens zu 90 % voller Sehnsucht *warten*.

Das Wunder der Musikstücke

Der Männergesangverein der Nachbarkirche feierte seinen hundertsten Geburtstag; ein Grund für die Nachbarchöre ihr Bestes zu geben.

Ich kam mit zehn Minuten Verspätung in die gut gefüllte Kirche – es war ein hochsommerlicher Tag; das Gotteshaus angenehm kühl.

Der Kirchenchor aus dem Heimatdorf trat mit: „Dank sei dir Herr" auf. Eine geschulte auswärtige Stimme übernahm den Solistenteil. „Ein Stück vom Himmel" – mein respektvoller, ja bewundernder Kommentar anschließend. Die Garderobe, die Instrumentalisten, das Kirchenschiff – alles Bestandteile eines „Stücks vom Himmel!"

„Wenn schon der Sternenhimmel schön ist – um wie viel schöner muss es erst dahinter sein". – Pippi Langstrumpf in Astrid Lindgrens literarischem Werk!

Ein gottvoller Sonntag ohne Gottesdienst!!

Die Messe konnte ich abgeben: an den, der die Predigt hatte: so war der Sonntag plötzlich dienstfrei, und ich konnte einem länger gehegten Wunsch nachgehen. Das Mitglied einer früheren MS (Multipliskerose) Gruppe wurde 50 und feierte im Marktcafé in Weeze – etwa 30 Zugminuten entfernt. Martin und Martina: ein Urgestein meiner MS Gruppe; beide – kaum 20 Jahre alt – erkrankten fast gleichzeitig an dieser letztlich unheilbaren und unheilvollen Nervenerkrankung. –

Schon die Reise war ein Gedicht: kalt, aber sonnig, die Gitarre auf dem Rücken klappte es diesmal sogar mit dem Einchecken: dem Ticket der Bundesbahn.

Aufregende Begegnungen und Gespräche folgten vor dem Zug und im Abteil: eine tothübsche Studentin fragte mich nach meinen Plänen aufgrund der Gitarre; ein mir bekannter Frisör fuhr mit seiner aus der Ukraine stammenden Frau zur Düsseldorfer Frisör-Messe. Er wusste mit einem beachtlichen Wissen zum Stand der Rüstung und Wirtschaft Russlands aufzuwarten. („Krimkrise")

Im Café wurde ich erwartet: eine überschaubare Zahl von Gästen war schnell begrüßt. Und dann kam es wieder (!) zum Weinwunder: meinem Gitarrenspiel („ich wollte wie Orpheus singen") folgte ein nachdenklicher, mit Tränen begleiteter Liedvortrag der Schwägerin des Geburtstagskindes. Die Werbung um den Geliebten – der Inhalt des Liedes.

In der Realität hatte ihr Mann sie gerade vor einer Woche verlassen.

Ein Kirchenvater hat einmal gesagt, dass von den 600 Litern Wasser, die Jesus zu Kana in Wein verwandelte, wir heute noch leben; auch in Weeze.

Über ihren Liedvortrag und ihre Gesprächsinhalte wurde A. eine schöne Frau und überbot ihr eher durchschnittliches Aussehen so total, dass dieses nicht mehr wahrgenommen wurden.

Eine schöne Seele macht jeden schön! Unglaublich!

Mit Mühe und Not erreichte ich dann meinen Zug für die Rückfahrt – im Eiltempo; natürlich ohne mein Ticket im Automaten zu entwerten! –

Es erübrigt sich fast, dass die Zugbegleiterin dies damit kommentierte, dass sie mir diese Reise schenkte!!

Phantasiewunder: Ich rede mit!

„Darf ich im Himmel auch arbeiten?" fragt ein polnischer Bauer seinen Kaplan, der ihm im Sterben beisteht. Welche Rolle werde ich im Himmel spielen? –

Mein Antrag für den Himmel, Böschungen und Straßenränder (Autobahnauffahrten, Gleisbetten in Bahnhöfen ...) zu verschönern und von unschönen Dingen zu befreien läuft schon lange; dies ist keineswegs eine Degradierung für mich. Ob ich auch in Tagesgeschäfte des neuen Himmels und der neuen Erde mitreden werden darf und dann auch kann, wird sich zeigen. Lust dazu habe ich; mit Hunderten von Ideen und Vorschlägen.

Stichwort

Zu den köstlichen Beobachtungen eines Urlaubs mit meinen Priesterfreunden Werner und Heinrich gehörte die Besichtigung eines alternativen Fahrrades mit der Aufschrift: Frank Zappa for president. – Mein Golfnachfolgeauto Hyundai Athos, das mit Mühe und Not den Titel Auto verdient (Ausstattung mit Klimaanlage unter 9.800,– €) trägt seitdem die Aufschrift: Jesus for president. Dem ist nichts hinzuzufügen – außer dass er sein Versprechen eines Tages wahrmachen möge! Danke!

Der verunglückte Einbruch – ein Wunder?

Er kam – als meine Haushälterin und ich im Festzelt waren –, durchbrach die alarmgesicherte Eingangstür und ging zielstrebig zum Bürotisch, wo sich die nur schmal gefüllte Kasse befand: ein Drogenabhängiger, der Stoff brauchte – und dafür Geld.

Als wir vom Festzelt nach Hause kamen, stand die Polizei da; Bodo, der Einbrecher war, von einem Nachbarn verfolgt, in den Wald gelaufen; für den Rückweg benötigte er das am Tatort abgestellte Fahrrad; dort lief er natürlich in die Arme der Polizei. Die ihn laufen ließ – mit oder ohne Rad – das weiß ich nicht mehr. –

Tage später traf ich den Täter in der Stadt: „Ich wollte mich entschuldigen!" meinte er, vor einem Kaufhaus stehend. Nachdem ich die Entschuldigung angenommen hatte fragte er: „Haben Sie vielleicht noch mal drei Euro für mich?" Ich gab ihm fünf.

Radfahren in Kleve – ein Abenteuer

Abenteuer können lebensgefährlich sein: dazu gehört die vom Gymnasium in Richtung Linde zu befahrende Strecke: an parkenden Autos vorbei, wo jederzeit – unerwartet und chancenlos für den Radfahrer – die Autotüre aufgehen kann; dahinter ein LKW der einem fast in die Hacken fährt ...

Hier müsste jeder Verkehrsplaner und jede Stadt morgen am Tag eine Sicherheitslinie für Radfahrer ziehen – oder den Fußgängerweg freigeben. Diese Unverantwortlichkeit lässt sich nur durch die fehlende Praxis- und Ortsnähe der Planer entschuldigen. Für mich ist dieses Stück der „Highway to hell". Fairerweise gebe ich zu, dass der städtische Beamte an dieser Stelle ansprechbar, einsichtig und guten Willen gezeigt hat. Dieses Problem muss lösbar sein – sonst bleibt der Dauerstress für den Schutzengel.

Fußballpfarrer – eine Traumkarriere

Für die WM 2006 in Deutschland suchte die Rheinische Post im Südkreis Kleve – Kleve selbst mit meinem Dorf gehörten zum Nordkreis (Durchmesser des Gesamtkreises etwa 75 km) – einen Fachmann innerhalb der Kirchen für Fußball und WM: Bernhard Weskamp war der einhellige Vorschlag meiner mir nicht bekannten Kollegen im Südkreis.
Dann kam Corinna Kuhs – eine zierliche Journalistin mit Pep. Dem ganzseitigen Artikel gab sie die Überschrift: Der Stürmer Gottes. Damit kann ich leben.

Der Stürmer Gottes

Bernd Weskamp aus Donsbrüggen ist immer auf Ballhöhe: Als Pfarrer in der Messe und als Hobby-Fußballer auf dem Platz. Er sagt: Fußball ist **Konkurrenz** zum Gottesdienst, und auch beim Kicken gibt es die **Auferstehung**.

Das Buch „Fußball unser" ist für einen Kicker-Fan wie Pfarrer Bernd Weskamp absoluter Schmöker-Genuss. Darin liest der Donsbrüggener zum Beispiel, dass sich der Spieler **Thierry Henry** beim Torjubel selbst mit der **Eckfahne** ins Gesicht **schlug** und ausgewechselt werden musste. RP-FOTO: KLAUS STADI

Das Elfmeterwunder

Sowohl im Halten von Strafstößen (der „Elfmeterkiller, es ging nicht mit rechten Dingen zu" – einige Zeugen) als auch im Versenken derselben mit tollen Täuschungsmanövern: in beiden bin ich – bisher – fast ungeschlagen ...

Pro Hauptschule

Bei meinen gerade ein paar Wochen zurückliegenden Entlasstagen für Hauptschüler stelle ich glücklich fest, dass die Zukunft der Jugendlichen breit gefächert ist: manche streben auf direktem Wege das Vollabitur an der Kollegschule Kleve an, andere das Fachabi; nicht wenige kommen in Ausbildungsplätzen unter. Wenige werden weiterhin schulisch „geparkt" – also eine Perspektive, die sich nicht wesentlich von Real- und Gymnasialschülern unterscheidet. Das Verhalten der Jugendlichen an diesem Tag untereinander und zu uns war herzlich und respektvoll.

So weit die Realität. Woher ein Hauptausschuss Kleve, eine Landesregierung und auch inzwischen die Bundes-CDU das Recht nehmen, diese Schulform aufzulösen – ungeachtet auch der jeweiligen Schule und ihres pädagogischen Profils vor Ort, ist mir schleierhaft. Oder eigentlich auch nicht: hat doch die Politik seit der „Überwindung" der Volksschule kein ergiebigeres Feld, auf dem sie sich wie in keinem anderen austoben kann.

Welcher Politiker erlaubt sich den Luxus, mit Schülern und Lehrern vor Ort mal zu reden? An welchem Zeitgenossen dürfte es vorbeigehen, dass weder Schüler noch Lehrer sich durch eine bloße Namensänderung (Etikett) ändern? Es ist fast so, als wenn Handwerker einen Ballettabend gestalten wollen.

Unterm Strich: Bei der Empfehlung des Hauptausschusses handelt es sich um alles andere als eine Sternstunde der Kommunalpolitik. Mein Vorschlag: für jeden in Schulfragen involvierten Politiker soll ein vierwöchiges Schulpraktikum – meinetwegen steuerfinanziert – Pflicht sein. Danach sehen Entscheidungen anders aus.

NACHSPEISEN

„Jesus der Fußballer"
„Vornominierungen" für den Himmel – Schindler's Liste
Das eigentliche Wunder im Leben von Uli Hoeneß
Auf einem Esel
Das Wunder des Drahtesels (Fahrrad)
Radsegnung
Fußball-, Rad- und Reiterpastor
Das Wunder in der Arena
Das Wort zum Sonntag

„Jesus der Fußballer"
Bild an einer Außenwand einer Dorfkirche in Venezuela

Ein Bild: darauf drei Männer. Sie spielen Fußball. Nichts Ungewöhnliches eigent-
lich. Aber das Bild ist auf die Außenwand einer Kirche gemalt. Kein Dom, keine
Kathedrale – eine Dorfkirche in Venezuela. Ich habe das Bild nur zufällig in einem
Kalender entdeckt. Aber es fasziniert mich. Zwei der drei Männer sehen ganz

normal aus. Trikot, kurze Hose, Turnschuhe. Südamerikanische Gesichtszüge. Aber der dritte ist anders, trägt Sandalen und ein weißes Gewand. Das Haar fliegt nach hinten. Die Gesichtszüge wie auf einem Heiligenbild. Jesus. Mit dem rechten Fuß zaubert er den Ball nach oben. Alles an ihm ist Bewegung. Gleich wird er unhaltbar verwandeln.

Unverkennbar. An die Kirche wurde Jesus als Fußballer gemalt. Mit herrlich leuchtenden Farben. Klasse Idee. Wie oft ist Jesus auf Bildern eingesperrt. Muss mit immer gleichem Gesicht ehrfürchtig dreinschauen. Muss einen Heiligenschein tragen. Wird in den Himmel emporgehoben.

Hier endlich einmal nicht. Hier wurde er gemalt, wie einer von uns: Jesus, mitten unter uns, spielt nicht nur Fußball, sondern zaubert wie die Profis. Voller Elan, voller Begeisterung. Eine sehr schöne Vorstellung von Jesus. „Wo zwei oder drei in meinem Namen versammelt sind, da bin ich mitten unter ihnen", hat er gesagt. Und eben nicht nur in der Kirche.

Bei Google unter Jesus-Bundesliga (!) wurde jemand fündig mit dem vorigen Bild.

Jesus, der Vorlagen gibt; Jesus mit Ballgefühl; Jesus, der uns ins Spiel bringen, in Sein Spiel bringen will. Jesus – der drin ist im Spiel des Lebens.

Was macht ein Fußballspiel so spannend? Sepp Herberger: Weil keiner weiß, wie es ausgeht. Millionen Deutsche erleben Sonntag für Sonntag das Spiel ihres eigenen Lebens auf dem grünen Rasen der Arenen; in einem weitgehend von Spannung freiem Leben erleben und erleiden sie – wie auf einer Projektionsfläche – die oft verlorengegangene Dramatik ihres eigenen Lebens. Paulus sagt – in der Ausdrucksform des antiken Breitensports: lauft so, dass ihr den Siegespreis gewinnt.

Der moderne Fußball ist laufstark und athletisch; von der ersten Sekunde an. Auch ein zeitgemäßes Christentum erfordert Spielwitz, Ausdauer, das „am Ball dranbleiben aller Spieler" usw. Die Parallelen sind zuhauf.

„Ende ist, wenn der Schiedsrichter abpfeift." Nachspielzeiten sind die Regel; sie haben es oft in sich. Meine persönliche Spielanalyse für den Wettstreit Gut – Böse in unserer jetzigen weltgeschichtlichen Lage: wir sind in der Nachspielzeit. Der Schiedsrichter wird abpfeifen – Jesus – ehe das Böse endgültig siegt. Nach dem Abpfiff der diesseitigen Geschichte ist nicht Schluss; der Trainer wird die Mannschaften dann neu formieren. Der Siegeszug des Guten und der Guten wird unaufhaltsam sein; das ist die letzte Motivation der Christen: inmitten einer übermächtigen Ablenkungsindustrie am „Ball zu bleiben" – auch wenn der Ball gelegentlich im eigenen Netz zappelt. Wir sind auf bestem Wege, die Ressourcen nicht nur unserer Erde sondern auch unserer Zukunft zu verspielen; der Vorsprung an Hoffnung schrumpft. Die Taktik dieses Trainers (Jesus) wird die Taktik des Gegners – des Bösen – alt aussehen lassen; das spornt an.

Vertrauen wir ihm.

„Vornominierungen" für den Himmel – Schindler's Liste

Aus dem grauenvollen Ende eines jüdischen Ghettolebens fielen diejenigen heraus, die auf der Liste standen, oder eine Arbeitsbescheinigung hatten. Ein Listenplatz, der Rettung und Zukunft bedeutete.

Auch der Himmel wird seine „Liste" haben, auf der die Namen derer verzeichnet sind, die dabei sein werden: beim Aufbau eines neuen Staates (Israel), beim Aufbau des noch jungen Gottesreiches – mit Jerusalem als Zentrum!

Der Bundestrainer pflegt vor einem Spiel die Kandidatenliste zu nominieren: Spieler, deren Einstellung und Können Impulscharakter haben.

Nehmen Sie die nun folgende Liste als willkürliche Auswahl meiner Kandidaten für das kommende Gottesreich – sicherlich nur ein absoluter Bruchteil: Männer und Frauen, deren Radius des Wirkens und Glaubens schon jetzt dafür bürgen, dass es im Himmel „hoch hergehen" wird. Personen, die Akzente schon gesetzt haben oder noch setzen, die für das Endspiel des Himmels förderlich sein werden.

Der Einfachheit halber habe ich die Liste etwas – amateurhaft – strukturiert, denn es gibt keine Mannschaft, die nur einfach so auf den Platz läuft ... Etwas Ordnung muss sein, obwohl Jesus als Cheftrainer sich in keiner Weise in die Karten schauen lässt. Es ist sozusagen meine Kandidatenidee – ohne Gewähr.

Personen, wegen derer ich mich schon jetzt auf das „Spiel" freue:
Widerstandskämpfer:

Dietrich Bonhoeffer; Herr Janusz Korczak (Reformpädagoge, Warschauer Ghetto!); Claus Schenk Graf von Stauffenberg; Eugen Gerstenmaier; Nikolaus Groß; Helmuth James Graf von Moltke; Alfred Delp; Sophie und Hans Scholl; Edith Stein; Wilhelm Frede; Karl Leisner; Gerhard Fittkau (Ermland); die schlesischen Gläubigen und Priester/Ordensleute die in ihrer Heimat blieben, auch beim Einmarsch der Russen oder in Konzentrationslagern umkamen; die mehr als 700 Geistlichen (Priesterblock) im Konzentrationslager Dachau; die 15000 getöteten Offiziere von Katyn; die Millionen ermordeter und verhungerter Bauern der Ukraine im Zuge der Kolchosivierung; Ermordete auf dem Platz des „Himmlischen Friedens" (Peking); die Berliner Mauertoten; die 8000 Toten von Srebrenica; die Holocaust Opfer; die Opfer der Vertreibungen und Genozide; alle Betroffenen der KZ´s, Gulag's Umerziehungslager; die Dissidenten aller Zeiten; die tollen Bischöfe und Blutzeugen des 3. Reiches und der Stalinzeit; unendlich ist ihre Zahl: 144000 steht in der Bibel. Die höchst mögliche aller Zahlen.

Darf ich dabei sein? Nicht umsonst sagt eines der populärsten Spirituals:" ... then I want to be in that number, when the saints go marching in ..."

Bischöfe/Priester/Ordensleute/bewundernswerte Menschen, die es mir angetan haben (Jahrhundert und Jahrtausendspieler):

Reinhard Stecher; Julius Döpfner; Karl Lehmann; Joseph Höffner; Josef Perau; Leo Schwarz (Trier); Papst Franziskus; Heinz Janssen; Franz Grave Essen; Franz Kamphaus; Carlo Martini; Bernhard Stein; Papst Johannes Paul II; Heinrich Maria Janssen – Vertriebenenbischof (Hildesheim); Werner Thissen; Clemens Pickel (Saratow); Heinrich Baaken; Klaus Hemmerle; Pater Rolf Philipp Schönenberner; Clemens August Graf von Galen; Kardinal Frings; Kardinal Christoph Schönborn, der meines Erachtens bei den Bischöfen im deutschsprachigen Raum als einer der wenigen eschatologisch „was drauf" hat; Heinrich Tenhumberg; Reinhard Lettmann; Walter Kasper; Nikolaus Schneider; Francois Xavier Nguyen van Thuan; Bernd und Achim Klaschka; Willi Schultes; Egon Schmidt; Abbé Pierre; Don Bosco; Leopold Fonck; Lambert Brimmers em.; Rektor Quamdieker; Eduard Schotte; Edgar Kotzur; Michael Graff; der Orden der Familie Mariens, in Sibirien und Kasachstan tätig; Pero Sudar – Gründer der Europaschulen in Bosnien mit gleichen Schüleranteilen orthodoxer (Serben) katholischer (kroat. Ursprungs) und bosnischer Muslime, als Keimzelle eines neuen Jugoslawien; Arnold Angenendt; Josef Ratzinger; Ignatius von Antiochien; Ambrosius; Dominikus; Augustinus; Arenberger Dominikanerinnen – Schwestern der Heiligen Katharina von Siena/in Bolivien tätig; die männlichen und weiblichen Missionsorden; die Steyler Missionare („unsere Pfarrei ist die Welt!"); Dr. Ruth Pfau (seit Jahrzehnten im muslimischen Pakistan als Ärztin und Ordensfrau tätig); Schwester Emanuelle, Mutter der Müllmenschen in Kairo; Arnold Janssen (Goch); Friedrich von Spee; Henri Dunant; unsere Hilfswerke, wie: Adveniat, Misereor, Kirche in Not, Missio, Diaspora, Ansgar-werk, Renovabis und deren Gründer, Brot für die Welt, Missionsärztliche Schwestern, Leprawerk Würzburg; Ärzte ohne Grenzen; Grünhelme (Neudeck); Rosa von Lima; Elisabeth von Thüringen; Hildegard v. Bingen; Cosmas und Damian; Brüder Kyrill – Method; Werenfried van Straaten (Speckpater); Bernhard von Clairvaux; Willibrord; Bonifatius; Franz Xaver; Mutter Theresa; Antonius von Padua; Benedikt von Nursia; Gregor der Große; Franz von Assisi; Thomas Morus; John Fischer (England); Leo XIII; Johannes Paul II; Johannes XXIII; Thomas von Aquin; Tatjana Goritschewa (orthodoxe Christin) zusammen mit den vielen intelligenten und mutigen Russinnen, deren Glaubensqualität unsere Räterepublik (katholisch-Evangelisch) alt aussehen lässt; Schwester Alexandra, seit 25 Jahren im Kinderheim „St. Nikolaus" in Novosibirsk; Rita Zureich, Aktion Nächstenliebe e.V.; Heribert Hölz (Bosnienhilfe).

Menschen, die eine Neue Weltordnung (soziokulturell) vertreten:

Hans Katzer; Norbert Blüm; Paul Kirchhof; Oswald von Nell-Breuning; Albert Einstein; Klaus Töpfer; Sigmund Freud; Carl Gustav Jung; Viktor Frankl; Josef Goldbrunner.

Politiker und politisch denkende:

Väter unseres Grundgesetztes; John F. Kennedy; Abraham Lincoln; Dalai Lama; Kanzler Bismarck; Heinrich Brüning; Gustav Stresemann; Ernst Reuter; Konrad Adenauer; Hans Dietrich Genscher; Theodor Heuss; Carlo und Helmut Schmidt; Gerhard Schröder (2 mal !); Franz Meyers; Karl Arnold; Peter Struck; Bernhard und Jochen Vogel; Angela Merkel mit Frank Walter Steinmeyer; Volker Kauder; Kurt Biedenkopf; Matthias Platzeck; Wolfgang Thierse; Cem Özdemir; Ernst Albrecht; Petra Roth; Renate und Ulla Schmidt; Donald Tusk; Herbert Wehner; und auf der internationalen Bühne: Václav Havel; Michail Sergejewitsch Gorbatschow; Eduard Schewardnadse; Mario Monti; Enrico Letta; Lech Walesa; José María Aznar; Tony Blair; Wim Kok; Margaret Thatcher; Harold Mc Millan; Zhou Enlai; Chiang Kai-shek; Maria Theresia; Katharina die Große; Tito; Albert der Große; Karl der Große.

Vertreter von Wirtschaft und Finanzen:

Karl Schiller; Herr Müller-Armack; Ludwig Erhard; Die Fünf Weisen; Lothar Späth; Herr Abs; Gerhard Stoltenberg; Peer Steinbrück; Kurt Weigel; Mario Draghi; Franz Josef Strauß; Wolfgang Schäuble.

Bauherren und sonstige bewundernswerte Christen:
Schriftsteller/Journalisten – Männer (Frauen) des Wortes:

Franz Alt; Marcel Reich-Ranicki; Rainer Kunze; Lothar Zenetti; Wilhelm Willms; Tertullian; Origines; Peter Handke; Madeleine Debrel , Kommunistin, später Ordensfrau in Paris; Carl Zuckmayer; Kurt Martin Magiera; Josef Reding; Alexander Solschenizyn; Fjodor Dostojewski; Jewtuschenko; Heinrich Böll; Erhart Kästner; Reinhold Schneider; Adalbert Stifter; Friedrich Dürrenmatt; Max Frisch; Peter Bamm; Georges Bernanos; Antoine Saint Exupéry; Wolfgang Borchert; Josef Pieper; Gerd Ruge und Klaus Bednarz beide ARD; Peter Scholl Latour; Thilo Koch; Fritz Pleitgen; Johannes Röser (Christ in der Gegenward).

Menschen aus Unterhaltung, Musik, Kunst, Architektur und Sport:

Die Beatles; Reinhard Mey; Edvard Grieg; Arvo Pärt; Tisa von der Schulenburg; Heinz Rühmann; Charlie Chaplin; Kurt Felix; Thomas Gottschalk; Rudi Carrell; Frederico Fellini; Rainer Werner Fassbinder; Herbert Falken; Egidius Braun; Otto Rehhagel; Bert Trautmann; Joachim Löw; Simon Jentzsch (Augsburg); Dani Schahin; Phillip Lahm; Christoph Metzelder; Ernst Friedrich Zwirner.

Wie mancher Trainer der Bundesliga – so hat auch der himmlische Trainer seine „Verletztenliste" – Personen, Mitspieler, die aufgrund unterschiedlicher Probleme nicht zum Einsatz kommen, die aber dringend beim Aufbau einer Millenniummannschaft „oben" gehandelt werden; ich nenne nur einige:

Annette Schavan – Stefan Mappus – Theodor zu Guttenberg – Klaus Zumwinkel – Oliver Wittke – Dieter Althaus – Norbert Röttgen – Rudolf Seiters – Friedrich Merz – Josef Krings – Adolf Sauerland – Uli Hoeneß.

Für diese Aufzählung meiner Kandidatenidee werden wir eine Ewigkeit brauchen … Sollten nur Bruchteile dieser Mannschaft in der Arena der kommenden Welt Gottes auflaufen – wird im selben Augenblick das Böse in seiner Unzahl von Gesichtern keine Chance mehr haben, ja nicht mehr vorkommen. Die alte Welt kannst du dann wirklich vergessen.

Die Welt wird neu vermessen! (Offb)

Das eigentliche Wunder im Leben von Uli Hoeneß

In einem spektakulären Absturz einer Privatmaschine überlebt der im Rückbereich schlafende (!) Manager der Bayern als einziger: ein Wunder!

In einer dramatischen Steuergerichtswoche überlebt der Erfolgsmanger nicht: wie ein Einbrecher oder Drogendealer wandert Uli in den Bau: Revision des Verfahrens in Karlsruhe möglich.

Am Morgen nach der Entscheidung des Gerichts, durch die im Leben des größten deutschen Erfolgsmanagers in puncto Fußball kein Stein mehr auf dem anderen bleibt, entscheidet der Winnertyp schlechthin auf Verzicht der Weiterführung des Verfahrens; d. h. Akzeptanz des Knasturteils: ohne wenn und aber. Gleichzeitig gibt er die Spitzenämter bei seinem Club in andere Hände. – Ob das nicht das größte Wunder im Leben von Uli Hoeneß ist und bleiben wird??

Kuriosität am Rande: Bei der legendären WM in Mexiko 1970 bitten zwei deutsche Spieler den Trainingsbeginn am Sonntagmorgen wegen eines ... Gottesdienstbesuches (!) zu verlegen: Wolfgang Overath und ... Uli Hoeneß.

Auf einem Esel

Auf einem Esel ritt der Herr in Jerusalem ein. Welches Gefährt würde er heute nehmen? Würde er die Farbe Silbermetallic wählen? Vielleicht wird er – sollte er zurückkommen – zu Fuß gehen?

Esel sind bekannt für ihre Widerspenstigkeit. Sie werfen den Reiter gelegentlich unsanft aus dem Sattel. So ging es den beiden Volkskirchen in den letzten Wochen; meiner katholischen etwas häufiger. Die beiden Kirchen werden den Himmel nicht in einem Luxusgefährt erreichen; warum sollen die nicht das Schicksal ihres Herrn teilen, der die entscheidende Etappe seines Lebens auf einem Esel absolviert – und die letzten Meter mühsam zu Fuß hinter sich bringt.

Die beiden Kirchen können an ihren Unfällen reifen (Missbrauch). Zur Not geht es zu Fuß weiter.

Zum Schluss aber die gute Nachricht: der Esel hat im Neuen Testament immer sein Ziel erreicht – einschließlich Ladung: sowohl auf der Flucht vor Herodes nach Ägypten wie auch auf der Reise nach Jerusalem!

Warum sollten die Kirchen es nicht schaffen – wenn sie dem Herrn folgen?

Das Wunder des Drahtesels (Fahrrad)

Das Rad, einmal das Auto des kleinen Mannes, ist mein täglicher Begleiter: Mit Gangschaltung – als Fahrrad – oder unter Zuhilfenahme eines Sachsmotors (0,5 PS) als Leichtmofa. Mein Kilometerbuch hat in diesem Falle einen höheren Bestand als das Fahrtenbuch des Pkw's ...

Das Fahrrad ist Teil der Seelsorge: zum persönlichen Auftanken geeignet macht es mich fit für die nächste Aufgabe. Durch die Leichtigkeit des Auf- und Abstiegs kannst du – im Fahren – Kontakte aufbauen oder durch einen Gruß pflegen. Auch Richtungsveränderungen können auf kleinem Raum, ohne Aufwand vorgenommen werden; selbst Stürze verliefen bisher zumindest glimpflich. Tiefste und wichtigste Gespräche habe ich schon beim Nebeneinanderherfahren auf dem Radweg geführt.

Jesus ritt auf einem Esel, und sich ihn auf einem Drahtesel (Fahrrad) vorzustellen, ist eher möglich als den Papst oder die Ministerpräsidentin. In dem lebenslangen Versuch, Jesus zu folgen, haben die Füße und der Drahtesel einen deutlichen Vorzug!

Jahrzehntelang war die Seelsorge dem radfahrenden Priester vorbehalten; Blech, Stahl und Aluminium – die Außenhaut eines Autos – distanziert; auch die Kommunikation auf den elektronischen Datenstraßen geht ohne Berührung (die Urbedeutung von Kontakt) vonstatten. Auf dem Fahrrad er-fahre ich das Evangelium.

Gemalt von Walter Kaiser, Donsbrüggen.

Fahrradspiritualität

„Immer weiter!" sagst du zu uns
in allen Kurven des Evangeliums.
um die Richtung zu behalten,
müssen wir immer weitergehen,
selbst wenn unsere Trägheit verweilen möchte.

Du hast für uns
ein seltsames Gleichgewicht,
in das man nicht hineinkommt
und das man nicht halten kann,
es sei denn in der Bewegung
im schwungvollen Voran.

Es ist wie mit einem Fahrrad,
das sich nur aufrecht hält, wenn es fährt,
ein Fahrrad, das schief an der Wand lehnt,
bis man sich darauf schwingt
und auf der Straße davon braust.

Die Zeit, in der wir leben,
ist gezeichnet von einem allgemeinen,
schwindelerregenden Ungleichgewicht.
Sobald wir uns hinsetzen, dies zu betrachten,
kippt es und entgleitet es uns.

Wir können uns nur aufrecht halten,
wenn wir weitergehen,
wenn wir uns hineingeben
in den Schwung der Liebe.

Madeleine Debrel
(ehemals Kommunistin,
später Christin in Paris)[21]

[21] Aus: Madeleine Debrel „Der kleine Mönch", ein kleines Notizbüchlein, Leipzig 1986, St.-Benno-Verlag

Radsegnung

Fotograf: Hubert Hermanns[22]

Mit soviel „Segen" hatten die Donsbrügger Radsportler bei ihrer 10. Radsegnung nicht gerechnet. Im Dauerregen führte Sportpastor Weskamp die Segnung durch und wünschte allen eine stets gute Fahrt. Der Pastor wies daraufhin, dass bei der Radsegnung nicht das Rad das wichtigste ist, sondern die Person, die auf dem Rad sitzt.

---

[22] Aus: Klepoint 16. 03. 2008

Fußball-, Rad- und Reiterpastor

Karriere ohne Grenzen: der Reiterpfarrer.

Das Wunder in der Arena

Mit dreiundzwanzig Firmlingen in die Esprit Arena in der Landeshauptstadt, einem der modernster Unterhaltungstempel, wo es an nichts fehlt.

„Sie sind unsere Gäste," war die Auskunft der sympathischen Geschäftsstellenleiterin von Fortuna Düsseldorf auf die Frage, was das Ganze kostet. Schon in Kleve konnten wir kostenfrei einchecken: das Spielticket ist auch Bahnticket!

Und da saß ich dann mit den Jugendlichen, die innerhalb der Firmvorbereitung „Begeisterung" pur erleben sollten, gut eine Stunde vor Spielbeginn.

23000 Fans kamen, mittlerer Zweitligaschnitt. Der Gegner Augsburg mit Aufstiegsambitionen und mit Torwart Simon Jentzsch, 1,92 m groß.

Dieser trat mit seinem Fortunatorwart samt kleinem Trainerstab als erster in die Arena, ziemlich in ihren Mittelpunkt. Und als schien er mein Seufzen zu hören: „Was hat das alles mit der Firmung zu tun?" konzentrierte er sich auf sich selbst und schlug ein deutlich sichtbares Kreuzzeichen. Nach dem ersten Warmlaufen ein Zweites. „Gut dachte ich: die Reise war nicht umsonst!"

Simon Jentzsch war der Rückhalt der Augsburger in deren erster erfolgreicher Bundesligasaison. Besiegt wurde er beim ersten Zusammentreffen in der ersten Liga durch den Düsseldorfer Schahin, der seine Einwechslung mit einer Kniebeuge begann; nicht um Tore zu schießen, sondern um heil wieder den Platz verlassen zu dürfen, war sein Kommentar dazu. Dagegen war selbst Jentzsch machtlos, zweimal musste er hinter sich greifen. – Nach seiner erfolgreichen Saison schrieb ich Simon Jentzsch[23] in einer Mail den Satz, den Kaiser Konstantin in einer Vision an den Himmel geschrieben sah – vor seinem historischem Sieg –, der das Ende der Christenverfolgung bedeutete:

„In diesem (Kreuz-) Zeichen wirst du siegen!"

---

[23] Ab Saison 2014/15 kehrt übrigens der „verlorene Sohn" Simon Jentzsch, ein gebürtiger Düsseldorfer, zur „Fortuna Düsseldorf" zurück – als Torwarttrainer!

Das Wort zum Sonntag

Der kommende Sonntag ist Totensonntag. Die katholische Kirche feiert an diesem Sonntag das Christkönigsfest. Eine Kirche in Kleve ist danach benannt. Der damalige Pfarrer, Josef Cornelißen, erhielt folgenden Brief:

> An Herrn Christus König,
> Lindenallee 99
> 47533 Kleve
>
> Lieber Herr König ...

Es handelte sich um einen Brief an die Fangemeinde von Bayern München ...

Christ-König-Sonntag?

Zur Zeit läuft ein Film mit dem Namen „2012", der ein Untergangsszenario der Welt beschreibt. Er füllt die Kassen. Christkönig bedeutet, dass Gott alles im Griff behält; dass er die Fäden der Geschichte des Einzelnen und der Welt in der Hand behält; dass alles schon entschieden ist – zugunsten der Zustimmung Gottes für diese Welt.

In einem Lied heißt es: „Ja, wenn der Herr einst wiederkommt, ja, dann lass mich auch dabei sein ... ".

Dieser Stimmung entspricht die Mentalität dieses Sonntags. Das Ende des Kirchenjahres markiert zugleich den Auftakt der Vision des Christentums: „Gott macht alles neu." Das Gute (der Gute) setzt sich gegenüber dem Bösen durch: Vernichtung, Zerstörung und Unwahrheit haben keine Chance mehr. Das Elend der Massen und das Elend vieler Einzelner werden beseitigt:

Dieser König wird die Unheilssituation der Erde in den Griff bekommen!

Das letzte Wort der Bibel lautet: „Komme bald!" Dem ist nichts hinzuzufügen.

NACH DEM ESSEN IST VOR DEM ESSEN

Eine Bergtour im Berner Oberland

Aufbruch zu einer Bergwanderung leichten Grades: Dauer 4 Stunden. Im Blick die Kette der Viertausender mit den Berglegenden Eiger, Mönch und Jungfrau. Ihre Besteigung forderte manches Menschenleben, selbst heute noch. Drei Bergsteiger sind zur Zeit (August 2013) vermisst.

Wanderer „zwischen den Welten", links im Hintergrund – in Wolken – die Eigernordwand.

Der Berg als Treffpunkt der Nationen: „Auf dem Berg werde ich die Hülle entfernen, welche die Nationen trennt!" So heißt es in der endzeitlichen Vision der Bibel.

Treffpunkte der Völker, Generationen, Rassen, Mentalitäten, Talente und Interessen – so wird dieser Berg der Verklärung des globalen Gipfels beschrieben.

Einen kleinen Vorgeschmack gibt es an diesem 21. August 2013 – bei guter Sicht und tiefblauen Himmel. Die erste Gruppe sind die Katalanen – auf dem Weg zur „Suppenalb" – für Spanier nicht die leichteste Sprechübung. Das Eingangstor des Gespräches bildet natürlich Pep Guardiola – der spanische Erfolgstrainer, seit ein paar Wochen im Dienst der Bayern. Einer der beiden Söhne studiert „law" – Recht, der andere ist Schüler.

Kurze Zeit später: ein rastender Schweizer Briefzusteller – 81 Jahre alt. Ihm spielt Willi, mein Schwager ein deutsches Volkslied vor: auf du junger Wandersmann. Wanderer hören mit, schlagen mit ihren Wanderstöcken den Takt. Singend – er, der Schweizer jodelnd – verabschieden wir uns. Auf zur Grütschalb.

Eine Gruppe aus Birmingham rastet; das Gespräch geht über Tony Blair, dessen Wertschätzung einseitig von mir kommt. Sie erwähnen die Mundharmonika – lobend. Wir lachen – und ich gehe weiter.

Ein Einzelwanderer, Deutscher, seit 30 Jahren in Bern wegen seiner Frau zuhause, erzählt von seiner neuen Heimat.

Es nahen 5 Frauen mit einem Mann – nur unwesentlich jünger als ich – aus Lörrach.

Wir sprechen über den berühmten Sohn Lörrachs, Ottmar Hitzfeld, dem Schweizer Nationaltrainer. Ich bekomme seine Adresse!!... Priesterrain – seine Straße. Wir lachen und ich frage, was dieser männliche Wanderer wohl alleine mit den vielen Frauen vorhat.

Es naht eine Gruppe aus dem Elsass, elsässer Franzosendeutsche; sie sprechen über die Situation des Kirchenbesuchs und des Einkommens im französischen Klerus. Herzlich, lachend, gewinnend.

Es naht nach Würdigung der Aussicht in die Bergwelt eine Familie aus Tschechien. Ich erzähle meine Erlebnisse vom Besuch der Untergrundpriester in Prag. Der Vater stellt seinen Sohn als Messdiener vor: ich lasse Grüße ausrichten an den 48-jährigen Heimatpastor in der Nähe von Brünn. Seine Frau ist Dentistin – Zahnärztin, er im IT Bereich tätig. Ich treffe sie auf dem Rückweg wieder – allesamt ein Stück Schweizerkäse essend und kauend.

Einkehr im Restaurant bei der Bergstation an der Grütschalb; einer etwa 60-jährigen, nicht unattraktiven, Schweizerin scheint der Platz nicht zu gefallen. Ich verweise auf die Güte des Lokals und sage zu ihr: „Oder suchen Sie das Paradies?" Ihre gekonnte Antwort: „Das Paradies: das ist doch hier..."

Wir sind im Gespräch; sie – ihre Antwort – wird Teil irgendeiner Predigt werden – Eine unauffällige Dame mittleren Alters bedient uns. Es geht um Geld – bei der Bezahlung – worum sonst.

Sie erzählt von einer Gelderfahrung, die Jahre zurück liegt: „Meine Tochter hatte eine Lebensversicherung. Es waren zehntausend Franken, die ausgezahlt wurden. Sie ist bei einem Unfall gestorben." Auf unsere Nachfrage sagt sie: „Bei einem Badeunfall. Sie ist ertrunken." Was ist Geld – in dem Augenblick ...

Mathilda heißt die dreijährige Tochter; ich beeile mich zu sagen, dass ich an sie denken werde. „Sie werden sie wiedersehen!" „Ja", sagt sie „aber was ist das jetzt. Sie fehlt mir in der Gegenwart ...".

Das Spektrum des Gesprächs zwischen Suppe und Sandwich – liegt zwischen Paradies und „lost paradise" – wie mein Schwager treffend ausdrückt.

Wer fehlt noch auf diesem Berg der Nationen? Die Italiener!

Ich überhole sie, sie kommen aus Genua; wir gehen bis Mürren/Endstation zusammen. Alte Bekannte wie sich herausstellt. Aus dem Vorjahr in Grindelwald.

Da war doch was …

Grindelwald vor einem Jahr, eine große und lautstarke Gruppe Italiener erreicht um 18.00 Uhr die dem Hl. Klaus gewidmete Kirche. Es dauert bis 18.07 Uhr als der Gottesdienst beginnt. Einer der verhängnisvollen Fehler, die ich an jenem Abend – gutmeinend – machte. Michaela – eine der Italienerinnen, übersetzte jeweils meine Worte ins Italienische – Dazu kommt, dass ich wohl redselig war an jenem Abend. Unter eindeutigen Vorzeichen verließen daraufhin drei Personen den Raum – wenn man so will: unter Absingen schmutziger Lieder …

Diese Erinnerung wurde wach: mein Gegenüber gehörte zu jener Gruppe.

Bahnstation Mürren – wir kommen an. Ein normaler Wandertag geht zu Ende; ein Wandertag, wo ich nicht nur die Alb erreichte, sondern auch – im Vorgefühl vorausgehend: das himmlische Jerusalem: auf dem Berg liegend, allen Völkern sichtbar, greifbar – das Ziel aller Irr-, Um- und Königswege der Menschheit.

Welch eine Aussicht: die Kommunikation, der Austausch, das Verzeihen, das Äußerndürfen der Verletzungen – im Angesicht dessen, der als Erster den Aufstieg gemacht hat … Und uns alle mitgenommen hat, als „Beute", als Trophäe, im Gepäck dieses Mannes der nichts hatte, wo er sein Haupt hinlegen konnte.

Das blaue Wunder …

werden eines Tages manche erleben; es ist die Läuterungsphase, für unsere gegenwärtige Zeit, die sich für die Ewigkeit hält: allmächtig schaltende und waltende Schlagzeilen, die jeden und jede vernichten können – erst einmal. Wenn nach einem Jahr die Trivialität der Vorwürfe sich herausstellen (bei Christian Wulf geht es um 650 Euro, die ihm sein Freund für einen Hotelaufenthalt schenkte, um möglicherweise Vorteile zu manipulieren) ist der medienwirksam Erledigte längst über alle Berge, im Nichts. Die Freude an der Wichtig- und Großtuerei erfasst Staatsanwaltschaften und sogar Bundesgerichtshöfe. Diejenigen die dieses Spielchen betreiben oder auslösen werden einmal das blaue Wunder erleben.

„Und keiner kennt den letzten Akt,
von allen die da spielen,
nur der da droben schlägt den Takt –
weiß wo das hin will zielen." (Volkslied)

Der letzte Akt wird auch vor roten Roben und Medien und Medienzaren keinen Halt machen; wer steht, sehe zu, dass er nicht falle – das gilt für alle, die sicher glauben zu stehen. Selbst für den deutschen Bundestag mit seiner Hundertschaft von Juristen kommt mal die Stunde der Wahrheit. Wie auch für Firmen – und Gewerkschaftsvorstände.

Der letzte Showdown des Teufels – seine „Wunder"

Die letzte und entscheidende Schlacht des Widersachers läuft: schon das 20. Jahrhundert gibt Kostproben seines alles und (fast) alle überzeugenden Wirkens.

Die Mehrheit – auch der intellektuellen Deutschen – lief Adolf Hitler nach. Stalin mit seinen prominenten Vorgängern (Lenin) und seine Nachfolger beherrschten Großteile des Kontinents – und beeinflussen bis heute weite Teile des Bildungsbürgertums.

Einschüchterung auf der einen Seite und die Faszination durch eingängige Ideen auf der anderen Seite tun das Übrige. Diesen Zustand beschreibt die heilige Schrift schlicht und ergreifend: der Entzweier (diabolos) und Polarisierer geht umher wie ein brüllender Löwe.

Seine rasanten Methoden ändert er stündlich, dieser Verwandlungskünstler. Den Wohlhabenden gibt er Wellness und uneingeschränkten Lustgewinn; Sex und Rundumunterhaltung, von Gewalt bis Fußball – also in allen Spielarten ist er fit. Seine methodisch wechselnden Ansprachen an den Menschen von heute – und gestern – sind grandios und kaum durchschaubar. Mit müden Amtsträgern ist diese Schlacht kaum zu gewinnen. Ja: wenn ER (Jesus) sie nicht schon längst gewonnen hätte in der mehrfachen Abweisung des Versuchers. Und: wenn ER sie, diese Menschheitsversuchungen, nicht abkürzen würde um seiner Auserwählten willen ... (Offb)

Wunder Litanei

Die Litanei der Wunder,

... dass die Erde ihre Umlaufbahn nicht verlässt d. h. Einer hält die Balance und sagt den Takt an ...

... dass die Kontinentalplatten, die das Zusammenspiel von Erdteilen und Weltmeeren u. a. garantieren – halten und sie nur kontrolliert (wer tut das?) bewegen ...

... dass alles läuft: das Wasser aus dem Kran; befestigte Straßen, die mich, Busse, Notärzte, Lebensmittel, Baustoffe, Impfstoffe transportieren ...

... dass es Haken und Bügel im Haus gibt, wo ich manches loswerden kann: Jacken, Hosen, mein Kontingent an Klamotten ...

... dass der Strom aus der Steckdose – abrufbar – kommt: für meinen Rasierapparat, für den Kühlschrank, für ärztliche Instrumente, das Ausleuchten von Operationsräumen: ja es reicht sogar für beleuchtete Wege und: Sportanlagen!!!

... dass der Frisör, der Kiosk, die Apotheke um die nächste Ecke zu finden sind ...

... dass mich Rundfunk und Fernsehen mit Beiträgen aller, wirklich aller Art versorgen: vom Bericht des Filmfestivals und ihren großen Stars in Cannes bis zur Beschreibung des Lebens als spanischer Landbauer ...

... dass mir beim Gang über den Friedhof die gesammelten „Werke" von Menschen begegnen: ihr Lebenseinsatz auch ihre vertane Zeit, ihre fehlgeschlagenen Pläne, ihr Kapital an ertragenem und so gemeistertem Leben ... Hier seien insbesondere die Ehrenfriedhöfe erwähnt: in meinem Dorf sind es zweieinhalbtausend junge Menschen (Durchschnittsalter: vielleicht 28 Jahre), die dort auf das zukünftige Leben warten ...

... dass Bäume und Sträucher geschnitten werden und die öffentliche Toilette an der Raststätte oder am städtischen Friedhof blitzblank in Ordnung ist ...

... dass mich mein Hausarzt innerhalb von wenigen Tagen in die Hände eines Kopfchirurgen (!) übergibt ...

... dass auch die gefürchtete Zahnbehandlung weitgehend schmerzfrei ist ...

... dass es tolle Bücher und Internetauftritte zu allem, auch den apartesten Themen gibt ...

... dass die müde katholische Kirche mit Hilfe Gottes einen starken Typen als Papst hervorbringt, der zudem auch nicht mehr ganz jung ist ...

... dass ein neuer Trainer eine im Spielfluss erstarrte Mannschaft in einer halben Woche wieder in Schwung bringt ...

... dass mir beim Briefeöffnen auf der Fahrt ins Sauerländer Kloster ein 50-€-Schein entgegenfällt, der mich meine Übernachtung bezahlen lässt ...

... dass meine fast achtzigjährige an vielen Stellen angeschlagene Haushälterin den Laden zusammenhält ...

1913–2013 – ein Wunder

Redakteure – z. B. der Rheinischen Post Düsseldorf – rufen das Jahr 1913 in Erinnerung. Wer hätte das geahnt: im harmlosen August 1913 – bei Badefreuden und sicher sorglosem Umgang mit der Welt; einige Zeit später (1945): 56 Millionen Kriegstote, 35 Millionen Opfer des Stalinregimes, 6 Millionen jüdische Gläubige Opfer in Verfolgung und Gaskammern; aber auch: das Wirtschaftswunder, die Wiedervereinigung, ein beispielloser Wohlstand vieler ... Fußballchefs die mit Hunderten von Millionen zocken und von Haus aus einfache Metzger sind.

Panik – als mögliche Reaktion – ist ein Unwort im Evangelium. Es wird nur für die an nichts Glaubenden benutzt; die in Hektik fliehen und herumirren oder Bunker bauen (in der Schweiz hat jeder einen Bunkerplatz).

Zuversicht und – darum kann man nur beten – Gelassenheit, angesichts welcher Herausforderung und Widrigkeiten auch immer, sind die Worte der Stunde. Gottes Wort an Noah gilt: Nie werde ich (mehr) die Erde vernichten.

Als Mitspieler werde ich eines Tages den Platz verlassen in der sicheren Hoffnung: der Trainer, der Spielertrainer (er ist selbst dabei!) wird mich am Spielfeldrand abklatschen – und nach einer Verschnaufpause und hoffentlich gelinden Kabinenansprachen geht es dann wieder auf den grünen Rasen: vom Feinsten: dem neuen Himmel und der neuen Erde – als Balljunge oder Kofferträger – das ist dann egal. Das Spiel ist schon gewonnen:

Christus, Sieger,
Christus König
Christus, Herr der ganzen Welt!"
(letzter Sonntag im Kirchenjahr!)
Und Euch, liebe Leser, will ich, Bernhard Weskamp, dabei haben, sonst geh ich dazwischen ...

Die letzten Worte dieser Zeilen gehören einem Kenner des 20. Jahrhunderts besonderer Art: Peter Bamm. Als Arzt begleitete er – Russen und deutsche Soldaten gleicherweise behandelnd – die deutsche Wehrmacht auf dem Rückzug in Russland. Hier sein Zitat aus: „Eines Menschen Zeit":

Der Mensch hat Eiszeiten überstanden. In der Sahara und in Mittelasien hat er, und das durchaus in schon geschichtlichen Zeiten, zusehen müssen, wie wunderbar fruchtbare Steppen sich in ungeheure Wüsten verwandelten. Er hat Vulkanausbrüche, ozeanische Springfluten, Inseluntergänge erlebt. Er hat Völkerwanderungen, Mongolenstürme, Hungersnöte, Pestepidemien, Weltkriege durchgestanden. Sollte er nicht imstande sein, seine eignen, aus Forschung, Wissenschaft und Technik entstandenen Schöpfungen zu überleben?[24]

Der Miles gloriosus (Peter Bamm) ist geneigt zu glauben, dass es ein Futurum gloriosum geben kann, wenn der Mensch sich, wie schon einmal im 18. Jahrhundert, entschließt, seine Vernunft walten zu lassen. Er wird es tun müssen, oder er wird zugrunde gehen. Ob er das freilich ganz aus Eigenem zustande bringen wird, dessen kann man nicht so ganz sicher sein. Auch Vernunft hat eine CAUSA.

Ob wohl, wenn die Gefahr in steiler Kurve weiter ansteigt, noch einmal **ein Engel das Gewünschte überreichen wird?**

Der letzte Schrei

Nach dem Schrei ist vor dem Schrei ...

Der letzte Schrei – le dernier cri, – das Letzte. Das Letzte, was wir von Ihm (Jesus) wissen, ist (s)ein Schrei und er stieß einen Schrei aus – und verschied.

---

[24] aus: Peter Bamm „Eines Menschen Zeit" Droemer Knaur Schoeller, Zürich erschienen 1972

Wann schreien wir? Der Torschrei – ohrenbetäubend - zerreißt eine gespannte Ruhe; eine Mutter (Ellen) „schreit" ihr Kind nach einem Unfall ins Leben zurück. „Ich will nicht alleine sein!"

Trainer mischen in die ernsten Worte nach der Halbzeit Schreie: Das laute Reden geht in Schreien über – Emotionen pur!

Jesus schreit gegen den Sturm an: „Ich will. Sei still!" Auf dem See Genezareth herrscht Panik: Fallwinde bedrohen Boot und Leben der Fischer; ihre Existenz. Er herrscht den stummen Geist an. Bei d e r Tonlage weichen selbst die bösen Geister – die Konzentration des Unheils. Am Ende seines Lebens steht ein Schrei, man wird ihn in Jerusalem, in der Stadt nicht gehört haben. Der Vorhang des Tempels riss entzwei: das Spiel war aus. Das Böse, der Böse bleibt auf der Strecke. Die rote Karte für den Teufel. – Mit welchem Schrei wird der Herr diese Welt erlösen? Aus der Übermacht des Bösen; dessen Spielarten unbegrenzt zu sein scheinen.

Und wir? Wird es so sein wie beim erlösenden Torschrei in der Nachspielzeit? Der Schrei – und der Schiri pfeift ab. Und dann wird gefeiert; dann geht´s erst richtig los. Und die Spieler, die vielen, werden geherzt und gedrückt, in tränennassen, blutverschmierten Trikots. Au Backe!

Abpfiff

Einmal wird abgepfiffen. Zur Halbzeit – der Welt- und Heilsgeschichte.
„Barmherzigkeit" so nennt der Kurienkardinal W. Kaspar sein Buch, das er mit fast 80 Jahren geschrieben hat.

Das Ziel im Blick.

Aus purer Barmherzigkeit wird Jesus abpfeifen; sein „Arm zittert" (Maria am Erscheinungsort in La Salette) schon jetzt gelegentlich.

Gern möchte ich im Spiel bleiben, in dem es heißen wird: der Teufel hat ausgespielt: seine Karten kommen auf den Tisch. **Sein** Spiel ist aus – so wird eine der Ansagen dieses Tages sein.

Um die 2. Halbzeit einzuläuten, brauchen wir weder eine gewerkschaftliche Gesinnung noch eine parteipolitische: wir brauchen weder den deutschen Arbeitnehmern und Beamten erklären, dass es ihnen schlecht geht noch ist die Wahlentscheidung am Wahltag heilsbringend. Animatores nennt die südamerikanische Kirche ihre Botschafter und ehrenamtlichen (!) Lehrer u. Lehrerinnen; Animateure – also jemand, der aus Liebe, aus Begeisterung und Zuneigung Stimmung macht für eine Person und seine Sache.

In gewisser Weise brauchen wir eine Fankultur, wie sie auf Kirchentagen oder Jugendtreffen, auch in Taizé aufblitzt.

Wir werden nicht die Dummen sein, es sei denn im Sinne von H. Cox und seinem, „Fest der Narren".

Zugegebenermaßen: die Komik dieser sehr überschaubaren Zahl von praktizierenden Christen – in Europa – ist einschneidend. So soll das letzte Wort dieser Zeilen dieses Pfingstbriefes einem Mann gelten, der einen ganz anderen Acker bearbeitet:

Lenin: „Nur Minderheiten machen Revolution!"

Public Viewing

Deutschland im Taumel, die Straßen leergefegt wie Heilig Abend oder Karfreitagmorgen;kein Hauseingang ohne Wimpel, kein Auto unbeflaggt: unser Land (Holland auch!) im kollektivem Rausch.

Kleine Vorübung für das Public Viewing, wenn ER wieder kommt. Ob wir dann auch geflaggt haben? Ob wir dann auch das Auto in der Garage stehen lassen? Ob wir dann auch: Sitzungen verschieben – verschieben werden müssen???

MfG – Schall und Rauch – „Die Fantastischen Vier"
oder das Wunder toller Texte.

Nun, da sich der Vorhang der Nacht die Bühne hebt kann das Spiel beginnen, das uns von einem Drama der Kultur berichtet

ARD, ZDF, C&A
BRD, DDR und USA
BSE, HIV und DRK
GbR, GmbH – ihr könnt mich mal

THX, VHS und FSK
RAF, LSD und FKK
DVU, AKW und KKK
RHP, USW, LMAA
PLZ, UPS und DPD
BMX, BPM und XTC
EMI, CBS und BMG
ADAC, DLRG – ojemine
EKZ, RTL und DFB
ABS, TÜV und BMW
KMH, ICE und Eschede
PVC, FCKW – is nich OK

MfG – mit freundlichen Grüßen,
die Welt liegt uns zu Füßen, denn wir stehen drauf,
wir gehen drauf für ein Leben voller Schall und Rauch,
bevor wir fallen, fallen wir lieber auf.[25]

Die Zukunft – als Wunder

Ein bekannter niederländischer Slogan. „Alles wird gut" – so verabschiedet Nina Ruge ihre Gäste; oder/und: „die Hoffnung stirbt zuletzt" – ein anderer Satz.

„Siehe – ich mache alles neu!" – lautet der letzte (!) Satz der Bibel. Zugleich unmissverständlicher Machtanspruch dessen, der „auf dem Thron sitzt" (Offb). „Ich bin der, der ich für dich sein werde!" so lautet die Vorstellung Gottes bei Moses. Offenbarung in höchster Kultur. In der Heilsgeschichte geht es in der Regel ans „Eingemach-

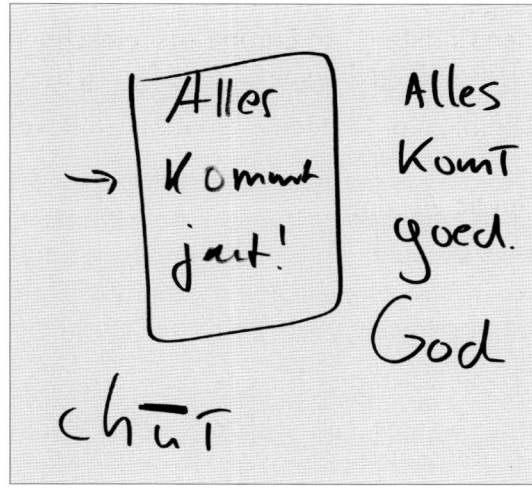

– Alles kommt gut – „alles komt goed" (niederländisch) –

te" – also um die nackte Existenz: sprich um das Überleben, und die Zukunft: beim Volk, beim einzelnen Propheten. Der Schwerpunkt der christlich-jüdischen Überlieferung ist nicht die Dokumentation, sondern die Finalisation.

---

[25] MFG
Musik & Text: Michael Beck, Thomas Duerr, Andreas Rieke, Michael Schmidt
© EMI Quattro Musikverlag GmbH (100%)

Wir sind im Finale; es geht ums Überleben: biologisch, geologisch, human; es geht ums Ganze. Im Finale kommt es u.a. auf die Nerven an: üpomonä = Stehvermögen nennt das das letzte Buch der Bibel. Wörtlich: das Darunterstehen! IST ANGESAGT!

Ein Finale ist von Stimmungen geprägt; von Leidenschaft, von Emotionen. Es geht manchmal drunter und drüber. Die Gefühle kochen hoch.

„Still", sagt der Großvater in Ernst Wiecherts Erzählung zu seinem Enkel, der laut jubilieren will beim Gang durch die Natur am Ostermorgen: „Christus steht auf". Dabei legt er ihm die Hand auf den Mund. So wird es sein: inmitten des Lärms, der Wogen, die auch die geistige See aufpeitschen, wird ER sich erheben. Ist er auf einmal da. Und alle Großmäuler werden kleinlaut werden ; dann beginnt die „zweite Halbzeit" der Welt – und Heilsgeschichte – überraschend – für viele unerwartet. – Jesus als Coach der 2. Halbzeit, der viele Änderungen – auch in der Mannschaftsaufstellung – aber nicht nur da – vornehmen wird ...

Zukunft ist der, der auf uns zukommt.

Die Wunder des Antichristen

Die Zukunft unseres Universums, die Zukunft dieser Welt, wird nicht als Ramschware feilgeboten: sie wird von Millionen erlitten, ja sogar mit Folter und dem Verlust des Lebens, muss mit Bloßstellungen und Bosheiten jeder Art bezahlt werden: die Zahlen der Verfolgungen sind ein Beleg dafür.

Es ist die Stunde des „Fürsten dieser Welt", der in mannigfacher Weise zuschlägt: in katastrophalen Bürger- und Weltkriegen, mit irreparablen Folgen für Umwelt und Mensch, in sich ausweitenden Seuchen (zum Beispiel Aids) und Hungersnöten, Obdachlosigkeiten; in einem beispiellosen Abfall vom Glauben und der Praxis des gelebten Glaubens in der Nordhälfte der Erde; in einer Entleerung und Veräußerlichung, Säkularisierung des Denkens und praktischen Lebens, nicht ohne Auswirkung bis hinein in die Schicht der kirchlichen Amtsträger – meines eigenen Bistums nicht ausgeschlossen.

Das Phänomen Medjugorje – die Gottesmutter meldet sich seit über dreißig Jahren täglich und glaubwürdig zu Wort – wird abgetan wie ein Randereignis extremer und schlichter Seelen; kurzum: es ist die Zeit, von der der Herr sagt: „... dass sie um der Auserwählten willen" abgekürzt wird – weil sie sonst unerträglich wäre. Wie in einem geistlichen Dämmerungszustand werden aufwendige Pastoral- und Strukturpläne erstellt und zum neuen Grundgesetz des Volkes Gottes gemacht.

Ein sich davon nicht immer glücklich unterscheidender Mann ist der Kardinal von Köln: der Dinge beim Namen nennt und den Akzent auf den Glauben legt.

Ich bin kein Pessimist, und auch die Christen sollten es nicht sein. Was nicht bedeutet, mit halbgeschlossenen Augen durch die kleine und große Welt zu laufen.

Das Böse ist mächtig. Es war unglaublich mächtig im zwanzigsten Jahrhundert, und es lässt an Raffinesse und Gewalt keineswegs nach.

Und die Verdichtung des Bösen und seiner welt- und herzumspannenden Macht kommt erst noch ...

Auch hier scheint der Bistumsleitung überwiegend die Erfüllung aller Wünsche, auch Veränderungswünsche des jungen Klerus am Herzen zu liegen – auch, weil es so wenige davon gibt.

Seelsorge, Jugendarbeit, Kranken- und Hausbesuche fristen mittlerweile eine Randexistenz, wenn überhaupt – woher die künftigen Kirchensteuerzahler kommen werden, ist allerdings bei dieser Volksfremdheit schleierhaft.

St. Tropez ist überall

St. Tropez – Inbegriff der Schickeria der 60-ger und 70-ger Jahre; Nizza, Cannes – da trafen sich Mode – und Filmwelt. Der Laufsteg für Karl Lagerfeld.

Geschichten von neuen Partnern, damals noch „Skandal"-Geschichten – gehörten dazu.

St. Tropez, Cannes, Nizza – das ist jetzt nebenan. Bei der Bank treffe ich die Nachbarin, mit Klamotten aus dem Haus Chanel; bei den Regalen von Aldi entdecke ich Schuhe von Prada.

Und um jemanden mit einem Jackett von Armani zu sehen, brauche ich auch keinen Fernseher anzuschalten.

Gestyltes Aussehen – von der Frisur bis zur Unterwäsche – ist Allgemeingut. Das Designer Outfit – von der Stange.

Wen wundert dann noch der kleine und mittlere Skandal in der Ehe – die sexuelle Vielfalt (!) – die ich an jeder Straßenseite antreffe. Der neue Mensch, der sich die Spielräume jeglicher Art bis ins hohe Alter erworben hat – braucht keine Erlösung mehr. Der neue Mensch, der in den Labors von Chanel, Boss und Louboutin erfunden wurde, ist inzwischen auch im Supermarkt und im Kohlenpott eingetroffen.

Man fährt schon längst nicht mehr nach Südfrankreich sondern auf der Aida. Und meine Fußballleidenschaft verbinde ich mit einem Wochenende auf der Allianz Arena und nicht bei der heimatlichen Kreisligaelf.

Gott ist überflüssig: Ist das die Bedeutung des Satzes: vornehm geht die Welt zugrunde?

Das letzte Weltwunder: der Weltfrieden

Vorher müssen einige Modelle „abgearbeitet" werden.

Der Verfasser bedient sich der Terminologie der Römer, die den besetzten Gebieten – und die reichten immerhin von Ägypten bis England! – den Segen der „Pax romana" brachten.

Die bisherigen Modelle

pax americana
the american way of life als allein seligmachend.

pax sowjietica
der Bolschewismus als die Heilslehre des 20. Jahrhunderts in all seinen Variationen bis hin zum Betonsozialismus Albaniens, dem Karibiksozialismus Havannas, den selbsternannten Erlösern in Bolivien und Kolumbien etc.

pax mallorca
das sich Volllaufen lassen als Sinnfülle ...

pax schickeria Lagerfelda
der Traum der Modeelitarität, von Esprit bis italienischen Designern ...

pax bundesliga et play off sender
Das Wochenende und die Abende – ja zu jeder Tages- und Nachtzeit verbringen viele mit spannenden Spielen. Ich übertrage die kaum noch vorhandene Spannung in meinem Leben auf den Sportsender.

pax roma locuta, causa finita
Die Sehnsucht nach einer harten Hand aus Rom, die alles und alle Konflikte befriedet; der Traum von der konfliktfreien Weltreligion, die alles beherrscht ... Opus dei – die katholischen Hardliner – als Blauhelme Roms ... mein Albtraum!

pax anabolica
Sich in eine andere friedliche Welt hineinkiffen – als Dauerzustand

pax germana
die Befriedung der Welt nach germanischem Muster – 3. Reich - mit 56 Millionen Kriegstoten und 6 Millionen umgebrachten Menschen jüdischen Glaubens (der Glaube von Jesus übrigens!!!)

pax ökonomica
die new business Bewegung eint Ost und West, Nord und Süd und verspricht – alleinige – Zukunft und Perspektive! ; man muss sich nur im Tagesgeschäft behaupten. In diesem Reich, wo die totale grenzenlose Marktwirtschaft herrscht, gibt es nur Gewinner (winner) oder Verlierer (looser)!

pax oekumenica
nach Abräumen der konfessionellen Unterschiede, z. B. gemeinsames Abendmahl, Aufhebung des Pflichtzölibates etc. kommt es über den Konfessionensfrieden zum

europäischen Frieden. Fallen die konfessionellen Unterschiede – dann ist Christentum pur erreicht ...

pax 68-er
die inzwischen in Amt und Pension befindlichen Altrevolutionäre vollenden den Marsch durch die nationalen und europäischen Institutionen und bringen damit die unstete Welt zumindest weiter ...: der „antiautoritäre" Weltfriede.

pax simultana
in einer vernetzten Welt verlieren Raum und Zeit als Begrenzungen unseres Daseins an Gewicht und verschwinden allmählich; der Mensch existiert gleichzeitig an mehreren Orten der Welt, wo er – per Skype oder sonstwie – auftaucht; und er behandelt mehrere Vorgänge (Gespräch, Präsentation, Verhandlungen etc.) gleichzeitig.
Eine nicht zu unterschätzende Vorstellung des perfekten Glücks.

pax Hans Künga
Die selbsternannten Papstkritiker und Weltfriedenstheoretiker fühlen sich – auch mit ihrem Sympathisanten – als Vorboten eines umfassenden Weltfriedens.

pax postmoderna
In zahllosen Essays, künstlerischen Installationen, auf Buch und Literaturmessen wird – wort- und bildgewaltig – der Weltfrieden skizziert. Vieles ist – subventionierter – „Schall und Rauch" (die fantastischen Vier – Rockgruppe)

pax erotica
In einer durchgängig und flächendeckenden erotisierten und erotisierenden Welt – in der man von einer Dessousmesse zur anderen wallfahren kann – ist dieser Kick eroticus die emotionale Basis des Weltfriedens und der dazugehörigen Spannung. Weh dem, der da herausfällt oder gar andere Lebensdeklarationen hat (z. B. Zölibat oder gar: mönchische Jungfräulichkeit ...)

Die pax erotica erstreckt sich von der ersten Pubertätsregung (heute teilweise mit neun bis zehn Jahren) bis hin zum Sex nach 90! Also: er hat das Zeug zur allumfassenden Heilslehre. – Diesem Gott dient auch die allgegenwärtige Kosmetikbranche als –

pax cosmetica
die von Kopf bis Fuß – und dazwischen (!) – alles neu ein- und aufstellt; neue, attraktive Menschen – jeden Alters und jeder körperlichen Vorgeschichte kommen dabei heraus. Keine Frau, kein Mann kann sich dem entziehen ...

pax pecunia
ohne Moos nichts los – so hieß es schon früher – Geld regiert die Welt – Für Geld verkaufe ich alles: meinen Körper (leider Gottes), meine Seele ...

Der Teufel macht immer auf den großen Haufen; die Lewandowskis und Hoeneß', die Pofallas und – wir alle ein wenig – zeigen es.

C ABPFIFF – AUSKLANG

Die ewigen Zweiten – ein Wunder
Das Wunder der Verheißung
Der erste und der letzte Coup – ein Wunder!
Ein rauschendes Fest
Glück gehabt

Widmung
Dank und Vorankündigung

Die ewigen Zweiten – ein Wunder

So rief es der spätere Olympiasieger Rudisha seinem Landsmann der ihm folgte – beim 5000-Meter-Lauf in London zu.

„Folge mir nicht! Hol' dir Silber."

„Folgen – Leben mit Jesus hat Folgen!" So lautet der Titel eines bekannten Liedes.
Wir alle folgen Jesus; wir führen nicht an; wir gehen auch nicht voran.

Das Gesicht des Olympiasiegers zeigt an, warum Folgen und nicht Überholen angesagt ist: ein von Schmerz gezeichnetes Gesicht. Dass er seinen Landsmann auf den Platz hinter ihm verwies zeugt von Realitätssinn, nicht von Erfolgshunger oder Egoismus.

Wir laufen hinter Jesus her. Manchmal vertrödeln wir die Runden ...

Das Gesicht des Schmerzensmannes (Jesus) belehrt uns: bei aller Wichtigkeit, die uns zukommt: überholen ist zwecklos. Er hat seine Runden für alle Welt – vor ihm und nach ihm – gedreht. – „Folge mir nicht. Werde Zweiter!" Wir dürfen auf Abstand bleiben, was sein Laufpensum angeht. Wir bestreiten Vorläufe, nicht den Hauptlauf. – Also: das Rennen ist gelaufen! Wir dürfen uns auch mal die Beine vertreten; wir dürfen stolpern. Wir sollen uns Zeit lassen (wenn wir an der Seite behandelt werden müssen ...)

Der letzte tödliche Ernst ist aus dem Rennen herausgenommen.

Wir dürfen schon jubeln ... und – wenn es sein soll – auch mal eine Runde bummeln.

Das Wunder der Verheißung

„Gott erfüllt nicht alle unsere Wünsche.
Aber er erfüllt **alle** seine Verheißungen!"

Dieses von Dietrich Bonhoeffer im Gefängnis Tegel aufgeschriebene Wort begleitet mich wie ein roter Faden.

Gottes Verheißung: die Fülle des Lebens. Die Fülle der Kontakte – ein erfülltes Leben. Er, der die leeren Krüge mit Wasser füllen lässt und dieses kosten lässt, das zu Wein geworden war.

Da bleibt kein Auge trocken: vor innerer Rührung, vor Ergriffensein.

Es ist mitunter ein langer Weg von der Verheißung zu deren Erfüllung. In meiner Behausung in Münster Handorf las ich diesen Satz aus dem letzten Buch der Bibel:

Schwester Bonifatia

„Ich habe Dir eine Tür geöffnet, die niemand mehr schließen kann" (Offb)

Meine Lebensretterin im Lazarett Handorf, Schwester Bonifatia.
Sie machte ihrem Namen alle Ehre: „Nur Gutes tun!"

Das war seine Verheißung an mich in diesem trostlosen Augenblick. Welche Täler und Durststrecken, ja Marterpfähle liegen hinter mir. Es gehörte zur damaligen Zeit in den Bereich des Traums: einfach mal mitlaufen zu können.

Vierzig Jahre, übersät mit Zwängen, Torturen, liegen hinter mir. Jahre, in denen das eigentliche berufliche Leben Nebenbaustelle, Baustelle, ja Kür war.

Die Verheißung mobilisiert Kräfte. Sie mischt starre Verhältnisse – jeder Art – auf. Auch Unlösbares, das wie Felsgestein sich für die Ewigkeit zu verhärten scheint bleibt nicht unberührt.

Dietrich Bonhoeffer wird am 8. April 1945 – genau vier Wochen vor der Befreiung der Konzentrationslager – hingerichtet. Aus der Verlobung ist nichts geworden; zumindest keine Ehe. War deswegen die Verheißung wirkungslos?

Aus meinen Plänen zu einer hochgestellten kirchlichen Persönlichkeit ist zwar nichts geworden als nur ein kleiner Dorfpfarrer.

Naja: vielleicht treffen wir uns ja drüben wieder: Dietrich an der Seite seiner Verlobten Maria von Wedemann – und ich als Außenstürmer Gottes in der Premier-Division. Diesem Coach (Jesus Christus) mit seiner Assistentin (der Frau aus Nazareth) einschließlich Co-Trainer Josef ist alles zuzutrauen ... Sicher ist, dass evangelisch (Bonhoeffer) und katholisch (Weskamp) dann keine Rolle mehr spielen wird!

Der erste und der letzte Coup – ein Wunder!

Alles rennt auseinander – nach dem Debakel der Hinrichtung Jesu. Alles rennt in vermeintliche Sicherheiten: zum vertrauten See, um dort zu fischen; nach Emmaus zur Familie. Jeder bringt sich in Sicherheit; die Wachheit, die ihnen in der Nacht am Ölberg fehlte, stellt sich – beim Davonlaufen ein.

Aber Jesus holt sie ein: auf dem Weg nach Emmaus; am See beim Fischen, an der Feuerstelle, in verschlossenen Räumen. Er holt sie ein, er holt sie zurück: ins Leben; in die Perspektive. In die Verantwortung.

Selbst Maria von Magdalena, die zur Einbalsamierung kam – um dem Toten die letzte Ehre zu erweisen – sie wird von ihm gestellt: „Maria!!" Keine Chance abzuhauen. – Später fällt Paulus vom Pferd, von seinem hohen Ross.

Den letzten und wohl entscheidenden Coup wird er bei seiner Rückkehr machen: er wird die in alle Richtungen versprengte Truppe der Christen einholen; aus dem quasi familiären Coup von Emmaus wird dann der globale Coup, ein Show-down, das der Vater (Gott) selbst inszeniert und dessen Dramaturgie schon heute feststeht. Ein Public-Viewing der besonderen Art!

Ein rauschendes Fest

Das Fest der Völker – am Ende der Zeiten – wird ein rauschendes Fest sein: eine rauschende Ballnacht. Nach der Nacht des Auszugs, der Heiligen Nacht, der Osternacht kommt die Nacht schlechthin. Sie wird kein künstliches Licht brauchen, denn „der Herr ist ihr Licht!" Was für eine Nacht, die alle Nacht der Welt „zum Tage" machen wird.

Vielleicht sind die Spätvorstellungen, die Nacht der Museen, der Kirche, die späten Ansetzungen unserer Fußballspiele kleine Vorwegnahmen dieser Nacht.

Das Rauschen dieses Festes wird alle Misstöne und schrägen Töne übertönen; das gilt für jeden Einzelnen, und für alle. Alle Störaktionen werden mitgerissen vom Rauschen dieses Flusses, dieses Völkerbaches. Es wird ein Raunen und ein Rauschen geben, da und dort; überall.

„... nachts das Rauschen der Bäume" singt Udo Jürgens in Bezug auf die Dinge, die wirklich zählen auf dieser Welt. Selbst das nächtliche Rauschen ist geistbewegt. (Betrachtung beim Rauschen eines Baches in der Nähe der Klinik.)

Glück gehabt

Ich bin ein Kind des Ruhrgebietes: wir lieben eine deftige Sprache, wir lieben den (Straßen-) Fußball, wir wählen rot; meine Eltern – als CDU Wähler – lebten in der politischen Diaspora!

Als ich beim Abitur meinen Berufswunsch preisgeben sollte, antwortete ich mit: Volkswirt! Theologie war zu exotisch – ich war der erste an meiner Schule!

Trotz Ruhrgebiet – und Chancengleichheit – traute ich mich nie so richtig den Beruf meines Vaters zu sagen: Bergmann; jeder zweite Vater war Direktor der chemischen Werke Hüls.

Mein Verein spielte in der Oberliga West; es klappte nur immer zur 2. Halbzeit, da bis 15.30 Uhr die katholische Andacht ging und es mit dem Eintrittsgeld haperte ...

Im Kohlenpott ist eine Freundin eine Perle und man kann zu jedem „bleib katholisch!" sagen: auch zum Moslem der nicht auf die Idee käme konvertieren zu müssen.

50 Jahre nach dem Abitur haben sich meine Klassenkameraden daran gewöhnt, einen Pastor in ihren Reihen zu haben. Bei den bunten Lebensgeschichten kein Wunder.

Am Montag gab es bei uns Rotkohl; es war der gefürchtete Wäschetag. Die Wäsche trocknete nicht im Trockner oder draußen (Staubregen!!), sondern im Keller. Das dauerte. So entstand meine Abneigung zum Rotkohl, die ich auch heute nur durch Kompottzusatz überwinde ...

Ja und dann gab es eine Glücksekunde: ich bekam eine Pfarrstelle am tiefsten Niederrhein; in Gestalt eines 1300 Seelendorfes. Mit Jansens, Hendricks, Siebers, van Houts in allen Variationen und Mengen. Ich lernte Kobe Kun (Jakoba Koenen) kennen, sowie den kernigen Fritz Röb (Fritz Jansen – Sohn von Robert Jansen). Und zu der Glücksekunde kamen unzählige Gnadenstunden, die mich zu einem Liebhaber meines Dorfes, in der Nähe von Kleve, machten.

Unter anderem als ich den ersten Sporttag organisierte: es kamen alle eingeladenen Mitorganisatoren zum Treffen – im Ruhrgebiet undenkbar. Da hätten vollmundige Zusagen und Kommentare zum ebenso selbstverständlichen Fernbleiben gehört. Ein starker Zug meines niederrheinischen Dorfes. Mit diesen Menschen organisierte ich Jugend- und Ferienlager für Kinder; die besagten Sporttage an denen auch Fußkranke als Zuschauer teilnahmen. Zwei Sattelschlepper, mit Hilfsgütern, fuhren jährlich nach Südostrumänien – beladen und logistisch geplant von meiner Truppe! Ganze Messdienergenerationen entwickelten sich; mit Hauptschülern und hochmotivierten Lehrern fuhr ich drei Tage weg – jedes Schuljahr –. Der Friedhof wird ebenso ehrenamtlich vor Allerheiligen gesäubert, wie die Straßenränder an unserer Bundesstraße.

Nach 11 Jahren wollte ich das erst Mal gehen: in eine Kleinstadt bei Krefeld. Die Leute haben mich zurückgeweint und – gebetet. Ich blieb! Die bereits gesiegelte bischöfliche Ernennungsurkunde wurde vernichtet.

Jetzt – mit fast 67 Jahren – denke ich aus verschiedenen Gründen ans Aufhören. Die Frage ist: auf was und auf wen soll ich hören – beim Auf – hören?!

Die damals von mir ungeliebte Entscheidung meines Klever (!) Personalchefs, für dieses Dorf, war der große Coup in meinem Leben; als solche hat er sich zumindest herausgestellt.

– Und dann: meine Perle, die Haushälterin (zur Freundin reichte es nur gelegentlich – tageweise ...). Sie kommt, 79-jährig – aus Gronau, wie Udo Lindenberg, dem sie aber in ihrer humorigen westfälischen Art täglich die Show stiehlt. Sie hat das gesamte Bettlerspektrum bisher abgefangen: asylsuchende Libyer, (der eigentlich Tunesier ist). Die Bedürftigen an meiner Tür kommen aus Bosnien, Mazedonien und Rotterdam; Teile darunter zu Fuß.

Durch quasi familiäre Konditionen hat sie Lücken in meiner Freigiebigkeit gefüllt und erträglich gemacht.

Außerdem konnte ich an der holländischen Grenze meine MSV Fanschaft werbewirksam leben. Auch die Traditionsmannschaft des MSV hat hier – für ein Abendessen – gekickt und auf Asche (!) den örtlichen Fußballclub mit 5 : 1 deklassiert.

Jeden Sonntag hängt die Vereinsfahne der örtlichen Kreisliga A am Laternenmast, so dass bei Niederlagen meine Jungs vorwurfsvoll sagen: „Herr Pastor, die Fahne hing nicht ...“

In meiner Kirche hat die jetzige SPD-Umweltministerin Barbara Hendricks gepredigt, wie der Trainer unserer Regionalligamannschaft in Kleve, Fred Boekholt.

Mit einem Ratsbeschluss (geheime Wahl) wurde ein Marienbildstock genehmigt – wo gibt es so etwas? Eine Geschichte, die Wochen die Lokalpresse in Atem hielt. Und für mein Buch („Einwurf“) hat Jürgen Klopp eine Widmung geschrieben.

Einmal habe ich einen begüterten Junggesellen dazu gebracht, durch sein Testament 1,5 Mio. DM an Adveniat, dem kirchlichen Hilfswerk, zu vermachen. Glück gehabt!

Als mein Mofa geklaut wurde, hatte ich drei Tage später drei Ersatzfahrzeuge – meine wurde selbstverständlich wieder entdeckt und war dann das Vierte!!

Wahrscheinlich komme ich auch umsonst in die Erde; täglich schaue ich mir meinen Platz auf dem Priestergrab an. Den Kaffee wird auch noch jemand bezahlen. So gehe ich entspannt mit dem Inhalt meines Portemonnaies um. –

Die neue Priestergeneration ist in mancher Hinsicht anders.

Und zur Kirche kommen auch nicht mehr Leute – nur weil sie einen netten Pastor haben.

Ich hebe also nicht ab – in meinem Glück. Hauptsache der liebe Gott sagt eines Tages: „... mit dem Kerl habe ich richtig ... Glück gehabt!“ Und: sollte ich beim Schreiben oder Lesen dieser Zeilen tot umfallen, hätte sich das ganze Programm meines Lebens trotz allem gelohnt: ich habe Glück gehabt!

Schauplatz meines Glücks:
die Donsbrüggener Kirche – aus der Hand des
Vollenders des Kölner Doms: Zwirner.

Widmung

Dieses Buch widme ich all denen, die an mich geglaubt haben – als ich diesen Glauben längst verloren hatte, besonders

- meinen beiden Kaplansgemeinden in Herten – meiner ersten großen Liebe – und in Hochheide

- den Handorfer Schwestern – die mich mit Haferbrei und innigster Fürsorge im Tal der Tränen „großzogen"

- meinen wunderbaren Pastören – von Haltern bis Duisburg-Homberg und Kleve

- den Unbekannten, die in ihren Gebeten vor und nach (!) ihrem Tod mich im Blick hatten

- meinem Schutzengel, der der eigentliche Held meines Lebens ist

- meiner großartigen Haushälterin Anni – einer der noch vorhandenen Opferseelen (!)

- Bischof Lettmann, der väterlich und mütterlich seinen Priestersohn führte

- meinen Kursgefährten im Priesteramt: Heinrich, Werner, Peter, Bernd, Georg, Wolfgang, Hans-Theo, Heinz Josef, Karl

- denen, die mich ausgehalten, ertragen und getragen haben

- meinen Sekretärinnen, die einen digitalen Versager durchgezogen haben und auf die Uhr niemals schauten

- den niederrheinischen Dörfern und Gemeinden, deren Gast und Freund ich werden durfte

- meinem Dorf, „auf das ich gewartet habe und das auf mich gewartet hat" (so ein Bekannter von mir) und dieser wunderschönen Stadt Kleve und dem Kleverland

- meinen Ministranten, die – in doppelter Hinsicht – hinter ihrem Pastor standen

- den Verfassern von Büchern, die zur rechten Zeit meiner Seele die Nahrung gaben, die sie brauchte

- und, und, und …

Ich werde (m)eine Ewigkeit dafür brauchen, um diesen Dank an den Mann und an die Frau zu bringen!!!

Dank und Vorankündigung

Die Sponsoren ermöglichen mir nicht nur die Erstattung der beachtlichen Kosten, sondern – darüber hinaus – eine flexible Weitergabe des Buches, bis hin zum Geschenk. DANKE!

R. u. F. Arens, Änne Berson, Christa und Willi Ehren, Hermann Elbers, Berger u. Wilmsen oHG, Gerhards Johannes Maria Francissen, Clivia Pflegezentrum GmbH, Lucie und Heinz Döring, Paul van Erp, Dr. Claudia und Robin Gore, Heicks und Teutenberg GmbH, Dr. Barbara Hendricks, Volker Hermsen, Prof. Dr. Bianka Hettlich, Doris Hettlich, Malaika Hettlich, Hans Hussmann, Malerbetrieb Jansen GmbH, Hildegard Janssen, Klaus van de Kamp GmbH, Michael Janssen, A. Kehrmann, Claire und Thomas Küpper, Hubert Liebherr, Lohmann und Reinders oHG, LVR Köln, Ulrike und Heinz Sack, Seniorenresidenz zum Tiergarten GmbH, Sparkasse Kleve, Erich Tihsen, Ronald Pofalla, Petra Verfers, Jörg u. Lucia Weykamp, Zevens Grundbesitz GmbH & Co.

Besonderen Dank sage ich Frau Jutta Fleskes und Frau Josefine Merges, die in ihrer Freizeit meine handschriftlichen, nicht gut leserlichen Vorlagen verarbeitet haben!! Danken möchte ich auch Norbert Lützenkirchen, der mir den buchtechnischen Start großherzig ermöglichte.

Mein nächstes Buch ist – gedanklich – in der Mache. Schon aus Gründen der „Materialverarbeitung" meines reichhaltigen Lebensstoffes ist dies erforderlich.

„Gott ins Spiel bringen …" ist der Arbeitstitel. Es soll ein „Jahreslesebuch – nicht nur für Sportler" – werden.

Erscheinen ist geplant für 2016 – pünktlich zur EM!

Hier bereits ein Gruß von Ottmar Hitzfeld!

Inhaltsverzeichnis